⁝⁝⁝
SMₐRT**BUSINESS**CONCePTS

1. Auflage 2015

Smart Business Concepts – Jesteburg 2015

ISBN: 978-3-943895-07-0

www.smartbusinessconcepts.de

Verlag:
Smart Business Concepts
© Conta Gromberg Communication GmbH & Co. KG
21266 Jesteburg

Haftungsausschluss: Alle Angaben in diesem Buch wurden sorgfältig recherchiert und bearbeitet. Die Autoren und der Verlag übernehmen aber keine Gewähr und haften nicht für die
Angaben oder etwaige Verluste, die aufgrund der Umsetzung von Gedanken oder Ideen entstehen oder Folgen von Irrtümern, mit denen der Text behaftet sein könnte. Die in diesem Buch
verwendeten Internetadressen entsprechen dem Stand November 2014. Die Autoren und der
Verlag übernehmen keine Gewähr für Aktualität und Inhalt der Internetseiten oder Links.

smart **BUSINESS** CONCEPTS

Brigitte Conta Gromberg
Ehrenfried Conta Gromberg

Solo
preneur

Warum sprechen alle
vom Team, wenn Sie
alleine Ihre Ziele
besser erreichen?

Alleine
schneller
am Ziel

HAMBURG

be proud
be solo

smart**BUSINESS** CONCEPTS

Solopreneur

7. Team oder solo

8. Alleine schneller am Ziel

9. Solo Fallbeispiele

10. Solopreneur Methoden

11. Solopreneur Mindset

12. Die Lust ein Steuermann zu sein

Anhang

Solopreneur Materialien

*Hätte mir jemand gesagt, dass ich einmal
Solopreneurin sein werde, hätte ich fragend
den Kopf geschüttelt.*

Katrin Linzbach

Solo
preneur

Kapitel

Plädoyer für eine leichte Unternehmensform

Alleine schneller am Ziel

Dieses Buch ist ein Plädoyer zum Solopreneurship oder *single handed business*. Solopreneurship ist eine Form der Unternehmerschaft, die viele nicht kennen, an die wir unser Herz verloren haben und von der wir glauben, dass sie in den nächsten Jahren weiter wachsen wird. Uns liegt etwas daran, den Begriff Solopreneurship nach Deutschland zu bringen, weil das Wort Solopreneur Kontur in ein unternehmerisches Konzept bringt, das viele erahnen, häufig aber erst zu fassen bekommen, wenn es ausgesprochen wird.

Das erwartet Sie

- warum Solopreneure alleine starten und was sie erfolgreich macht
- was Sie über Solopreneurship wissen müssen, um solo glücklich zu sein
- über 20 Solopreneur-Fallbeispiele, davon 15 aus Deutschland

Und natürlich die Frage, ob Sie im Team oder alleine schneller ankommen.

Die eigene Spur finden

Kann es passieren, dass jemand in ein smartes Entrepreneurship stolpert und plötzlich spürt: Dies ist einfach der bessere Weg?

Katrin Linzbach ist dies passiert.

Katrin Linzbach sagt von sich selbst, sie habe zu Beginn ihres Lebens häufig einfach das gemacht, was andere gesagt haben: Schule, Tanzkurs, Abitur etc. Nach dem Abitur stand die Frage nach dem Beruf im Raum.

„Studier doch BWL."

Sie tat es, schloss mit Prädikat ab und landete in der internen Beratungs-einheit eines internationalen Großkonzerns. Aber ab dann lief es nicht so. *„Ich habe versucht, alles zu geben und wollte meine Ideen einbringen, die in solch einer Struktur jedoch kaum Raum hatten. Irgendwann fühlte ich mich erschöpft und mutlos."*

Etwas sträubte sich in ihr. Sie kämpfte dagegen an. Sie müsste sich doch gut fühlen, wenn sie etwas tat, was andere immer wollen: Gut verdienen und einen angesehenen Job haben. Die Gefühle blieben. Sie vertraute sich einem guten Freund an. Der gab den Rat: Kündige doch.

Die Aussicht auf die große Karriere oder – alleine weitermachen?

Die meisten Deutschen entscheiden sich in dieser Situation für die Karriere. Katrin Linzbach entschied sich dagegen, kündigte ohne Anschluss-Job, ging auf die Suche und fand zwei Dinge über sich heraus:

- Ich kann nur glücklich und erfüllt leben, wenn ich selbst die Verantwortung für mein Leben in die Hand nehme und mich nicht ständig an den Ratschlägen anderer orientiere.
- Meine Gefühle sind o.k. Sie sind dazu da, gespürt zu werden und dienen mir als Wegweiser.

Wir schreiben über Unternehmertum, beginnen aber nicht mit Kennzahlen oder Umsatz. Das Beispiel von Katrin Linzbach stellt die Frage nach der inneren Dimension im Beruf oder Business.

Solopreneur zu sein ist auf der einen Seite eine unternehmerische Technik, eine spezielle taktische – durchaus auch zahlenorientierte – Aufstellung. Auf der anderen Seite ist es die Suche nach der inneren Balance. Solopreneure bauen ihr Business um ihr Leben herum. Das Geschäftsmodell ist Grundlage des eigenen Lebensmodells. Oder kürzer:

Geschäftsmodell ist Lebensmodell.

Wie ging es mit Katrin Linzbach weiter?

Sie probierte verschiedene Dinge aus und findet ihren Weg zunächst in Richtung Coaching. Wäre es das schon gewesen, stände Katrin Linzbach nicht am Anfang dieses Buches. Dann wäre es doch „nur" die Geschichte einer jungen Frau, die ihren eigenen inneren Weg findet, eine Anstellung aufgibt und Coach wird. Solche *„Ich-werde-Coach-Geschichten"* hat es in der einen oder anderen Form schon oft gegeben. Katrin Linzbach ging einen Schritt weiter. Normalcoach wäre sie geblieben, hätte sie nicht noch eine Sache getan, die ihr eigentlich fast nebenbei einfiel:

Sie erfand ein Kartenspiel.

Für ihr Programm *Bewusstsein braucht Raum*, entwickelte sie ein Set aus 40 Karten mit kleinen Übungen, um sich der eigenen Gefühle und der Umgebung bewusster zu werden. Sie produzierte es formschön, stellte es auf eine Website und bewarb es online – und Bingo: das Kartenspiel verkaufte sich überraschend gut und wurde zum Motor ihrer Aktivitäten. Ein Nebenprodukt wurde zur Umsatz-Lokomotive. Die Geburt einer Solopreneurin. Heute betreibt sie erfolgreich *das-kartenspiel.de*

Katrin Linzbach selbst dazu:

„Hätte mir jemand gesagt, dass ich einmal Solopreneurin sein werde, hätte ich fragend den Kopf geschüttelt. Im Studium habe ich über solche Formen der Arbeit nichts gelernt. Heute bin ich manchmal selbst überrascht von meinem eigenen Weg und den damit verbundenen Möglichkeiten. Ich kann

all meine Talente voll in mein Tun einbringen und muss mich nicht an irgendwelche Jobbeschreibungen halten. Es ist ein absolut unbeschreibliches Gefühl, das eigene Produkt zu gestalten, Logo, Farben, Formen festzulegen oder die eigene Vermarktung anzukurbeln, ohne ständig auf das O.K. von oben zu warten. Und vor allem kann ich mir aussuchen, mit wem ich zusammen arbeite. Ich habe viele Gleichgesinnte kennengelernt. Wir unterstützen uns bei neuen Ideen und ergänzen uns gegenseitig. Als Solopreneurin bin ich jedoch frei zu entscheiden, welchen Impulsen ich nachgehe und welchen nicht."

Den eigenen Impulsen folgen

Dieses Buch handelt von der schlanken Form des Entrepreneurships, dem Solopreneurship.

Solopreneur zu sein beginnt mit der Entscheidung, sein „Ding" alleine zu steuern. Dieser Entscheidung, sein Steuerrad in Richtung Solo einzuschlagen, geht häufig ein Schicksalsmoment voraus. Ihr Anfangsimpuls ist wichtig, da er etwas darüber aussagt, wohin es Sie eigentlich zieht. Noch wichtiger sind aber die unternehmerischen Entscheidungen, die Sie dann in Folge treffen.

Auf dem zweiten Solopreneur Day interviewten wir Jonas Mauer*. Er beschrieb, was bei ihm die Initialzündung war, Solopreneur werden zu wollen. Er ist bei einer Hamburger Agentur angestellt und dort als Kreativer tätig. *„Jeden Tag entwickle ich dort Ideen für andere. Dann kam irgendwann der Punkt, an dem ich mich gefragt habe: Warum entwickle ich nicht eine Idee für mich?"*

Dies sind Momente, an denen wichtige Entscheidungen fallen.

- Kreative spüren: sie können mehr
- Chefs spüren: sie wollen weniger
- Selbstständige wollen so nicht mehr
- Angestellte merken: das ist es nicht
- Andere packt das Fernweh
- Viele wollen einfach nur ungestört ihren Weg gehen

Die spannende Frage ist, was Sie nach einem solchen Impuls tun. Viele haben Impulse, die wenigsten hören darauf. Sie wechseln vielleicht den Arbeitgeber oder nehmen einen kurzen Urlaub. Darum geht es nicht. Es geht um das System, wie Sie in Zukunft arbeiten. Ein Solopreneur verändert sein Leben durch eine neue unternehmerische Aufstellung.

Jonas Mauer könnte aus der Agentur aussteigen und als Freelancer „frei" weitermachen. Aber das würde die Situation nicht verändern. Er würde weiter für andere arbeiten. Da er unser Buch *Smart Business Concepts* gelesen hat, geht er anders vor. Er setzt wirklich auf eine eigene Idee. Er hat ein verspieltes Produkt entwickelt, das er über eine selbstgestaltete Internetseite in den Markt bringen will. Das ist ein unternehmerisches Vorgehen. Dies wird er alleine tun und sein Business Stück für Stück aufbauen (bootstrappen) und vorerst in der Agentur weiterarbeiten.

Wird er es schaffen?

Vielleicht nicht mit dem ersten eigenen Produkt, aber spätestens mit dem zweiten oder dritten. Wenn Jonas Mauer jetzt nicht den Fehler macht, ein großes Team aufzubauen und zu glauben, er wäre ein Start-up, wird es ihm gelingen und er wird solo seine Spur ziehen.

Interessant ist dabei, dass es Muster gibt. Jonas Mauer kann das Gleiche wie Katrin Linzbach und viele andere Solopreneure schaffen. Einige Dinge wird er sogar ganz ähnlich tun. Solche Solo-Geschichten haben wir uns die letzten Jahre sehr gründlich angesehen. Quer durch alle Altersschichten und Branchen. Wir haben jeden Solopreneur, der uns begegnete, interviewt und analysiert, haben unsere eigene Geschichte mit diesen Geschichten verglichen, die Biografien immer wieder übereinandergelegt und Unternehmer begleitet, die auf solo oder smart umschalten.

Es gibt Muster hinter den Geschichten der Solopreneure:

- sie halten ihre Infrastruktur schlank
- sie bleiben ortsunabhängig
- sie nutzen Komponenten

- sie gehen nicht zur Bank
- klassisch gründen interessiert sie nicht
- und ganz wesentlich: sie gehen ihren Weg alleine

Leichtbaukonstrukte

Solopreneurship ist für uns eine zielgerichtete, unternehmerische Form mit einer großen Bandbreite, in der es darum geht, Leben und Arbeit in eine gute Balance zu bekommen. Damit dies gelingt, braucht Ihr Business eine „Leichtbaukonstruktion".

Vermeiden Sie einen komplizierten Aufbau, Kredite oder langlaufende Verträge. Vernetzen Sie sich mit flexiblen Komponenten so, dass Ihre Prozesse optimal und schlank laufen. Halten Sie Ihr Business manövrierfähig. Solche schlanken Geschäftskonzepte nennen wir Smart Business Concepts. Leicht steuerbar und flugfähig, ohne dass Sie ständig im direkten Kontakt mit Kunden oder Angestellten stehen.

In unserem ersten Buch *Smart Business Concepts* stellten wir erfolgreiche Solopreneure wie Volker Winkler von *memorius.de* (Fotobücher für Bestatter), Henning Groß von der HASENFARM (Sortiment mit hasigen Designs) oder Gary Vaynerchuk (Weinkenner und Businessexperte) vor.

In diesem Buch wird es über 20 weitere Fallbeispiele geben. Darunter einen Uhrmacher, der zum Maker wurde, eine promovierte Softwareentwicklerin, die beginnt Wolle zu färben und einen Rechtsanwalt, der sich auf den ersten Blick selbst abschafft. Wir zeigen Produzenten, Händler, Experten, Dienstleister und Kreative, die alle einen neuen Weg einschlugen. Solo ist möglich. Es gibt sie, diese Firmenlenker, die mit wenig Überbau ihren Umsatz nach oben fahren.

Das Steuer selbst in die Hand nehmen

Einen Impuls zu haben, ist die eine Sache. Den Schritt wirklich zu tun und sich professionell solo aufzustellen, eine andere. Diejenigen, die es tun, haben Gründe, die über einen Impuls hinausgehen. *Drei Muster* haben wir bisher entdeckt, warum Solopreneure sich bewusst neu aufstellen.

● Sie reagieren auf neue Möglichkeiten

Unsere Arbeit und Gesellschaft verändert sich. Eine Reihe von klassischen Berufen werden leergefegt. Die digitale Revolution schafft immer mehr neue Handlungsräume. Smart zu sein beginnt bei vielen damit, einen dieser neuen Räume zu betreten. Sei es ein Blog, ein Onlineshop oder eine Webinar-Reihe, ein erster Baustein führt zu weiteren Ereignissen und plötzlich stellt sich die Frage: Was wäre, wenn Sie dies richtig machen und es unternehmerisch ausbauen? Oder die Umkehrfrage: Wo bleiben Sie, wenn Sie keinen dieser neuen Räume betreten?

● Sie reagieren auf Weichen in der Biografie

Andere reagieren nicht auf den technischen Wandel, sondern verändern den Kurs wegen biografischen Erfahrungen. Vielleicht kommen Sie aus einer großen Firma oder haben selbst eine Firma mit Angestellten geführt und sich an diesen Systemen „abgearbeitet". Dann ist Solopreneurship eine echte Alternative. Oder Sie wurden von anderen auf ein Nebengleis gestellt. Dann ist solo eine freiere Welt. Gründer, die bereits mit mehreren Partnern als Gesellschafter gegründet haben, gehen häufig in einer zweiten Runde lieber solo weiter. Frauen haben oft eine Biografieweiche, wenn sie ihre professionelle Karriere wegen einer Partnerschaft stoppen und dann wieder neu starten.

● Sie suchen die Unabhängigkeit

Viele Solopreneure entdecken ihren Typ. Sie halten es in klassischen Arbeitsfeldern nicht aus. Sie wollen eigene Dinge schaffen und dabei unabhängig bleiben. Wenn Sie so gestrickt sind, werden Sie in einer fest zugewiesenen Arbeitsstelle nicht glücklich. Viele Solopreneure, die wir kennen, genießen es, ihren Lauf selbst zu bestimmen und Dinge nach eigenem Plan anzuschieben. Wenn Sie ein „selbstbestimmter" Typ sind, ist solo der bessere Weg. Ganz wichtig an dieser Stelle: Es gibt viele ruhige Selbstbestimmte. Wir reden also nicht nur von den Abenteurer-Typen.

Solo ist unabhängig vom Alter

Frühstarter schlagen mit 20 bis 25 Jahren ihren Soloweg ein. Sie lösen sich bereits während oder nach ihrer Ausbildung / Studium oder ganz am Anfang ihrer Karriere vom klassischen Berufsweg. Katrin Linzbach und

Jonas Mauer gehören in die Generation der „jungen" Solopreneure (*Digital Natives, Generation Y*). Sie wollen viel vom Leben, aber sie wollen es nicht mehr „gegen das Leben". Die eigenen Werte, Freizeit, Umwelt, all das spielt eine viel größere Rolle als in früheren Generationen. Falls Sie jung sind und dieses Buch lesen: Gehen Sie auf die Solo-Überholspur und warten Sie nicht, bis sich die Gesellschaft ändert. Die Türen stehen sperrangelweit offen für jeden, der anders leben und arbeiten möchte.

Die zweite Solopreneur-Schicht ist älter und besteht aus smarten Baby Boomern. Wir selbst stammen aus dieser Schicht. Diese Smartianer sind noch in einem anderen Umfeld groß geworden, spüren aber die (digitalen) Kräfte, die unsere Welt verändern, und sind bereit, die Segel anders auszurichten. Viele, die wir begleiten, sind zwischen 35 und 50, stehen seit Jahren in der Selbstständigkeit, im Management oder in der Anstellung und ändern noch einmal die Ausrichtung in ihrem Business. Sie reduzieren ihre Tätigkeit auf eine Eindeutigkeit und entdecken den Solo-Entrepreneur in sich. Das kann, wie bei Volker Winkler, nach einer erfolgreichen geschäftsführenden Tätigkeit in einem großen Unternehmen sein, die ihn aber von sich selbst entfremdete, oder – wie bei Susanne Brender* – aus einer voll ausgebuchten Tätigkeit als Beraterin heraus, die sie zwar gut ernährte, aber durch lange Fahrzeiten dazu zwang, viele Stunden pro Jahr im Auto zu verbringen. Der Vorteil der Älteren: Sie haben bereits Geld in der Kasse und können die Wende aus gewachsenen Strukturen heraus angehen.

Wechselbad der Gefühle

Das Alter und die Auslöser sind verschieden, aber das Ziel ist ähnlich. In all diesen Fällen ist das Ziel nicht der Aufbau eines klassischen Unternehmens. Es geht auch nicht primär um mehr Geld. Denn, das ist vielen Solopreneuren klar: solo verdient man nicht zwingend mehr. Das Ziel ist eine höhere Selbstbestimmung. Katrin Linzbach, Jonas Mauer, Volker Winkler, Susanne Brender und viele andere wollen in ihrem Leben eine neue Ausgeglichenheit. Solopreneure wollen selbst steuern.

Das Steuerrad in die eigene Hand zu nehmen und den eigenen Kurs zu finden, ist nicht immer leicht und führt häufig durch ein Wechselbad der Gefühle. Gerade, wenn man bereits beruflich anders geprägt wurde.

Bernhardt Goldinger* beschrieb uns das so:

„Die ersten Jahre in der Logistikbranche habe ich genossen, sehr viel in einem jungen, motivierten Team gearbeitet und eigentlich eine klassische Management-Karriere angestrebt. Nach dem "Anstoßen an die gläserne Decke" und ein, zwei Jobwechsel wurde ich zunehmend unzufriedener, vor allem solche Dinge wie Fremdbestimmtheit, Konzern-Denke / -Prozesse und nicht nachvollziehbare Entscheidungen von Top-Management und Eigentümern störten mich immer mehr und ließen mich privat verstärkt mit dem Thema Entrepreneurship, Start-ups & Co beschäftigen.

Nachdem ich immer wieder auf die Priorität der Geschäftsidee gestoßen bin, habe ich mich mal mehr, mal weniger intensiv damit befasst, bin aber auf keine Geschäftsidee gekommen, die mich persönlich überzeugt hat. Das hängt unter Umständen auch damit zusammen, dass ich immer an einen klassischen Start-up bzw. „Gründen im Team" gedacht habe, was natürlich wesentlich riskanter ist bzw. keiner in meinem Freundes- und Bekanntenkreis sich vorstellen konnte, sein "gesichertes" Angestelltendasein für so ein "Abenteuer" zu riskieren.

Dann bekam ich das Angebot in einem Start-up mit einzusteigen (es war das Angebot einer Anstellung A.d.R) und ich dachte mir, vielleicht eine gute Gelegenheit, das Gründen in einem etwas "gesicherteren Umfeld" (kein eigenes Geld investieren etc.) zu testen und Erfahrungen zu sammeln. Daher habe ich zugesagt. Das Problem: Der Start-up, in dem ich jetzt bin, ist alles andere als ein "Smart-up" und zeigt eher, wie man es nicht machen sollte oder wie ich es für mein eigenes Unternehmen nicht machen will.

Dann habe ich mich intensiver mit dem Thema "Smart Business Concepts" beschäftigt und mich mittlerweile sehr damit angefreundet, solo ein Business zu starten, obwohl ich eher ein Team-Mensch bin."

- Das führt zu den Fragen, die sich kurz vor der Soloschwelle stellen:
- Wie richten Sie Ihr Leben beruflich ein?
- Gehen Sie solo oder im Team?
- Führen Sie Ihre eigene Firma klassisch oder anders (smart)?

Plädoyer für solo

Wir machen Ihnen Mut, sich solo aufzustellen. Unsere Behauptung:

- Alleine sind Sie schneller am Ziel.
- Alleine können Sie flexibler Ihr Leben und Business in Einklang bringen.
- Solopreneurship ist die leichte Form des Unternehmertums.
- Solo ist heute einfacher den je.
- Solo können Sie schneller Angebote schaffen, die zu Ihnen passen.

Dies ist mehr als eine These. Abseits der klassischen Selbstständigkeit und der „großen" Firmen gibt es immer mehr, die mit einem schlanken Unterbau unternehmerisch Erfolge feiern. Sie verkaufen nicht Stunde um Stunde ihrer eigenen Zeit, wie es Freelancer tun, sondern entwickeln eigene Produkte, Marken, Angebote. Sie „skalieren" online über schlanke Prozesse und steuern ihre smarten Geschäfte ortsunabhängig. Damit haben sie eigene Firmen. Das Wort „Firma" trifft es aber nicht, weil all das, was viele sich unter einer Firma vorstellen – Gebäude, Fahrzeuge, Angestellte – bei einem Solopreneur in der Regel nicht vorhanden ist.

Haben Sie den Mut, geschäftlich unabhängig zu bleiben und Ihren Weg alleine zu gehen. *Bleiben Sie solo!* Das ist unser Rat, wenn Sie Ihr Leben individuell steuern wollen. Sie werden solo schneller Ihre persönliche Freiheit aufbauen. Smarte Unternehmer können heute Firmen schaffen, die gänzlich anders aussehen, als die Handelskammer es lehrt.

Wie wäre es mit mehr Leichtigkeit?

Was wäre, wenn Ihnen Ihre eigene Unternehmung – Ihr Business – wirklich Spaß macht? Wenn Sie sich trauen, endlich die Sache zu machen, die Sie wirklich gerne tun? Was wäre, wenn Sie Ihre Trägheit überwinden, eigene Produkte entwickeln und diese sich auch noch gut verkaufen? Wenn genug Geld reinkommt, um davon gut zu leben? Definitiv mehr als die berüchtigten 1.000 Euro unter denen die Lebensluft sehr dünn wird.

Wie wäre es mit mehr Leichtigkeit?

Was wäre, wenn Sie als Solopreneur Erfolg haben und Ihren Kurs alleine steuern können? Dies wäre ein Leben, das besser fließt. Es wäre leichter.

Kleiner Solo-Check

Wenn Sie diese Leichtigkeit in Ihrem Business noch nicht spüren, liegt dies unserer Erfahrung nach an einem dieser fünf Punkte:

- für wen Sie arbeiten
- was Sie arbeiten
- wie Sie arbeiten
- von wo Sie arbeiten
- für wie viel Sie arbeiten

Ein Solopreneur würde so antworten:

- Ich arbeite in eigener Regie.
- Ich schaffe etwas, was mein Ding ist.
- Ich bin so organisiert, dass ich Zeit für das Wesentliche habe.
- Ich habe die Freiheit, an dem Ort zu arbeiten, der mir gefällt.
- Ich verdiene genug, um mit hoher Qualität zu leben.

Das hört sich gut an.

Das konkrete Konzept hinter einem Solopreneurship ist aber nicht immer so leicht zu fassen. Wie soll das gehen? Wie kann man, seine eigene Produktivität (seinen Output) unternehmerisch so aufstellen, dass mehr Zeit für das Wesentliche übrig bleibt? Idealerweise so, dass man nicht in, sondern an seinem Unternehmen arbeitet.

Klarheit im Kopf – Kurs stecken

Ein Kapitän überlegt, wohin es geht und navigiert dann entsprechend.
Von daher stellen wir zu Beginn die großen Fragen:

- Was wollen Sie eigentlich in Ihrem Leben erreichen?

- Wann machen Sie endlich Ihr Ding?

- Wann beginnen Sie so zu arbeiten, dass Sie es gerne tun?

- Was können Sie umsetzen, OHNE sich aufzuarbeiten?

- Wann kommt die Waage von Arbeit und Privatem ins Lot?

Klarheit im Kopf ist eine der wichtigsten Voraussetzungen für Ihren
geschäftlichen und privaten Erfolg. Aus diesem Grunde arbeiten wir
stark an der mentalen Kraft.

Nach vielen Jahren als „unschlanke" Unternehmerin habe ich die Entscheidung getroffen, nun solo zu agieren. Spannend, dass ich nun die Begrifflichkeit gefunden habe für die Art des Unternehmertums, die mir heute entspricht.

Mitglied der XING Gruppe Solopreneur

Solo
preneur

Kapitel

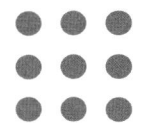

Was ist ein Solopreneur?

Solopreneurship – Raumschiff unbekannt

Als wir begannen, Solopreneurship in Deutschland vorzustellen, war der Name „Solopreneur" unbekannt. Immer wieder passierte es uns, dass Gesprächspartner sagten: *„Solopreneur, das höre ich zum ersten Mal"* und fast ebenso häufig kam die Rückfrage: *„Sie meinen damit Selbstständige, die alleine arbeiten, richtig?"*

Damit sind wir bei der ersten Stolperfalle.

Zwar nutzen inzwischen immer mehr Blogger und Kenner den Begriff Solopreneur. In der breiten Öffentlichkeit können sich viele aber nicht vorstellen, was ein Solopreneur ist. Sobald der Begriff fällt, sind die Bilder, was man sich darunter vorstellt, gespickt mit Vorurteilen und Missverständnissen.

Das Wirtschaftsmagazin *Impulse* überzog zum Beispiel mit der Titelstory „Deutschlands Einzelkämpfer" per Großflächenkampagne ganz Deutschland.[1] Im dazugehörigen Leitartikel fielen Begriffe wie *Solo-Selbstständige* und *Solisten*, gezeigt wurde ein Gemisch aller Formen der Selbstständigkeit: Vom Landwirt, der ohne Angestellte keinen Urlaub machen kann, über den klassischen selbstständigen IT-Consultant bis zu einer wirklichen Solopreneurin, Rosmary Stegmann von *Rosy Green Wool*. Jeder, der keine Angestellten hat, kam dort in einen Topf. Das ist keine Randschärfe für das Thema. Jeder Solopreneur ist ein Selbstständiger, aber nicht jeder Selbstständige ein Solopreneur. Die Politik trägt zur Verwirrung lustig bei. Besonders unsäglich war das Etikett „Ich AG", das die Politik wahllos über das Land verteilte und verbrannte Erde hinterließ.

Auch Solopreneure selbst schaffen es nicht immer, Klarheit zu erzeugen. Sie wissen zwar um ihre besondere Aufstellung. Timothy Ferriss erzielte zum Beispiel mit seinem Buch *Die 4 Stunden Woche* einiges an Aufmerksamkeit für das Thema. Aber ihm und auch anderen gelang es nicht, das Konzept mit dem nötigen Abstand zu präsentieren.

An einigen Stellen scheint es so, als wenn es dem einen oder anderen Single Entrepreneur nur um das schnelle passive Einkommen geht. Das führt zum Zerrbild des „Hängematten-Entrepreneurs" – no work, big money. Zu diesen verzerrten Rollenbildern mehr im Kapitel 3.

Beim Solopreneur geht es weder um den falsch etikettierten Arbeitslosen noch um den Jackpot-Abenteurer, der nach der „totsicheren" Geschäftsidee sucht. Es geht um unternehmerische Konzepte, die von Ihnen alleine gesteuert wirtschaftlich erfolgreich im Markt laufen. Und das mit Leichtigkeit.

Denn man kann auch von der anderen Seite des Pferdes fallen.

Es geht schon darum, schneller Geld zu bewegen und unternehmerisch Erfolg zu haben. Solopreneure wollen raus aus geringen Stundenlöhnen und für Kunden durchgearbeitete Wochenenden. Viele Selbstständige glauben sofort, dass sie Solopreneure wären. Eine Bewerbung für unsere XING Gruppe Solopreneur lautete: *„Ich schmeiße den Laden hier ganz alleine."* Hmm, das ist noch nicht ganz das, was wir meinen. Leichtigkeit hört sich etwas anders an.

Nicht jedes Hamsterrad verdient das Etikett Solopreneur.

Was ist ein Solopreneur?

Solopreneur ist noch nicht allgemeiner Sprachgebrauch, aber der Begriff hat uns mehr überzeugt als Bezeichnungen wie *Funky Business, Digital Bohème, MeConomy, Life-Style-Business, Einzelunternehmer, Digitale Nomaden, Solo-Selbstständige* und andere. All diese Bezeichnungen zeigen zwar die Dynamik und den Umbruch der Geschäftskultur, sind aber für uns zu einseitig oder missverständlich. Es braucht einen randscharfen Begriff, der die Eigenständigkeit dieser neuen Geschäftsform auf den Punkt bringt. Lange Zeit gab es nur schillernde Begriffe für das Phänomen.

Und dann schob irgendjemand (bis heute ist uns nicht bekannt, wer es tat,) die beiden Worte „solo" und „entrepreneur" zusammen. Als wir diesem Wort zum ersten Mal in einer englischen Publikation begegneten, war uns sofort klar: Das trifft es. Damit können wir uns identifizieren.

Solopreneur ist eine Wortneuschöpfung aus den beiden Worten „solo" und „Entrepreneurship", die zunächst einmal schlicht besagt:

Ein Entrepreneur, der sein Business alleine (solo) aufbaut.

Unter einem *Entrepreneur* versteht man einen *gestaltenden* Unternehmer, also jemanden, der das Unternehmen wirklich selbst formt und aufbaut, im Gegensatz zu einem *Manager*, der etwas Bestehendes übernimmt und angestellt ist (Verwalter).

Günter Faltin hat in seinem Buch *Kopf schlägt Kapital* gut herausgearbeitet, was das Wesen eines Entrepreneurs ist.[2] Er bemängelt, dass sich in Deutschland die Betriebswirtschaft vor allem auf das managen von vorhandenen Unternehmen konzentriert.

Der Entrepreneur baut dagegen ein Unternehmen (wir sagen Business) auf und hat dafür die grundlegende Idee. Dann beginnt die Arbeit. Die Aufgabe eines Entrepreneurs ist es, aus der Idee das (von Günter Faltin als *Entrepreneurial Design* bezeichnete) Geschäftskonzept zu entwickeln. Dieses Chassis ist die Grundlage, bei uns *Smart Business Concept* genannt.

Nach Faltin muss ein gutes Business Konzept folgende Fragen klären:

- Was ist der Marktvorteil (wir nennen das WOW-Sprung)?
- Wie kann das Konzept vor Imitatoren geschützt werden?
- Wie kann das Konzept auf lange Sicht frisch bleiben?
- Wie kann mit möglichst wenigen Finanzen gestartet werden?
- Wie kann das Marketing gelöst werden?

Faltin bündelt diese Merkmale noch einmal in der Definition eines *High Potential Entrepreneurial Designs*, um besonders weit zu kommen.[3]

High Potential Entrepreneurial Design

- Skalierbarkeit
- Einfachheit
- Risikominimierung

Das sind wichtige Hinweise für einen smarten Entrepreneur. Günter Faltin ist damit nahe an der Theorie des Solopreneurships, ging aber nie durch diese Tür, da er auch, wie die meisten deutschen Business-Denker, bei einem Unternehmen meist an ein Konstrukt mit Inhaber und Mitarbeitern denkt.

Ein Solopreneur geht an dieser Stelle einen Schritt weiter. Er nimmt die Punkte „Einfachheit" und „Risikominimierung" auch bei der Personalfrage wörtlich: Solo ist die einfachste Aufstellung, die Sie wählen können, und minimiert zugleich Risiken, die ein Team oder andere Geschäftspartner mit sich bringen. Der Solopreneur arbeitet ohne Angestellte und ohne klassische Infrastruktur, die man von anderen Firmen kennt.

Indikatoren für einen Solopreneur

- ist juristisch Alleininhaber
- kann damit alleine entscheiden
- vermeidet klassische Infrastruktur

Ein Solopreneur hat alle juristischen Fäden und Eigentumsrechte in seiner Hand. Er ist und bleibt der alleinige Inhaber. *ABER,* beliebtes Missverständnis: Das bedeutet nicht, dass er alles alleine tut. *Ein Solopreneur arbeitet nicht zwingend alleine!* Im Gegenteil. Solopreneure sind hochgradig vernetzt, kooperieren und sourcen viel aus. Ein Solopreneur nimmt lediglich keine Mitgesellschafter auf, bleibt juristisch solo und arbeitet ohne Angestellte. Dies trifft so zunächst auch auf viele Selbstständige zu. Deswegen stehen die Selbstständigen genetisch sehr nahe am Solopreneur. Selbstständige haben aber in der Regel keine eigenen Produkte, sondern stecken über Aufträge in den Projekten anderer und sind damit fremdgesteuert.

Ein Solopreneur

- arbeitet mit smarten Konzepten
- baut prozessorientiertes Business auf
- entwickelt eigene Angebote
- baut eine eigene Marke auf

Viele Solopreneure haben mehrere smarte Konzepte parallel. Deswegen tauften wir diese Geschäftsideen **Smart Business Concepts**. Das Wort Geschäftsmodell war uns etwas zu schwergewichtig. Anders als bei anderen Geschäftstypen sind es eher Funktionseinheiten (*Concepts*), die Einkommen schaffen. Es sind keine Firmen mit Personal, Dienstwagen und großer Infrastruktur. Im Kern dieser Smart Business Concepts ticken **einzügige Geschäftsmodelle**, also reduzierte Geschäftskonzepte, die auf wenigen Geschäftsprozessen basieren. Das macht diese Konzepte so gut steuerbar.

Solopreneure betreiben Business unkompliziert. Sie steuern ihr Business via Browser über das Internet und nutzen Komponenten. Wo nötig nehmen sie Freelancer dazu, mit denen sie sich aber nicht treffen müssen.

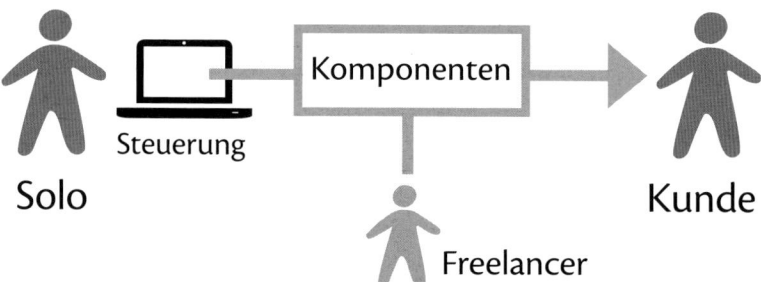

Klassische Selbstständige arbeiten dagegen in Job-Strukturen und können ihr Leben zwischen ständig parallel laufenden Kundenprojekten häufig kaum noch wahrnehmen. Sie müssen auf die Termine und Anforderungen der Kunden reagieren.

Die Umkehr der Auftragsrichtung

Die Anzahl der Einzelunternehmer steigt in Deutschland. Viele davon sind aber verkappt abhängig Beschäftigte. So ist der Fahrer für einen Paketdienst kein Solopreneur, nur weil er den Leasingvertrag für sein Fahrzeug selbst unterschrieben hat, als er als Einzel-Spediteur outgesourced wurde. Dieser Mann ist nach wie vor von einem Auftraggeber abhängig und fährt jeden Tag eine vorgegebene Strecke, wie jeder andere Angestellte auch. Das Wort *Scheinselbstständiger* trifft hier die Realität gut.

Ein echter Selbstständiger, der für seine Kunden arbeitet, ist da schon besser dran. Aber nur bis zu einer bestimmten Grenze. Er handelt unternehmerisch frei und kann einzelnen Kunden absagen oder in neue Geschäftsfelder gehen. Trotzdem geht die *Auftragsgestaltung* vom Kunden aus.

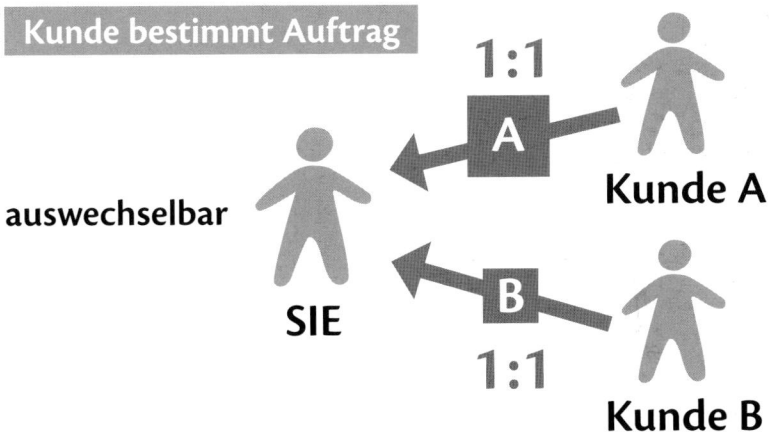

Der klassische Selbstständige arbeitet 1 : 1 (individuell) und wird von anderen mit Aufträgen belegt. Für jeden Auftrag verbraucht er Stunden seiner Lebenszeit. Er kann nicht in der gleichen Stunde zwei Aufträge gleichzeitig bearbeiten. Das Konzept hinter freischaffender Arbeit ist „Arbeitszeit gegen Lohn". Häufig muss der Freischaffende auf Ausschreibungen reagieren und kann im Preis gedrückt werden.

...kehrung

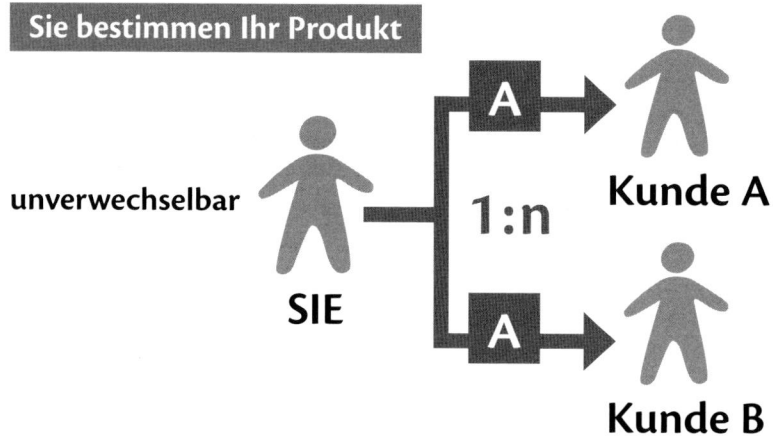

Ein Solopreneur kehrt die Auftragslage um. Er wird zum Anbieter eines Produktes oder eines Programms, das viele Kunden buchen können. Somit kann er skalieren. Plötzlich ist es möglich, dass mehrere Kunden zeitgleich die gleiche Lösung in Anspruch nehmen. Und was zwei können, können auch – wenn Ihr Business wächst – 100 oder 1.000 Kunden tun. Das ist der Motor zum wirtschaftlichen Erfolg und zur eigenen Marke.

Selbstständige

- haben Jobs
- arbeiten für fremde Projekte
- verkaufen Stunden ihres Lebens

Solopreneure

- haben Produkte
- arbeiten für eigene Projekte
- verkaufen Ergebnisse ihres Lebens

Auf dem Weg zur Skalierung

Mit dieser Aufstellung können Solopreneure wie große Firmen skalieren. Sie können großes Business aufbauen. Das ist ihr Potenzial. Selbstständige dagegen werden über Jobs fremdgesteuert, partizipieren nicht an den Produkten der anderen, arbeiten viel und verdienen häufig wenig. Das ist nicht smart. Besser wäre es, einen kontinuierlichen Einkommensstrom über eigene Produkte oder eigene Projekte aufzubauen. Diesen Einkommensstrom zu initiieren und stabil zu bekommen, ist die Herausforderung.

Start in zwei Welten

Um dies zu schaffen, starten Solopreneure häufig in beiden Welten und schwimmen sich langsam frei. Felicia Hargarten und Marcus Meurer, zwei digitale Nomaden, die wir später noch zu Wort kommen lassen, verdienen auf ihren Weltreisen zum Beispiel sowohl über Jobs als auch eigene Businesskonzepte. Das ist pragmatisch und eine sehr robuste Art, sich beim Start eines Solopreneurships zu ernähren. Das Ziel dieser doppelten Aufstellung ist bei einem Solopreneur, die Anzahl der Jobs auf Dauer runterzufahren und das Volumen der eigenen Produkte / Projekte zu steigern. Felicia Hargarten konzentriert sich z.B. immer stärker auf ihren Reiseblog *Travelicia*. Die Biografien vieler erfolgreicher Blogger belegen diesen gleitenden Übergang aus der Selbstständigkeit (oder Anstellung) in ein Solopreneurship.

GLEITENDER ÜBERGANG   Ein Bein sichert, das zweite baut auf

Einen gleitenden Übergang finden Sie in der Onlineszene an vielen Stellen. So hat Philipp Gloeckler seine „Gleitzeitformel" sogar auf der Startseite seiner Website veröffentlicht: *„Unsere 40/60 Regel: maximal 60% unserer Zeit investieren wir in Auftragsarbeit, 40% geht in eigene Projekte."*[4] Er schaffte es nicht sofort, sich mit seinem Projekt *WHY own it* auf die eigenen Beine zu stellen und gleitet weiter auf dieses Ziel zu.

Solopreneur-Paare

Vielleicht haben Sie sich gewundert, dass ein Ehepaar ein Buch über „solo"
schreibt. Ein spannender Aspekt ist die Beobachtung, dass eine Reihe von
Solopreneuren Paare sind.

Ein Solopreneur ist entweder alleine oder ein Paar.

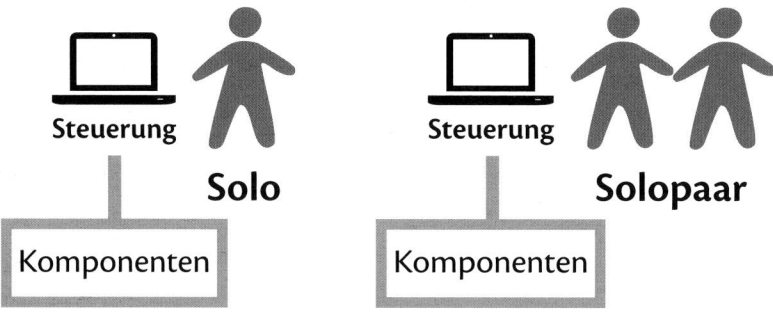

Solopreneurship ist eine der wenigen Businessformen, die sich gut eignet,
um mit seinem *Lebenspartner* zusammen zu leben und zu arbeiten. Ein
zentraler Punkt der eigenen Lebensgestaltung.

An anderer Stelle sind Paare häufig nicht willkommen. Es gibt zum Beispiel
unter Venture Capitalists die ungeschriebene Regel: Investiere nie in einen
Start-up, in dem ein Pärchen die Leitung hat. Streitet sich das Paar und
sind beide Gesellschafter, blockieren sie ganz schnell alles. Wer viel Geld
investiert, hat auf dieses Risiko keine Lust. Ergo: In der Regel können Sie als
Pärchen keinen fremdfinanzierten Start-up zusammen führen.

Auch an anderer Stelle können Paare nicht zusammen arbeiten. Es ist in
der normalen Berufswelt nicht vorgesehen. Oder kennen Sie eine Stelle, auf
die sich ein Paar zusammen bewerben kann (mit zwei Gehältern)? Selbst
große Universitäten tun sich schwer, bei der Berufung einer Professur, den
Lebenspartner (wenn er auch Dozent ist) gleich mitzuberufen.

Wenn Sie zusammen arbeiten und leben wollen – und das ist eine attraktive Form – ein Solopreneurship ist die Lösung. Ein Paar hat (wenn es auf-

einander eingespielt ist) wenig Abstimmungsaufwand. Es ist einfach, den eigenen Kurs zu halten. Es braucht keine Spielregeln oder komplizierte Rechteverwaltung wie in einem Team.

Wir schätzen diese Form der Zusammenarbeit sehr. Diese Nähe und der direkte Austausch ist für uns Lebensqualität. Wir arbeiten seit über 20 Jahren zusammen und haben vier GmbHs gemeinsam aufgebaut. Unser Prinzip: Jeder von uns hält immer 50 Prozent der Anteile einer Gesellschaft.

Als (Ehe)paar zusammen ein Business zu führen, ist nicht immer einfach. Nicht schön ist, wenn man zusammen Fehler macht. Sie nehmen diese Fehler gemeinsam mit in die freie Zeit. Es ist schwerer, das Business aus dem Kopf zu bekommen, als wenn Sie sich in der Freizeit mit einem Partner treffen, der außerhalb Ihrer Arbeit steht. Fehler und gemeinsame Entscheidungen verbinden aber. Wenn Sie es schaffen, zusammen an einem Strang zu ziehen, haben Sie den stärksten Partner zur Seite, den Sie sich wünschen können. Wir zählen daher Paare eindeutig in die Kategorie solo.

Wenn Sie mit Ihrem Partner zusammen durch dick und dünn und eventuell um die ganze Welt wollen: It´s a Solopreneurship. In diesem Buch finden Sie drei Beispiele für das *Solopaar*: Rosmary Stegmann & Patrick Gruban (in der *Rosy Green Wool GbR*), Felicia Hargarten und Marcus Meurer (rechtlich beide eigenständig, reisen zusammen), uns selbst (Brigitte und Ehrenfried Conta Gromberg in verschiedenen GmbHs).

Die Geschäftstyp-Pyramide

Um das Konzept „solo" besser zu verstehen, macht es Sinn, es in Bezug zu anderen unternehmerischen Systemen zu sehen. Wenn Sie ohne nachzudenken in Deutschland Ihren Weg gehen, wird Ihr Lebenszug nicht in Richtung solo fahren. In Deutschland sind alle Weichen in andere Richtungen gestellt. Um in einem Smart Business Concept zu landen, müssen Sie sich dazu bewusst entscheiden und dies aktiv steuern. Dazu haben wir die Geschäftstyp-Pyramide entwickelt.

Unsere These, die wir seit längerem hartnäckig verteidigen

Es gibt eine neue Geschäftsklasse, die der Smart Business Concepts. Diese Geschäftskonzepte tragen nicht die Merkmale der klassischen Betriebe, wie sie in der Betriebswirtschaft bekannt sind. Sie gleichen auch nicht dem Vorgehen der Internet Start-ups.

Wenn man diese neuen Konzepte in die bisherige Wirtschaftsordnung einfügt, landen sie in einer eigenen Trasse zwischen den Internet Start-ups und den (klassischen) Selbstständigen. Sie sind eine Anomalie: Auf der einen Seite sind sie prozessorientiert wie große Firmen. Auf der anderen Seite drosseln sie die Komplexität und den betrieblichen Overhead so weit wie möglich.

Die Geschäftstyp-Pyramide

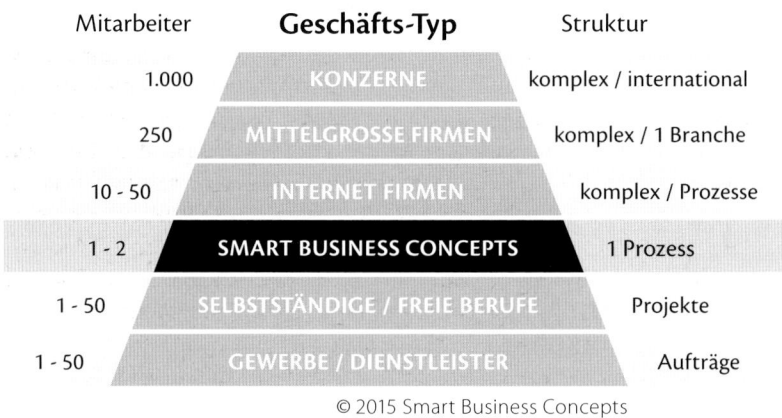

© 2015 Smart Business Concepts

Mit Hilfe der *Geschäftstyp-Pyramide* können Sie Fragen quer durch die verschiedenen Geschäftsformen buchstabieren. Ein Beispiel ist die Business-Literatur. Die meisten Businessbücher sind für einen der anderen Geschäftstypen geschrieben. Schalten Sie Ihr Solopreneur-Radar gezielt an und ordnen Sie Ratschläge entsprechend zu. Das gilt auch für die wachsende Start-up-Literatur. Nicht alles, was dort steht, passt zum Solopreneur.

ZUR BEZEICHNUNG	Smart Business Concepts

Warum haben wir die Trasse zwischen den Selbstständigen und den Internet Start-ups nicht einfach als *Solopreneurship* bezeichnet? Warum steht dort *Smart Business Concepts*? Das hat zwei Gründe:

● Es gibt auch Teams, die smart sind

Viele Argumente sprechen für ein Solopreneurship. Doch es gibt auch smarte Teams. Diese gehen fast identisch wie Solpreneure vor, nutzen alle smarten Techniken und skalieren über Komponenten. Auf S. 140 finden Sie für eine solche Aufstellung das Beispiel von KAVAJ. Ein Smart Business Concept kann also auch von mehreren Personen gemeinsam umgesetzt werden. Das ist aber anspruchsvoller.

● Häufig stehen mehrere Konzepte parallel

Die Vorstellung von einer Firma mit einem einzigen Geschäftsfeld passt bei einer ganzen Reihe von Solopreneuren nicht. Sie sprechen eher von einem „Portfolio" aus verschiedenen Projekten als von einer Firma. Viele Solopreneure haben mehrere Smart Business Concepts parallel. Dazu gibt es Selbstständige, die auf einem Standbein Auftragsarbeiter sind und auf dem anderen ein erstes Smart Business Concept laufen haben. Also einige Fremdprojekte plus einem eigenen Geschäftskonzept. Der 100-Prozent Solopreneur, der sich exakt von einem einzigen Smart Business Concept ernährt, wäre die reinrassige Form, ist aber (noch) die Ausnahme.

Solostatistik

Wenn Solopreneurship so attraktiv ist, wie viele Solopreneure gibt es dann? Das ist schwer zu sagen. Vermutlich weniger als man denkt, aber mit wachsender Tendenz. Wir kennen keine Statistik, wie viele Solopreneure es in Deutschland, Europa oder international gibt. Eine solche Statistik kann es auch nicht geben, solange es kein allgemeines Verständnis dafür gibt, was einen Solopreneur ausmacht.

Schon Holm Friebe und Sascha Lobo wiesen in ihrem Buch *Wir nennen es Arbeit* auf die Problematik hin, dass es keine genauen Raster gibt, die neue Arbeitskultur zu messen:[5] Wen schließt man ein, wen schließt man aus?

- Sind es alle „digital entrepreneurs"?
- Oder alle, die eine besondere Form von Gewerbe angemeldet haben?
- Gehören alle Kreativen dazu (die in der KSK versichert sind)?

Solche Sortierungen treffen es nicht.

Ein besserer Ansatz wäre es, nach der Anzahl der Inhaber zu filtern und dann die Form des Business anzusehen. Diese Verknüpfung gibt es aber nicht. Die 2,5 Millionen Einzelunternehmer in Deutschland sind nicht gleichzusetzen mit Solopreneuren. Vermutlich wird es in den nächsten Jahren keine stichhaltigen Zahlen dazu geben. Für uns kein wirkliches Problem. Schließlich machen wir das für uns und nicht für die Statistik.

Nicht mit Small Business verwechseln

„Smart Business" steht klanglich in der Nähe von "Small Business". Das ist nicht das Gleiche. Ein Smart Business kann skalieren. In den USA ist der Begriff „Small Business Owner" etabliert und es gibt eine ganze Behörde dafür (*U.S. Small Business Administration, www.sba.gov*). Diese Konzepte sind meist nicht smart in unserem Sinne. In der Regel sind dort *Small Business Owner* Menschen, die sich über ein Franchise oder ein kleines Dienstleistungsgeschäft selbstständig machen. Die meisten sind an ihren Laden oder ihren Service persönlich gebunden. Gehen Sie smart vor, denken Sie groß und automatisieren Sie, wo Sie können. Solopreneure schaffen eigene Marken.

Leider wird *Small* und *Smart* häufig zusammengeworfen. Wir machen das einmal an dem Kürzel *SOHO* (*Small-Office / Home-Office*) fest: Diese Abkürzung entstand in der Klassifizierung der Office-Geräte: Große Firmen mit großen Büros brauchen andere Drucker als Ein-Mann-Büros. Also unterscheidet man dort in große, teure Netzwerkdrucker und sogenannte *SOHO*-Geräte. Damit wirft man *Small-Office* mit *Home-Office* zusammen. *Small = Home*. Wer nicht aufpasst, lässt sich hier eine Kategorie der

Büromaschinen aufdrücken. Denkfehler: Ein Home-Office gehört immer zu einer Small Company. Das ist falsch. Solopreneure können durchaus in einem Home-Office ein großes Unternehmen führen. Solopreneure können small, können aber auch global und big. Und das mit wenig Technik.

Solopreneure können nicht einfach an der Umsatzhöhe erkannt werden (klein, mittel, groß), denn es gibt Solopreneure mit sehr hohen und andere mit geringen Umsätzen. Damit funktionieren klassische Treppen-Sortierungen nicht: *Micro business, Small Business, Lower mid-size Business, Medium-sized Business* etc.

Unsere Einschätzung

Die Gruppe der Solopreneure wird größer, es ist aber keine Massenbewegung. Eine Reihe von Indizien spricht für eine wachsende Gruppe:

- Die Anzahl der Blogs, die das Thema behandeln, wächst.
- Die Anzahl der Einzelunternehmer in Deutschland wächst.
- Die Hotspots, auf denen sich digitale Entrepreneure treffen, wachsen.
- Es gibt langsam mehr Literatur.
- Wir kennen immer mehr Solopreneure.

Nach wie vor sind aber die klassischen Selbstständigen und Angestellten bei weitem in der Überzahl. Von daher tun wir uns schwer, das Ganze als einen Trend zu bezeichnen. Kritiker werfen den Lifestyle-Bloggern vor, eigentlich nur verkappte Marketingstrategen zu sein.[6] Richtig ist, dass es immer Menschen gibt, die einfach auf den Zug aufspringen. Aber daraus zu folgern, es gäbe keine Solopreneure, wäre definitiv zu kurz gesprungen, wie die Beispiele in diesem Buch belegen. Wir wagen einmal die Aussage: Es gibt in Deutschland mehrere tausend Solopreneure oder solche, die auf dem Weg in ein Solopreneurship sind. Darunter sind naturgemäß viele Kreative und auch viele, die dem Typ des Experten entsprechen. Solpreneure etablieren sich zur Zeit aber in allen Branchen, die wir in fünf grundlegende Typen aufgeteilt haben. Dass Solopreneure dabei viel über Marketing sprechen, hat einen einfachen Grund: Marketing ist die Hauptaufgabe eines modernen Entrepreneurs. Angestellte können so tun, als wenn sie der Absatz nichts angeht. Ein Unternehmer lebt davon.

Ziel eines Solopreneurs ist eine rechtliche Selbstständigkeit. Damit sind alle Solopreneure *„Selbstständige"*, was zur sprachlichen Verwirrung beiträgt. Denn *„selbstständig"* sagt nichts über die Rechtsform, die Anzahl der Mitarbeiter und den Geschäftstyp aus. Wie schon gesagt: Solopreneurship ist nicht von einer bestimmten Rechtsform abhängig. Sehen Sie Solopreneurship als gedankliches Konzept. Es ist eine taktische Aufstellung, um bestimmte Ziele zu erreichen, und keine bürokratische Schublade. Ob Sie sich dazu als Einzelunternehmer oder mit einer Kapitalgesellschaft aufstellen, hängt von Ihren Zielen und den eigenen Möglichkeiten ab.

Einzelunternehmer

Reicht zu Beginn. Dazu braucht es im Prinzip nur eine Anmeldung beim Ordnungsamt mit einem eigenen Gewerbe. Volle Haftung mit dem Privatvermögen bei Insolvenz.

• Solotauglich: Ja. Die einfachste Form.

Gesellschaft mit beschränkter Haftung - GmbH

Haftungskapital 25.000 Euro. Vorteil: Wird im Markt als vollwertiger Partner akzeptiert. Nachteile: Sie müssen bilanzieren und haben einen höheren administrativen Aufwand. Der Buchungsaufwand sollte Sie nicht schrecken. Jeder Steuerberater kann das für Sie übernehmen. Sie haben in einer GmbH aber formellere Abläufe. Sie können zum Beispiel nicht einfach jeden Monat das Gehalt ändern oder Privatentnahmen tätigen.

• Solotauglich: Ja. Wenn Sie der alleinige Gesellschafter sind.

Unternehmergesellschaft - UG

Die UG (haftungsbeschränkt) als „Mini"-Variante der GmbH hat bereits mit einer Einlage von 1 Euro die Haftungsbeschränkung. Sie müssen aber über eine jährliche Rücklage aus dem Jahresüberschuss das Mindestkapital einer GmbH aufbauen. Die UG füttert sich also quasi so lange selbst, bis sie eine ausgewachsene GmbH ist. Die UG ist damit leichter beim Start zu finanzieren, zieht aber auch sofort die Auflagen einer GmbH nach sich.

• Solotauglich: Ja. Wenn Sie der alleinige Gesellschafter sind.

GmbH & Co. KG

Wer die Stabilität der GmbH mit mehr Freiheiten in der operativen Führung verbinden will, greift zur GmbH & Co. KG. Eine beliebte Rechtsform bei erfahrenen Solopreneuren, die die Vorteile der haftungsbeschränkten Kapitalgesellschaft und der Personengesellschaft KG vereint. Durch die GmbH als Komplementärin ist die Haftung auf das Firmenvermögen begrenzt. Sie haben den Schutz der GmbH, arbeiten aber als Kommanditist und können als Personengesellschaft mit Ihrem Geld freier operieren. Zum Beispiel sind Privatentnahmen möglich. Ist etwas für Solo-Feinschmecker und verlangt Einarbeitung und einen höheren administrativen Aufwand.

- Solotauglich: Ja. Sie sind alleiniger Gesellschafter in der GmbH und der einzige Kommanditist.

Aktiengesellschaft – AG

AGs wurden geschaffen, Stückelungen von Firmen auf große Gruppen zu ermöglichen. Also genau das Gegenteil eines Solopreneurships. Trotzdem möglich: Die Ratio Drink AG ist eine nichtbörsennotierte Aktiengesellschaft von einem Solopreneur, Raphael Kugel.

- Solotauglich: Bedingt. Sie sind alleiniger Aktionär. Sie können später sehr einfach Anteile verkaufen. Ein Weg für Fortgeschrittene.

Gesellschaft bürgerlichen Rechts - GbR

Auf keinen Fall arbeiten Sie einfach mit anderen lose zusammen! Das führt sofort in eine Gesellschaft bürgerlichen Rechts. Jeder haftet in einer GbR unbegrenzt für alle. Das Tückische daran: Alle anderen Rechtsformen müssen Sie bewusst starten. Nicht so bei der GbR. Sie entsteht in dem Moment, wo eine Gruppe gemeinsam einen Auftrag annimmt. Anders ausgedrückt: Klären Sie nichts, landen Sie in der Zusammenarbeit mit anderen im Zweifelsfall in einer GbR. Wenn Sie als Solopreneur netzwerken, stellen Sie sich daher gegenseitig saubere Rechnungen und grenzen Sie die Arbeitsfelder ab. Als Solopreneur sind Sie der Auftraggeber und lassen andere nur zuarbeiten. Vermeiden Sie die GbR. Denn in dieser Rechtsform verlieren Sie alle Vorteile eines Solopreneurships. Ausnahme: Sie sind ein Solopreneur-(Ehe)Paar. Dann können Sie auch bewusst die GbR als Rechtsform wählen.

- Solotauglich: Nein. Ausnahme Solopreneur-Paar.

Bei der Arbeit mit Komponenten auf die Rechte achten

Wer eine Komponente einbindet, lagert damit Geschäftsbeziehungen an Geschäftspartner aus. Angenommen Sie wollen wie die HASENFARM Textilien verkaufen, ohne diese selbst herzustellen. Sie nutzen *Spreadshirt* als Komponente. Dann gehen Ihre Kunden Vertragsbeziehungen mit *Spreadshirt* ein. Wenn ein Kunde auf Ihrer Website ein T-Shirt von *Spreadshirt* bestellt und mit diesem nicht zufrieden ist, läuft Support und Retour über *Spreadshirt*. Über eine Komponente lagern Sie Produkthaftung oder andere Details an Partner aus. Es macht unternehmerisch großen Sinn, gezielt Komponenten in den Bereichen vorzuschalten, in denen Sie nicht in Haftung gehen wollen oder Arbeit nach außen delegieren. Nicht jede Komponente geht aber eigene Vertragsbeziehungen mit Ihren Kunden ein. Klären Sie dies, denn das Netzwerk Ihrer Komponenten ist ein erweitertes Geflecht von Rechtsformen, in denen Ihre Kunden sich bewegen. Kunden akzeptieren immer mehr, gar nicht direkt bei Ihnen zu kaufen. Sie buchen Ihre Tickets bei *Eventbrite*, kaufen Ihre Bücher auf *amazon* und die dazugehörigen T-Shirts bei *Spreadshirt*. Der Solopreneur erhält dann von der Komponente die entsprechenden Ausschüttungen. Die Anzahl der nutzbaren Komponenten wächst ständig und ermöglicht Ihnen sehr viele unterschiedliche Spielarten. Unser Rat: Arbeiten Sie sich in das Vertragswerk Ihrer Komponenten ein, damit Sie juristisch am Steuerrad Ihres Unternehmens bleiben. So ist es ein großer Unterschied, über welche Plattformen Sie Wissensprodukte publizieren. Bei einigen Anbietern geben Sie alle Rechte ab. Bei anderen nicht.

Auf die Sozialversicherung achten

Selbstständige Kreative, die über die KSK pflichtversichert sind, sollten sich vor der Wahl der Rechtsform informieren, was für Auswirkungen dies auf ihre Sozialversicherung hat. Nichtkünstlerische Einnahmen aus Gewerbebetrieb führen ab einer bestimmten Höhe dazu, dass die Versicherung über die KSK nicht mehr möglich ist. Gewinnausschüttungen aus einer GmbH sind dagegen als Einkünfte aus Kapitalvermögen i.d.R. KSK-unschädlich. Solopreneure sollten sich beim Thema Sozialversicherung einarbeiten und im Zweifelsfall fachkundigen Rat einholen. Für einen Solopreneur ein wichtiger Aspekt in punkto Unabhängigkeit.

Krankheit und Eigenverantwortung

Krankheit ist ein spannender Punkt. Solopreneure gehen in die Eigenverantwortung in punkto Sozialversicherung und Aufbau der Altersversorgung. Welches Vermögen oder welche Business-Systeme werden Sie auch im Alter unabhängig halten? Dazu können klassische Rentenbausteine gehören. Unabhängiger ist es aber, eigene Systeme zu schaffen.

Vor einiger Zeit lasen wir eine Information über den Tarifstreit der Lokführer-Gewerkschaft *GDL* mit der *Deutschen Bahn*.[7] Es ging im Kern um einen 100-Prozent-Entgeltschutz bei Berufsunfähigkeit, also eine lebenslange Lohnweiterzahlung. Die Gewerkschaft focht um jedes Detail, um in speziellen Klauseln das Risiko noch perfekter abzusichern. Hmm, das ist eine interessante Vollkasko Denke. Ein Solopreneur hat niemanden, der ihm einen solchen Vollkasko-Scheck ausstellt. Sie werden als Solopreneur noch nicht einmal Arbeitslosengeld bekommen. Die Solopreneure, die wir kennen, wollen dies auch gar nicht. Wir möchten nicht in Sozialsysteme gezwungen werden, die uns den freien Umgang mit unseren Ressourcen nehmen. Soziale Grundversicherung: Ja. Zentrale Allesverwaltung: Nein.

Das führt in die *Eigenverantwortung*. Wir raten dazu, immer mindestens die finanziellen Mittel für drei Monate schnell verfügbar zu haben. Damit können Sie einen normalen Krankheitsfall oder andere Probleme überbrücken. Richtig schwere Krankheiten oder Unfälle knocken Sie aus. Achten Sie also auf sich, ein Cellist schwingt auch keinen Hammer mehr. Sie müssen nicht auf Watte laufen, aber man kann sich smarter und weniger smart verhalten. Das ist ein Grund, warum viele Solopreneure, die wir kennen, sich aktiv mit Gesundheit beschäftigen. Um der Lebensqualität und um ihrer Unabhängigkeit willen.

Sich um Gesundheit und finanzielle Unabhängigkeit zu kümmern, ist für uns eine gesunde Einstellung. Das hat nichts mit der Hängematte zu tun. Eigenverantwortung ist ein Lifestyle, der für uns zum Solopreneurship dazugehört. Viele Selbstständige kümmern sich zu wenig um ihre finanzielle Absicherung. Hier gilt es umzudenken. Deswegen hat das Wort „Vermögen" für uns auch einen anderen Klang als „Reichtum". Finanzielle Mittel sind Werkzeuge. Sie (v)ermöglichen unabhängiges Leben und Arbeiten.

Wann ist solo nichts für Sie?

Das war ein Kurzabriss über Rechtsformen und Eigenverantwortung. Sich selbst auf die Füße zu stellen, ist nicht jedermanns Ding. Nicht jeder hat das Zeug oder den Willen dazu. Haben Sie dann auch den Mut, es nicht zu tun.

Solopreneurship ist eine Möglichkeit, aber nicht die einzige Form, sein Leben zufrieden zu leben. Wenn Sie Solopreneur sein wollen – tun Sie es. Sie können sich gegen die Meinungen anderer durchsetzen. Nicht durchsetzen können Sie sich gegen *sich selbst*, wenn es nicht Ihr Ding ist. Die Checkliste rechts zeigt Indikatoren, wann ein Solopreneurship nichts für Sie ist.

Fehlende Disziplin

Es geht um mehr Unabhängigkeit und doch antworten viele Solopreneure, wenn sie gefragt werden, was dafür notwendig ist: *Disziplin*. Ein interessantes Paradox. Freiheit braucht die Fähigkeit, sich selbst zu motivieren, an seiner Sache dranzubleiben und konzentriert an Dingen zu arbeiten, die Ihnen Umsatz und Erfolg bringen. Sie müssen tatsächlich mit Ihrer Freiheit umgehen können! Gerade in der Musik können Sie mehr als eine Biografie finden, in der ein Musiker zwar seine finanzielle Freiheit erreichte, sein Leben aber trotzdem vor die Wand fuhr.

Dazu ein kleines Beispiel:

Sie wollen sich an einem Punkt weiterbilden und haben sich dafür einen 4 Stunden Zeit-Slot freigeräumt. Sie haben sich für ein E-Learning-Angebot entschieden. Die ersten 30 Minuten bleiben Sie konzentriert bei der Sache. Dann pingt eine Facebookmeldung auf und Sie schauen „kurz" einmal rein. Am Ende sind die 4 Stunden vorbei und Sie haben nur eine Stunde davon wirklich gearbeitet. Das ist zwar unabhängig, aber nicht smart.

HINDERUNGSGRÜNDE   in Ihrer Persönlichkeit / Situation

CHECKLISTE

Wenn einer der folgenden Punkte bei Ihnen zutrifft,
raten wir von einem Solopreneurship ab.

Sie brauchen ein festes Team um sich herum, um zu funktionieren

- Sie können sich alleine nicht disziplinieren
  (schaffen keinen Fokus in der Arbeit).
- Ihnen fällt es schwer, betriebswirtschaftlich zu haushalten.
- Sie können alleine nicht aufhören zu arbeiten
  (halten keine Pausen ein).

Sie wollen sich nicht selbst vermarkten

- Sie haben keine eigenen Produktideen.
- Es reizt Sie nicht, eigene Angebote aufzubauen.
- Sie möchten weder sich selbst noch Ihre Produkte vermarkten.
- Sie sind nicht bereit, Marketing zu lernen.

Sie finden klassisch gut

- Sie wollen an einer großen Idee mitarbeiten.
- Sie wollen an komplexem Code mitarbeiten.
- Sie wollen mit der Technik großer Firmen arbeiten.
- Sie wollen den Status einer großen Firma.
- Sie wünschen sich eine anerkannte Rolle (z.B. Arzt).

Hinderungsgründe in Ihrer Situation

- Sie sind verschuldet und müssen diese Schulden bedienen.
- Sie sind gesundheitlich schwer angeschlagen und fallen häufig aus.
- Ihr Lebenspartner hält absolut nichts von der Idee, dass Sie
  Solopreneur werden.

Wechsel erlaubt

Falls Sie Indikatoren bei sich entdecken, die gegen solo sprechen: Werfen Sie die Flinte nicht sofort ins Korn. Wenn Sie sich nicht ganz sicher sind, ob bei Ihnen alle Faktoren stimmen: *Warum versuchen Sie es nicht einfach?* Sie haben wenig zu verlieren. Wenn Sie ein Smart Business Concept richtig aufbauen, lässt es sich später immer wieder einstellen (ohne dabei Schulden zu hinterlassen) und Sie können wechseln.

Angenommen, Sie merken, dass Sie in Ihrem Solopreneurship den gewünschten Grad an Unabhängigkeit nicht erreichen: Wechseln Sie.

Solopreneurship ist keine Ideologie

Sie können Ihr Leben frei gestalten. Ihre Solo-Erfahrung kann das Sprungbrett auf einen Platz sein, an dem Sie sich wohler fühlen. Etwas ausprobiert zu haben, spricht für Sie. Es sagt etwas über Ihre Persönlichkeit. Ihr Solopreneurship kann daher die Startrampe in andere Karrieren sein. Ein Wechsel erfolgt für einen Solopreneur selten über die klassische Blindbewerbung mit Curriculum Vitae. In der Regel begegnen Sie Menschen, die Ihre Art und Arbeit schätzen und die Ihnen ein Angebot machen. Einem Bekannten von uns ist genau dies passiert. Er stand kurz davor, sein Geschäftsmodell noch einmal komplett umzukrempeln, als eine Firma auf ihn zutrat. Er verhandelte in einer großen Freiheit und bekam einen „Spezialjob" auf seine Persönlichkeit zugeschnitten, der ihm viel Freude macht und fast dem entspricht, was er selbst vorhatte. Nun hat er sein kreatives Business in einer großen Firma.

Auch sonst können Sie Ihr Business anpassen. Geschäftsideen entwickeln sich. Es kann der Zeitpunkt kommen, an dem Gründe dafür sprechen, Ihr Business zu erweitern, Fremdkapital und Partner aufzunehmen. Dann gibt es keine Spielregel, die Ihnen das verbietet. Dies ist nur dann ein Verrat gegen das Solopreneurship, wenn das, was dann kommt, schlechter für Sie ist als das, was Sie vorher hatten. Auch der Verkauf kann eine Option sein. Für diejenigen, die Vermögen aufbauen wollen und finanzielle Unabhängigkeit anstreben, eine attraktive Variante. Allerdings eine, die man nur bedingt vorausplanen kann. Im Nachhinein können Entrepreneure erklären, warum ihre Firma gekauft wurde. Eine Firma von vornherein auf „Verkauf" zu trimmen, ist schwer. Die erfolgreichen Verkäufe, die wir beobachtet haben, wurden entweder an einen herangetragen oder waren von Anfang an generalstabsmäßig geplant (wie bei vielen Internet-Start-ups). Bauen Sie von daher als Solopreneur nicht ausschließlich auf die Verkaufsoption. Solopreneurship ist keine Venture Firma. Bauen Sie eine gute Marke mit stabilem Umsatz auf. Das ist die beste Voraussetzung, Ihr Business entweder zu behalten oder bei einer guten Gelegenheit weiterzugeben.

Mut für Solo

Solo ist nicht für jeden – aber für viel mehr, als sich dies jetzt trauen.

- Warum sollten Sie nicht alleine schneller an Ihrem Ziel sein?
- Welche Dinge halten Sie davon ab, alleine fokussiert zu arbeiten?
- Was können Sie so ändern, dass Ihr Umfeld solo besser funktioniert?
- Wovor haben Sie solo am meisten Angst?
- Wo können Sie sich an andere erfolgreiche Solopreneure anhängen?

Deutsche haben oft Angst, bevor irgendetwas passiert ist: Mehr Mut!

*Ich habe 5 Jahre als Freelancer gearbeitet und merke
nun, dass ich für den nächsten Schritt bereit bin.*

Mitglied der XING Gruppe Solopreneur

Solo
preneur

Kapitel
3

Solopreneur Rollensicherheit

Als Solopreneur setzen Sie einen eigenen Kurs. Sie wollen:

- unabhängig arbeiten
- Ihre eigenen Produkte haben
- und vor allem: Ihr Leben selbst steuern

Wenn das so ist, dann bietet dieses Buch Ihnen eine Rolle, die in unserer Gesellschaft bisher so nicht vorgesehen ist.

Die des *Solopreneurs*.

Braucht es eine *Solopreneur-Rolle*? Ja, wir sind uns dessen sicher. Wer als Solopreneur standsicher seine Spur ziehen will, spart sich viel Energie, wenn er seine Rolle kennt. Eine eigene Rolle stärkt Sie. An dem eigenen Rollenbild hängen Mechanismen wie Selbstbild, Status, Anerkennung. Die meisten Menschen leben in einer von der Gesellschaft vorgegebenen Rolle. Bekannte Rollen geben Selbstsicherheit: Der Polizist, der Manager, der Arzt, der Chef, der Pilot. Wir Menschen sind soziale Wesen. Die Rolle und Stellung, die wir haben, ist uns wichtig. Lieber eine anerkannte Rolle, als eine unbekannte. Wichtig für Sie als Solopreneur: Viele klassische Rollen leben von „geliehener Autorität". Polizisten oder Manager verlieren schlagartig einen Großteil ihrer Autorität, wenn sie ihren Job an den Nagel hängen. Die Selbstsicherheit, die eine geliehene Autorität verleiht, ist eine große Versuchung. Sie schlüpfen unter die fremde Decke und bekommen dort einen Halt. Matrosen, Soldaten, Angestellte, sie erleben den Rahmen ihrer Tätigkeit auch als Schutz und Gemeinschaft.

Solo ist dies anders.

Der Solopreneur kann seine Autorität nicht von einem System borgen. Er steht für sich alleine. Dies kostet Kraft. Wenn Sie aber Ihre eigene Kraft aufbauen, ist dies eine gewachsene, eigene Stärke. Es ist interessant, wie Solopreneure davon berichten, wie Mut und ihr Selbstvertrauen mit jedem gelungenen Schritt im neuen Gelände wachsen. Gerade Entrepreneure, die aus einer Anstellung starten, berichten dies immer wieder: Sie müssen plötzlich viel mehr Themen parallel bearbeiten und im Auge behalten. Das stresst am Anfang, führt dann aber in eine erweiterte Wahrnehmung und Selbstsicherheit. Von daher raten wir dazu, bewusst die eigene Rolle zu reflektieren und mit ihr zu wachsen. Es ist der Schritt vom Matrosen zum Kapitän. Man wird nicht als Entrepreneur geboren, Sie wachsen in diese Rolle hinein.

Machen Sie sich bewusst:

- Solopreneur ist keine anerkannte Rolle.
- Klassische Rollen bauen sich anders auf.
- Die Solopreneur-Rolle kostet zu Beginn mehr Kraft.
- Sie wachsen als Solopreneur und werden mit der Zeit stärker.

Selbstbestimmte Karrieren

In der klassischen Personalberatung gibt es die Rolle des Solopreneurs nicht. Als Solopreneur wollen Sie nicht in einen klassischen Beruf, sondern schlagen eine selbstbestimmte Karriere ein. Es gibt eine Vielzahl von Typologien und Tests, was für ein Karriereprofil ein Mensch hat. Meist setzen diese Profile bei bevorzugten Tätigkeiten oder Persönlichkeitsmerkmalen an. Daraus werden Empfehlungen für ein mögliches Berufsfeld abgeleitet. Da der Solopreneur in unserer Gesellschaft unbekannt ist, werfen diese Tests keine Wegweiser in diese Richtung aus. Das kann Ärger verursachen, wenn ein Navigationssystem noch kein Update der neuen Landkarte hat.

Die erste Typologie, in der Solopreneure ausdrücklich vorkommen, ist die Superhelden-Typologie von Jörn Hendrik Ast (*ffluid*) und Inken Meyer (Mitgründerin der *Digital Media Women*). Beide arbeiten an einer Theorie und einem Test für selbsterfüllte Karrieren. Superhelden eben. Im Gegensatz zu Karrieren in klassischen Rollenverständnissen. Dabei fragen die beiden nach einem System Karriereanker ab. Je nachdem, welche Anker in der Persönlichkeit sitzen, hat man das Potenzial zu einem anderen Superhelden-Typen. Der Solopreneur ist einer der Superhelden-Typen und es freut uns, dass er in dieser Typologie endlich vorkommt.

SUPERHELDEN-TYPOLOGIE   eine uns verwandte Typologie

Unterschieden wird bei den selbstbestimmten Superhelden zwischen:

- Unternehmertypen
- Makertypen (die Hersteller)
- Kämpfertypen
- Helfertypen

Beim *Unternehmer* sieht die Superhelden-Typologie drei Untertypen:

- Founder   gründet klassisch, Firma oder Start-up (also im Team)
- Solopreneur   gründet alleine
- Intrapreneur   nutzt die Möglichkeiten in einem System

Zwei Thesen der Superhelden-Typologie

These 1:   *„Nichts motiviert mehr als die Sicherheit und Bestätigung der eigenen Person!"*

These 2:   *„Superhelden schreiben keine Bewerbung!"*

Die erste These stützt unsere Aussage von der **eigenen Autorität** (im Gegensatz zur geliehenen Autorität). Nichts motiviert mehr, als seine eigene Wirksamkeit aufzubauen und zu erleben. Die zweite These zeigt, dass Ihnen auf dem Weg des Solopreneurs ein Bewerbungtraining wenig nützt. Dumm gelaufen, wenn Sie sich bisher nur die Konserven der klassischen Berufsermutigung angetan haben (überhaupt lässt dies über unser Bildungssystem nachdenken: Moderne Pädagogik unterstützt die Persönlichkeitsentfaltung und das Vertrauen in die Selbstwirksamkeit, preußische Pädagogik belohnt gleichförmige Leistungen).[1]

Eine Superhelden-Typologe spricht

Wir haben Jörn Hendrik Ast gebeten, einige Zeilen zu seiner Superhelden-Typologie zu schreiben. Rechts die Einschätzung von ihm zur Persönlichkeit eines Solopreneurs.

Jörn Hendrick Ast über Superhelden

„Solopreneure gehören zum Superheldentyp des Unternehmers. Projekte erdenken, Unternehmungen anpacken und zum Erfolg führen, das ist ihre Welt. Dabei sind Solopreneure ihrer unternehmerischen Kreativität allein verpflichtet. Geschäftsideen brauchen für den Solopreneur keinen großen Überbau, sondern sollen auch mit möglichst geringem Kostenapparat und ohne Stress mit Geschäftsanteilen und Gesellschafterverträgen zum Erfolg führen.

Solopreneure sind sozusagen die Einzelausgabe des Unternehmers. Das heißt nicht, dass sie nicht gerne im Team arbeiten, sie suchen nur nicht die Führungsposition über eine möglichst große Anzahl an Mitarbeitern. Wichtig ist auch, dass man den Solopreneur nicht mit dem Freelancer verwechselt, denn für den Solopreneur gibt es eigentlich keine Auftraggeber wie für den Freelancer. Solopreneure buchen sich selbst durch ihre erfolgreiche Geschäftsidee.

Was treibt einen Solopreneur?

> *"Ich möchte frei bleiben, meinen eigenen Weg*
> *gehen und in jedem Fall unabhängig sein!"*

Solopreneur ist, wer schon immer Ideen zur Lösung von Problemen hatte und diese auch noch gleich gedanklich mit Geschäftsideen verknüpft. Wer in sich den Drang spürt, eine Geschäftsidee schnell umzusetzen und sich auf das direkte Feedback von Kunden freut, statt ewig an Konzepten herumzufeilen, ist auf dem besten Weg den Serienunternehmergeist des Solopreneurs herauszulassen.

Wichtig ist auf dem Weg nicht einsam zu sein. Verbündete, die diese Art der Arbeit nachvollziehen können (statt das es ihnen Angst macht), sind wichtig. Solopreneure sind ihrer unternehmerischen Kreativität allein verpflichtet, aber ein gesunder Kreis an Freunden, Mentoren und Unterstützern hilft, dem rauen Wind des freien Marktes besser stand zu halten. Das glückselige Gefühl, etwas mit eigener Hände Arbeit aufgebaut und zum Erfolg geführt zu haben, ist was Solopreneure suchen und brauchen. Ist dieser Erfolgsmoment einmal erlebt, ist der Solopreneur nur schwer aufzuhalten."

Drei Anmerkungen zur Superhelden-Typologie

Im Superheldentyp „Maker" stecken viele Solopreneure. Nicht jeder Maker ist ein Unternehmer, aber viele Maker könnten es werden. Von daher ist der Maker für uns eindeutig eine mögliche Solopreneur-Variante. Beim Superheldentyp „Helfer" sind Solopreneure sehr selten. Häufig sind Sozialunternehmen partizipativ aufgestellt. Aber auch hier gibt es erste Social Entrepreneurs, die darüber nachdenken, ob sie solo schneller vorankommen.

Im Beitrag von Jörn Hendrik Ast fällt der Begriff „Serienunternehmer". Wie vorher schon beschrieben, gibt es tatsächlich unter den Solopreneuren einige, die mit einer Idee beginnen und später zwei oder drei Smart Business Concepts parallel laufen haben. Toby Ruckert, Volker Winkler und Henning Groß gehören dazu. Andere haben eine einzige Idee und bauen diese Stück für Stück aus. Rosmary Stegmann zielt mit Rosy Green Wool in diese Richtung.

Neue Rollenbilder

Neue Rollen werden weniger an den äußeren Insignien eines Berufsstandes festgemacht. Sie leben von der ihnen zu Grunde liegenden Funktion oder eigenen Motivation.

Ein Bereich, der bereits von vielen neuen „Superhelden" bevölkert ist, ist die Start-up Szene. Hier greifen andere Rollen als die klassischen Berufsbilder. Um als Solopreneur in dieser Szene Ihren Kurs zu halten, ist es klug, Ihre Solopreneur-Rolle auch im Hinblick auf Generation Y und die neue Start-up Kultur zu definieren.

Wer etwas älter ist, fühlt sich häufig von der jungen Generation überholt. Das sind oft gefühlte Werte, denn die junge Generation ist nicht so selbstsicher, wie sie tut. Aber gleich in welchem Alter Sie mit der Start-up Szene in Berührung kommen (und das geschieht als Solopreneur sehr schnell), hilft es den Unterschied zwischen Start-up Rollen und einer Solopreneur-Rolle zu kennen. Denn Vorsicht ist geboten: Die Start-up Szene hat eine Sogwirkung und schluckt den einen oder anderen Solopreneur, der sich vorher nicht klar gemacht hat, was er eigentlich ist.

Lockerheit und Anerkennung

Die Online-Szene ist weniger formell als frühere Firmenkulturen. Unter den Online Start-ups gibt es eine starke Vernetzung. Webportale wie *Deutsche Start-ups, Gründerszene* oder *Hamburg Startups* listen Akteure und feiern die Helden aus den eigenen Reihen. Der Umgangston ist locker, man hilft sich gegenseitig. Erfolg hängt von Wissen ab und von der Laune der Mitarbeiter. Von daher achtet man auf die Lockerheit. *Jimdo*, eine große Hamburger Internetfirma, hat sogar eine eigene *Feelgood-Managerin*. Das klingt fröhlich und schlägt hin und wieder sogar in etablierten Branchen durch. Die Frage, ob in einer AG-Vorstandssitzung Hoodie getragen werden darf, steht für diesen Wechsel der Rollenbilder. Start-upianer werden gefeiert und sind anerkannt. Wer in einem Start-up im Team ist, hat Status. Je bekannter der Start-up, um so mehr Ansehen hat man. Wer als Solopreneur seinen Weg alleine geht, hat diesen Bonus nicht. Solopreneure müssen sich häufig erklären, warum sie „keinen mit reinnehmen", und es braucht länger, bis die eigene Marke Ausstrahlung entwickelt.

Neue Rollen, neue Ansprüche

Hinter den neuen Rollen in Start-ups stehen neue Ansprüche. Mit der digitalen Revolution entstand ein ganzes Bündel neuer Funktionszuweisungen, die nicht so offensichtlich funktionieren wie klassische Berufe. Die Start-up Kultur brachte in der Anfangsphase viele lustige Visitenkarten hervor: CFO (*Chief Financial Officer*), CTO (*Chief Technical Officer*), CKO (*Chief Knowledge Officer*). Mit ein wenig Phantasie ließ sich aus jeder Tätigkeit ein Chefoffizier machen. Die Schlacht der Kürzel auf den Visitenkarten hat abgenommen. Trotzdem geht es bei den neuen Rollen um Anerkennung und Funktion. Rollen, in die man auch schnell hineingedrängt werden kann. Man ist locker, möchte Sie aber als Entwickler für ein Team gewinnen. Schon haben Sie Sitz und Stimme in einem Team und, wenn Sie nicht aufpassen, etwas später eine dazu passende Visitenkarte.

Um mit solchen Situationen gut umzugehen, fragen Sie sich:

- Warum werden Sie für diese Rolle angefragt?
- Wessen Stellung bauen Sie in dieser Position auf?

- Geht es um Ihre eigene Marke oder die Marke eines Start-ups?
- Stärken Sie die Position eines anderen Founders?
- Oder wachsen Sie hier in Ihrer Unabhängigkeit?

Die Lager auseinander halten

Wir halten es für sinnvoll, als Solopreneur hin und wieder in der Start-up Kultur mitzuschwimmen. Auch gibt es Lern- und Wanderjahre, in denen man sein Wissen aufbaut. Schätzen Sie aber Ihre eigene Solo-Rolle und trauen Sie sich, auch in einer lockeren, positiv gestimmten Kultur „Nein" zu sagen.

Es gibt in der Start-up Szene eine Reihe von Dingen, die Sie als Solopreneur gar nicht brauchen. Wir hatten 2000 einen eigenen Start-up in Hamburg und sind bei einigen Online Start-ups als Business Angel mit an Bord. Von daher können wir den Unterschied zwischen einem Solopreneurship und dem, was ein Start-up Team heute leistet, benennen.

So stehen wir in Kontakt mit *Startup Germany*. Marcia und Markus Schranner holten die *Startup Weekends* nach Deutschland und sind u.a. die Veranstalter des Startup Weekends in Berlin. Ein tolles Format für Start-up Teams – ein Format, das für Solopreneure aber nicht funktioniert. Wenn es ein ganzes Wochenende darum geht, im Team eine Idee zu entwickeln, kämen Sie sich ziemlich verloren vor, wenn Sie parallel alleine an Ihrer Idee arbeiten. Sie können auch schlecht sagen: *„Entwickelt eine Idee für mich"*. Das klappt nicht. Solo hat eine andere Dynamik.

Solopreneurship ist an einigen Punkten diametral anders als das Vorgehen vieler Online Start-ups. Es gibt viel voneinander zu lernen, der Wechsel von dem einen in das andere Lager ist immer möglich. *ABER:* Es sind unterschiedliche Lager. Sie haben als Solopreneur eine andere Rolle als ein Teamleiter oder ein Teammitglied. Aus diesem Grunde reicht es für Solopreneure nicht aus, ausschließlich die klassische Start-up Literatur zu lesen und sich nur in der Start-up Szene zu tummeln. Die Stimmung in der Start-up Szene zieht in eine andere Richtung. Es geht um Geschwindigkeit, Größe, Fremdkapital und immer wieder um Teams. Das sind andere Parameter als im Solopreneurship. Dazu später noch mehr.

Fehlende Rolle, fehlende Vorbilder

Die Rolle des Solopreneurs ist nicht geprägt, andere kennen und (be)achten sie nicht. Deshalb kommt es immer wieder zu Fehlberatungen. Und Solopreneure lassen es mit sich machen, weil sie sich ihrer eigenen Rolle nicht bewusst sind. Auch uns ist das passiert. Das hat historische Gründe.

Das Aufkommen der Smart Business Concepts begann nach unserer Beobachtung zeitgleich mit dem Aufkommen der Internet Start-ups. Mit dem Aufkommen der digitalen Technik gingen Einzelne mit Business einfach anders um. Speziell die Solopreneure sprachen sich dabei nicht ab und nutzten schlicht die neuen Möglichkeiten. Die smarten Konzepte wurden zunächst übersehen. Jahrelang segelten diese leichten unternehmerischen Modelle im Windschatten der großen Internetriesen: *Google, amazon, eBay, Facebook, Wikipedia, Twitter* – all diese bunten, großen Change-Maker würfelten die Old Economy durcheinander und zogen die Aufmerksamkeit auf sich. Ergebnis: Solopreneure tauchten lange Zeit in der öffentlichen Diskussion nicht auf.

Worüber nicht gesprochen wird, das gibt es nicht. Man sieht nur das, was man sucht, und man sucht nur das, was einem bekannt ist. Der blinde Fleck reicht bis in die Psyche der Handelnden: Viele Solopreneure nahmen sich selbst nicht als etwas Eigenständiges wahr und gaben sich keinen Gattungsnamen. Das Phänomen blieb daher bisher nahezu unbekannt. Auch heute noch adressieren Bücher wie *New Business Order – Wie Start-ups Wirtschaft und Gesellschaft verändern*[2] oft die Veränderung nur an der Flanke der teambasierten Internetfirmen. t3n schrieb erst 2014 zum ersten Mal über das Thema, nachdem ein Redakteur einen Vortrag von uns gehört hatte.

Damit fehlen die selbstverständlichen Vorbilder und daher fällt es gerade jungen Menschen schwer, den Solopreneur als mögliche eigene Rolle zu sehen. Sie lassen sich schnell in andere Rollen hineinziehen. Gerade in der Start-up Szene kommt es häufig zu Unterströmungen, die Generation Y vom Kurs abbringen kann. Lieber Sitz in dritter Reihe in einem coolen Start-up, als ein eigenes Profil entwickeln. In der Schicht der 35 bis 55 Jährigen ist der Coolness-Faktor und die Peergroup-Rolle nicht mehr das Entscheidende. Das Resultat im eigenen Leben wird wichtiger. Trotzdem ist auch dort das Konzept Solopreneur so gut wie unbekannt.

Solo oder Team?

Eine wichtige Facette der Solo-Rollensicherheit ist die *Teamfrage*. Wir werden uns in diesem Buch stark damit auseinandersetzen. Wer heute als Solopreneur geht, sollte die Teamfrage für sich gründlich geklärt haben. Sind Sie solo stark genug? Oder wäre es nicht besser, im Team unterwegs zu sein? Das ist eine Frage an die eigene Energie und das eigene Selbstbewusstsein.

Mit dem Bekenntnis zum Solopreneurship stellen wir uns gegen einen Trend, der an allen Stellen zu spüren ist: Die Großen scheinen zu gewinnen, die, die das Kapital haben und die besten Köpfe. Nur im Team gewinnt man die Awards dieser Welt. Auch in der Start-up Szene stehen alle Ampeln auf „Team". Kein Investor gibt einer Solofrau oder einem Solomann Kapital. Teams sind angeblich kreativer und innovativer.

Ob Sie alleine oder in einem Team stärker sind, werden wir uns in Kapitel 7 noch sehr genau ansehen. Wir persönlich sind mehr als einmal in die Team-Falle getappt, weil wir uns zu wenig zutrauten und andere in Geschäftsfelder hinzunahmen, die wir ohne Probleme hätten alleine tragen können. Wir beobachten diese Falle auch immer wieder bei anderen.

- Warum tut man es dann?
- Warum glaubt man, mit anderen zusammen stärker zu sein?
- Warum sucht man Partner, Kapitalgeber, Angestellte?

Die Antwort ist banal:

Man bleibt nicht solo, weil man ja sonst – alleine wäre!

Und das geht ja nicht, wenn man in Deutschland Unternehmer ist. Dieses Vorurteil atmet unsere gesamte Gesellschaft und Wirtschaftsförderung aus. Die Sprache ist geprägt von „Arbeitnehmern" und „Arbeitgebern". Die „richtigen" Unternehmer sind eine Gruppe von Gesellschaftern, die gemeinsam durch dick und dünn gehen und anderen Menschen Brot und Arbeit geben. Der deutsche Mythos vom Mittelstand stellt den Unternehmenslenker nach vorne, der sich für seine Mitarbeiter einsetzt. Ein Bild, das nicht ganz falsch ist. Es gibt sie, diese positiven Überväter und Übermütter.

Wer solo sein Unternehmen gestaltet, wird dagegen sofort in die Schublade des *„Einzelkämpfers"* gesteckt. Wie oft wir schon den Satz: *„Ein Selbstständiger arbeitet selbst und ständig"* gehört haben, geht auf keine Kuhhaut mehr. Diese Gleichsetzung ist sofort da, wenn Sie sich als Solopreneur zu erkennen geben.

Unter Projektion versteht man in der Psychologie das Phänomen, dass andere Menschen ihre eigenen Vorstellungen auf andere wie mit einem Diaprojektor projizieren. Sie übertragen auf den anderen ihre eigenen Wünsche, Ängste und Vorurteile und Rollendefinitionen. Kaum nennen Sie sich „Solopreneur", zieht der andere Rückschlüsse.

Sie sind alleine unterwegs?

- ergo haben Sie keine Firma
- ergo sind Sie ein Selbstständiger
- ergo arbeiten Sie immer selbst
- ergo sind Sie ein armes Schwein

Das mag an dieser Stelle lustig klingen, kommt aber immer wieder vor und hat durchaus professionelle Auswirkungen: Wer nicht richtig eingeschätzt wird, wird häufig geschäftlich aussortiert.

Wir raten dazu, Ihre Solopreneur-Rolle nicht überall zur Schau zu stellen. „Solopreneur" ist eine interne Bezeichnung, die Ihnen hilft, Ihre Rolle zu finden. Das Wort Solopreneur hat aber nichts auf der Visitenkarte zu suchen. Dort steht Ihr Firmenname, Ihr Produkt, Ihr Angebot. Solopreneure unter sich können über das Thema sprechen, werfen Sie den Begriff „Solopreneur" aber nur mit Bedacht an anderer Stelle in die Runde. Solopreneure werden nicht als wirkliche Unternehmer angesehen, obwohl sie Arbeit schaffen, Netzwerke aufbauen und Dinge in Bewegung bringen. Die Belege für eine Firma sind in der Volksmeinung noch immer Gebäude, große Autos und Mitarbeiter. So gesehen ist die Kraft der neuen Rollenmodelle noch nicht überall in unserer Gesellschaft angekommen.

Das betrifft vor allem den Begriff „Unternehmer".

Management Irrlichter

Die Rolle des Unternehmers wird in unserer Gesellschaft mit anderen Bildern belegt. Unternehmerische Phantasien werden dort entfacht, wo der große Coup möglich ist. Die „Groß-ist-gut-Denke" und „Wir-wuchsen-von-3-auf-500 Mitarbeiter-Geschichten" werden gepflegt. Gerade die digitale Szene ist elektrisiert von den Erfolgen großer Online Start-ups und alle wollen hinterher. „Unternehmer" sind die Rockstars unserer Gesellschaft. Sie bauen Imperien und jonglieren mit komplizierten Geschäftsmodellen. Als wir dieses Buch schrieben, tourte gerade Richard Branson für „Light the Fire!" durch Deutschland, dem „Woodstock für Unternehmer".[3]

Wir haben nichts gegen Richard Branson. Er ist eine faszinierende Persönlichkeit und hat sicherlich einiges bewegt. Hilft es Ihnen aber als Solopreneur, dass er Flugzeuge fliegen lässt, Touristen in den Weltraum bringen will und ständig neue Unternehmen gründet?

Nein.

Passen Sie als Solopreneur auf, sich keine Gedanken einzufangen, die nicht zu Ihrer Rolle gehören. Nehmen wir zum Beispiel den einen Ratschlag von Richard Branson, „nur die Besten einzustellen". Das funktioniert als Milliardär mit rund 400 Unternehmen. Als Solopreneur können Sie diesen Rat vergessen. Denn Sie stellen gar nicht ein.

Auch viele Berater setzen häufig Irrlichter. Dazu gehören Pauschal-Ratschläge wie „mit weniger als 50.000 Euro Werbe-Etat bei AdWords pro Monat können Sie nichts werden." Lassen Sie sich von Unternehmer-Persönlichkeiten motivieren. Hinterfragen Sie aber immer die Geschäftssysteme, die Ihnen mitverkauft werden. Was geht Sie Google, amazon, Zalando, Airbus oder Virgin an? Nichts. Das Gleiche gilt für Stammtische und Familienfeste. Menschen klopfen gerne Sprüche.

Faustformel

Gibt Ihnen jemand einen Rat, ohne Sie vorher nach Ihren Zielen gefragt zu haben, sollten Sie vorsichtig werden. Das ist wie ein Arzt, der Medikamente verschreibt, ohne vorher eine Diagnose gestellt zu haben.

Die eigene Rolle finden

Der Einstieg in einen gesunden Umgang mit Ihrer Einmaligkeit ist der Moment, in dem Sie beginnen, verschiedene Geschäftssysteme zu unterscheiden. Ab dann können Sie Ratschläge anderer sortieren und laufen nicht mehr in die Falle, sich Dinge an den Hals zu hängen, die Sie gar nicht brauchen. Vieles was Management Gurus sagen, gilt für andere Systeme.

Management-Ratschläge auf solo zu konvertieren gelingt Ihnen, wenn Sie Ihre Rolle gefunden haben. Wir haben irgendwann verstanden, dass die in Wirtschaftsmagazinen gezeichneten Unternehmer-Bilder wenig bis gar nichts mit uns zu tun haben:

Wir sind Entrepreneure, ein Solopreneur-Paar, haben mehrere Firmen gegründet – unsere Ziele und unsere Gangart sind aber weit entfernt von üblichen Management-Strukturen. Wir sind relativ normale Menschen: Einmalig, individuell, in der Mitte der Gesellschaft angesiedelt, gut gebildet, mit einem Bündel von Talenten versehen. Nichts, mit dem man eine Olympiade gewinnt, aber mehr als genug, um unseren Weg geradlinig zu gehen. Was uns antreibt ist der Wille zur Unabhängigkeit. Deswegen sind wir solo. Mit Angestellten – wir haben das ausprobiert – entsteht etwas anderes.

Solo werden wir Konzernen keine Konkurrenz machen. Darum geht es uns aber gar nicht. Für uns steht die Tür zum eigenen Solo-Business und einer persönlichen Freiheit sperrangelweit offen – wenn wir smart bleiben und die Türen nutzen, die die Großen nicht bedienen können und wollen. *„What will Google do?"* ist nicht die Frage, die uns schlaflose Nächte bereitet. Gleich, was die Großen tun werden, wir werden unser Ding machen.

Wie schräg muss man sein, um solo sein zu dürfen?

Die eigene Solopreneur Rolle zu definieren, braucht manchmal etwas Zeit. Auch weil andere Solopreneure oft nicht dem eigenen Bild entsprechen. Wer beginnt, sich für smarte Geschäftskonzepte zu interessieren, hat manchmal das Gefühl auf der falschen Bühne zu sein. Eine ganze Reihe von Internetseiten versprechen das Bunte vom Himmel. Die Szene gibt sich gerne schräg und einige der zentralen Vertreter zelebrieren dies gerne.

- *Sascha Lobo* trägt einen roten Irokesen und sagt von sich selbst, er wäre ein Meister der Selbstdarstellung.[4] Über 100.000 Twitter Follower geben ihm recht.

- *Timothy Ferriss* eröffnete sein Buch *Die 4-Stunden-Woche* mit einer Schilderung, wie er eine argentinische Profitänzerin in Buenos Aires auf die Tanzfläche der Tangoweltmeisterschaft führt[5] (nicht gerade die Kernkompetenz jedes Unternehmers), hat aber noch genug Zeit, einen Bestseller nach dem anderen auf den Markt zu werfen.

- *Gary Vaynerchuk* spuckte regelmäßig bei seinen legendären Weinverkostungen seines Video Blogs vor laufender Kamera in einen American-Football-Helm der *New York Jets* (die er irgendwann aufkaufen will), schockierte damit konservative Weinhändler und jagte die Umsätze seines Weinshops in schwindelerregende Höhen.[6]

- *Digitale Nomaden* beeindrucken regelmäßig mit Fotos von fernen Stränden, an denen sie so selbstverständlich ihre Macs aufschlagen, wie andere Tageszeitungen aufblättern.

Gerade weil exotische Vertreter immer stärker wahrgenommen werden, möchten wir ein wenig Nüchternheit in das Thema bringen. Wir leben im Süden von Hamburg am Rande der Lüneburger Heide, sind mit ganzem Herzen Solopreneure (ein Solopreneur Paar), ansonsten aber recht normal und möchten Ihnen Mut machen, sich Ihrer Solopreneur-Rolle zu nähern. Auch dann, wenn Sie sich wie wir eher zu den ruhigeren Zeitgenossen zählen.

Wenn in Ihnen der Wunsch nach mehr Unabhängigkeit steckt, beschäftigen Sie sich mit Solopreneurship! Schalten Sie dabei Ihren Kopf an und lassen Sie sich durch markante Sprüche anderer und den einen oder anderen Unsinn im Internet nicht abschrecken. Fangen Sie einfach mit dem an, was für Sie real und machbar ist. Definieren Sie Ihre Rolle selbst.

Was ist Mythos und was die Realität im Solopreneurship?

Das fängt bei diesen Strandfotos an. Wer durch das Internet surft und das Thema scannt, bekommt früher oder später Strandfotos zu sehen. Fröhlich sitzt der erfolgreiche Lifestyle-Experimentator am Strand und muss dort nur noch seine Kontoauszüge via Laptop abrufen. Hmm, das sollten wir einmal kurz hinterfragen.

Wir lieben als Norddeutsche das Wasser. Das mit dem Strand finden wir gut. Wer aber einmal mit einem Laptop versucht hat, im gleißenden Sonnenlicht am Strand zu arbeiten, weiß, dass dies nicht wirklich funktioniert. Das gibt kein Bildschirm her. Auch ist Sand im Laptop nicht wirklich prickelnd. Solche Fotos werden zur Promotion gemacht.

Tobias Rückert, international Toby Ruckert genannt, der von Deutschland nach Neuseeland auswanderte, von dort seine Firmen leitet und mehr als genug weißen Strand hat, sandte uns für ein Interview mit ihm als Foto den Klassiker. Er sitzt im weißen Sand, das aufgeklappte Laptop in seinem Schoß und blickt auf den Pazifischen Ozean. Natürlich arbeitet Tobias Rückert so nicht. Er hat sein Office in einem neuseeländischen Office Park. Er bevorzugt wie die meisten Entrepreneure einen Tisch, wenn er arbeitet und eine relativ normale Büroinfrastruktur, um gut voranzukommen. So viel zu Schein und Wirklichkeit.

Wir nutzen dieses Foto trotzdem. Es sieht cool aus und drückt Unabhängigkeit und Freiheit aus. Ähnlich dem Motiv von *Sunny Office*, einem Service, der Urlaub und Coworking kombiniert. Auf der Website sieht man eine lustige Gruppe braungebrannter Serienentrepreneure in Liegestühlen auf einer fernen Ferienhausterrasse rund um einen Swimmingpool. Die Sonne ist heiß, die Aussicht gigantisch, alle sind bester Laune.[7]

Solche Fotos sind in Ordnung. Denn sie vermitteln: Arbeit kann Spaß machen. Darum geht es in diesem Buch. Wir können so leben und arbeiten, dass es Spaß macht und wir ein erfülltes Leben führen. Wir wollen dennoch eine Etage tiefer und über die Strandfotos (oder Bilder von Hängematten auf Buchcovern) hinaus.

- Wie sieht das wirklich aus mit der Solo-Arbeitsweise?
- Ist es der Weg in die persönliche Freiheit?
- Sinkt die Arbeitslast solo oder steigt sie?
- Was hat es mit dem „Passive Income" auf sich, das viele versprechen?
- Können Sie Ihr Leben durch eine Solo-Aufstellung verbessern?
- Was ist Mythos und was gehört wirklich zur Rolle des Solopreneurs?

Wunsch und Ihre Person

Viele, die uns auf Seminaren ansprechen und ihre geschäftliche Situation schildern, wünschen sich eine schnelle Lösung, die sich unkompliziert neben ihrer bisher schweren Arbeit aufbauen lässt. Wir glauben, dass es möglich ist, sein Leben besser und smarter zu steuern. Darum geht es in unserem gesamten Programm. Wunsch und Wirklichkeit treffen sich aber in Ihrer Person. Realistisch zu sein, heißt an den Erfolg des Mutigen zu glauben und gleichzeitig das Augenmaß für die eigenen Stärken zu entwickeln.

Es macht keinen Sinn, einfach zu kopieren. Von daher raten wir, in seinem Lebensmuster nach den Ansatzpunkten zu suchen, die Ihnen den Wechsel auf Ihr nächstes smartes Level ermöglichen. The „next Thing" ist Ihr nächstes inneres Level. Ihr Business und Ihr Mindset gehören zusammen. Schaffen Sie es Sichtweisen zu verändern, werden Sie smarter handeln.

Dieses Buch soll helfen, verschiedene Sichtweisen parallel durchzudenken, um die Rolle zu finden, die zu Ihren Zielen passt. Denn Solopreneure arbeiten nur zum Teil aus Instinkt. Viele Dinge werden bewusst taktisch entschieden. Solopreneur-Rollen werden verschieden aufgebaut: Die einen sind *bewusst* bunte Vögel (Personal Branding), andere lösen ihr Business eher von der Person (Aufbau einer Produktmarke). Auch das häufig gezeichnete Bild des Globetrotter Solopreneurs ist nur eine mögliche Form. Die wenigsten Solopreneure sind digitale Nomaden. Es gibt

Solopreneure, die in der Welt umherreisen – Felicia Hargarten und Marcus Meurer werden in diesem Buch diese Position vertreten – bei anderen (wie bei uns) ist das nicht so. Gleiches ist bei den technischen Skills zu sagen. Es gibt Solopreneur-Programmierer, die 100 Prozent im Netz zu Hause sind, sich technisch sehr gut auskennen und selbst programmieren. Die meisten Solopreneure sind aber eher Anwender. Sie holen sich die Tools, die sie brauchen, und schreiben keine einzige Zeile Code selbst. Viele Komponenten sind heute Copy & Paste. Sie klicken sich Lösungen zusammen und kopieren an einigen Stellen den Code anderer hinein. Das war es. Die Solopreneur-Welt steht damit auch für Menschen offen, die nicht mit einem Smartphone im Mund geboren wurden. Nicht bunt, global oder digital sind die Wesenskerne des Solopreneurs. Es ist der Wille zur Unabhängigkeit. Und hier gilt es herauszufinden, welche Klangfarbe der Unabhängigkeit zu Ihren Möglichkeiten passt.

It´s a lifestyle, not a company

Es ist der Wille zur Unabhängigkeit, die den Solopreneur ausmacht. Er sucht dazu eine passende taktische Aufstellung und löst sich unternehmerisch von der händischen Arbeit. Die Rolle des Solopreneurs hat aber wenig mit dem Fabrikbesitzer vergangener Tage zu tun. Der Solopreneur handelt nicht mechanisch. Er wird kein Chef. Das Ziel ist nicht die Kapitalvermehrung durch eine Vergrößerung der „Arbeitstruppe". Der Solopreneur baut keine Fabrik, er schafft keine Maschinen an, es geht auch nicht darum, Mitarbeiter zu führen. Damit fallen viele Themen der klassischen BWL einfach unter den Tisch.

Einem Solopreneur geht es darum, sein eigenes Leben unternehmerisch zu leben und es so aufzubauen, dass Leben und Geschäft im Einklang sind. Ein leichtes Business lebt mit einem und stemmt sich nicht gegen das eigene Leben.

Dieser Wille, mit seinem eigenen Leben etwas anfangen zu wollen, ist die Schnittmenge der verschiedenen Solopreneurarten. Das ist der Grund, warum einige Autoren, Coaches und immer mehr Blogger Solopreneurship auch „Lifestyle-Business" nennen. Der klassische Unternehmer sieht anders aus. Noch im hohen Alter hält er die Stellung in seiner großen Firma hinter dem riesigen Schreibtisch. Er ist grau im Gesicht und überarbeitet.

- Was macht der Solopreneur?
- Verlässt er die Arbeitshallen und geht an den Strand?
- Lifestyle und Party?
- Ist Lifestyle die Rolle des Solopreneurs?

Im Kern ist „Lifestyle" der richtige Begriff. Es geht um die Art, wie Sie Leben und Arbeit verbinden. Es geht darum, selbstbestimmter und freier zu arbeiten. Wir nutzen den Begriff Lifestyle trotzdem selten, da viele beim Wort Lifestyle sofort an die Hängematte denken. Nicht von ungefähr positionierte Timothy Ferriss auf dem Cover der *Vier-Stunden-Woche* eine Hängematte am Strand. Dahinter steht das Wunschbild des Entrepreneurs, der nicht mehr arbeiten muss, weil er alles gut organisiert hat. Sein Business läuft ferngesteuert neben ihm. Er muss selbst keine Hand mehr anlegen. Dieses Bild ist uns zu einseitig.

Ziele motivieren, Rollen werden gelebt

Die meisten Solopreneure, die wir kennen, liegen nicht tagelang in der Hängematte. Seinen Lebensstil selbst bestimmen zu können, ist ein Ergebnis eines guten Geschäftskonzeptes. Es ist aber nicht die Rolle, die ein Solopreneur füllen muss, um erfolgreich zu sein. Die Rolle, die es zu verinnerlichen gilt, ist:

Sie bauen ein Unternehmen, ohne ein festes Gebäude zu errichten.

Dieser Aufbau geschieht nicht in der Hängematte, sondern in der Regel an einem Arbeitstisch. Wenn Sie zum Beispiel das Ziel haben, mehr Zeit am Strand zu verbringen und um dieses Ziel zu erreichen einen Onlineshop aufsetzen, müssen Sie einen Onlineshop betreiben. Dann sind Sie ein Solo-Onlinehändler. Das wäre Ihre Rolle. Und diese Rolle muss Ihnen liegen. Daher haben wir die 5 Solopreneur-Typen entwickelt, auf die wir später im Buch eingehen. Es sind quasi fünf Standard-Rollen, die Sie für sich gedanklich durchtesten können.

Rollensicherheit

Es gibt tatsächlich Rollen. Auf der einen Seite sind diese sehr stark und wirken wie Leitbilder. Auf der anderen Seite sind Rollen im Wandel und müssen im Detail für das eigene Leben gefunden und feinjustiert werden. Uns ist es wichtig, dass Sie an Ihrem Rollenverständnis arbeiten.

Alles, was Sie im Folgenden lesen, soll zu Ihrer *Rollensicherheit* beitragen. Wir diskutieren verschiedene taktische Aufstellungen, damit Sie ein Bewusstsein entwickeln, was solo möglich ist. Uns hätten solche Diskussionen vor 20 Jahren sehr geholfen. Wir hätten unsere Firmen von Anfang an konsequenter aufgebaut. Daher fließt die Erfahrung aus unseren Umwegen (2 Start-ups, verschiedene Versuche mit Partnern zusammenzuarbeiten) mit ein.

Müssen Sie Ihre Solopreneur-Rolle nach einem bestimmten Muster stricken?

Nein. Wir sind bekennende Solopreneure, wir sind keine Ideologen: Es geht um Ihr Leben. Die Form Ihres Business muss sich Ihnen anpassen und nicht umgekehrt. Was wir Ihnen in diesem Buch geben wollen, ist eine psychologische Sicherheit, wer Sie als Solopreneur sein können und wo Sie geschäftlich aufpassen müssen. Aber der Weg, den Sie dann wählen, ist natürlich Ihr individueller.

Nicht immer passen die Vorgaben Ihres Lebens und Ihre eigenen Wünsche zu einem reinen Solopreneurship. Dann fühlen Sie sich frei, die besagten Dinge für sich anzupassen. Unser Buch *Smart Business Concepts* ist daher auch breiter angelegt.

- Smart sein ist überall möglich.
- Solo ist an einigen Stellen aber besonders stark. Und schneller.

Über neun Jahre war ich auf der Suche, was ich unternehme-
risch eigentlich bin. Egal, ob ich als Freiberufler alleine unterwegs
war. Oder als Unternehmer mit Krediten und Mitarbeitern und
Gesellschaftern. Oder auch als Entrepreneur ohne Gesellschafter
und ohne Kredite, aber durchaus mit Mitarbeitern.

Irgendwie fühlte es sich nicht richtig an.

Maik Pfingsten, heute Solopreneur, Experte

Solo
preneur

Kapitel

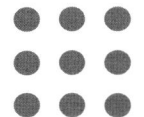

Die 5 Solopreneur-Typen

Wie entwickelt ein Solopreneur sein passendes Geschäftskonzept? Taucht er ein in die breite Welt der Start-up Events und liest alles, was über Entrepreneurship geschrieben wurde?

Das können Sie tun. Aber es könnte Sie auch verwirren.

Die Start-up Szene brummt und Geschäftsmodell-Entwicklung ist ein wachsendes Feld. Viele Geschäftsmodell-Ansätze sind neue Entwicklungen. Die *Business Canvas* von Alexander Osterwalder und Yves Pigneur arbeitet mit einer 9-Kammern-Spielfeldlogik,[1] der *St. Galler Business Navigator* wurde mit 55 Business Patterns hinterlegt, die auf vier Dimensionen aufbauen.[2] Wir waren vor kurzem auf einem Business Camp, in dem gleich eine ganze Reihe verschiedener Baukästen parallel vorgestellt wurde, jeder davon mächtig und nicht sofort eingängig. Abgesehen von der nötigen Einarbeitungszeit, stören uns drei Dinge an den bisherigen Systemen (auch wenn wir ansonsten Fans der gesamten Entwicklung sind):

In der Regel sind dies generelle Ansätze. Sie decken oft die gesamte Geschäftstyp-Pyramide ab. Das macht sie universell aber auch komplex.

Die großen Business-Modelling-Ansätze wurden für große Firmen entwickelt. Viele der vorgestellten Modelle setzen z.B. eine hohe Marktdurchdringung voraus. Sie brauchen also richtig Masse, um ähnliche Muster aufzubauen. Diese Geschäftsmodell-Baukästen sind fast ausnahmslos marktorientierte Baukästen. Sie starten nicht bei Ihnen als Person, sondern in den Möglichkeiten des Marktes.

Es gab damit bisher keine eigene Typologie für Solopreneure. Das wollten wir ändern.

Ein anderer Ansatz

Was wäre, wenn man anders vorgeht?

Man sieht sich erfolgreiche Solopreneure an und leitet daraus einige Grundrollen ab, die einem helfen, den eigenen Solopreneur-Weg zu gehen. Gesagt, getan.

Wir analysierten erfolgreiche Solopreneure und fragten uns:

- Wie bauten diese Solopreneure alleine ein Unternehmen auf?
- Was war ihr Ansatz, zu skalieren und ein eigenes Produkt zu etablieren?
- Was für einer Personen-Rolle entsprach ihr Solopreneurship?
- Welche Person passt zu welchem Solopreneur-Typ?

Wir folgen damit nicht einer marktorientierten Geschäftsmodellierung (was funktioniert draußen im Markt?), sondern einem biografischen oder ressourcenorientierten Ansatz (was wollen und können Sie am besten mit Ihren vorhandenen Quellen umsetzen?). Das Ziel eines Solopreneurs ist ein Leben, in dem Sie als Person leichter agieren. Von daher müssen Sie bei sich selbst anfangen und nicht im Markt. Sehen Sie sich zuerst Ihre Person und Ihre Möglichkeiten an und bringen Sie Ihr Potenzial dann in den Markt.

Die fünf Solopreneur-Typen vereinfachen für Sie die Übersicht und reduzieren die Frage auf Ihren Persönlichkeits-Typ in Kombination mit dem grundlegenden Verdienstmodell.

Womit verdient ein Solopreneur sein Geld?

Die vordergründige Antwort ist: Mit eigenen Produkten oder standardisierten Angeboten. Die Antwort auf Geschäftsmodell-Ebene ist: Solopreneure entwickeln Geschäftskonzepte, die skalieren können.

Dafür brauchen Sie eine Leistung oder ein Produkt, das Sie standardisiert anbieten können. Wir stellen also die Folgefrage: Welche Art von Produkten und Leistungen bietet welcher Typ von Solopreneur an?

Das Ergebnis: *die 5 Solopreneur Typen*

Wir brauchten einige Zeit, bis wir eine Systematik entwickelt hatten, die für Solopreneure bessere Ergebnisse bringt als bekannte, komplexere Geschäftsmodell-Ansätze. Es begann damit, dass wir bei den Personen selbst starteten. Das liegt in unserem Werdegang begründet. Seit Jahren begleiten wir einzelne Personen dabei, ihr Business aufzubauen. Wir interessieren uns speziell für jede Biografie von erfolgreichen Solopreneuren, die wir finden. Mit vielen trafen wir uns und interviewten sie.

Gleichzeitig beschäftigten wir uns mit der vorhandenen Literatur. Es gibt viele Bücher mit „How to do" Empfehlungen. Je mehr wir uns in die Literatur einarbeiteten, desto mehr störte uns ein Punkt: Viele erfolgreiche Entrepreneure oder Trainer behaupteten (mehr oder wenig stark), die einzig richtige Lösung gefunden zu haben. Gerade die Amerikaner treten häufig so auf, als müsse man nur das tun, was sie selbst getan haben, und Bingo! schon ist man auch erfolgreich. Solopreneure wählen aber sehr unterschiedliche Routen zu ihrem Ziel. Ergo gibt es verschiedene Wege nach Rom.

Diese verschiedenen Routen legten wir nebeneinander und drehten jedes Fallbeispiel um, bis wir auf fünf grundlegende Muster bei Solopreneuren kamen.

Die 5 Solopreneur-Typen	Smart Business Concepts
Der Produzent	**Produktmodelle**
Der Händler	**Sortimentsmodelle**
Der Experte	**Expertenmodelle**
Der Problemlöser	**Servicemodelle**
Der Kreative	**Erlebnismodelle**

Wir glauben, dass Solopreneuren diese an der eigenen Person orientierte Systematik besser hilft als feingliedrige, oft abstrakte allgemeine Business Patterns. Denn es muss in Ihrem Kopf „Klick" machen. Sie müssen das Mögliche für Ihre Person sehen und die Energie entwickeln, es umsetzen zu wollen. Sie können später immer noch mit komplexeren Modellen verfeinern. Unser Rat: Beginnen Sie einfach.

Wir starten also bei Ihrer Person und Ihren Möglichkeiten:

- Was für ein Solopreneur-Typ sind Sie?
- Was für Angebote können Sie schaffen?

Wichtig   Können Sie diese Frage beantworten, sind Sie einen großen Schritt vorangekommen. Sie kennen Ihren Solopreneur-Typ.

Vom Solopreneur-Typ zum Geschäftsmodell

Haben Sie Ihren Solopreneur-Typ gefunden, können Sie in Ihrem Typ gezielt auf die Suche nach starken Prozessketten gehen. Damit haben wir auch schon verraten, dass wir Geschäftsmodelle mit einer Ketten-Logik modellieren und nicht mit einer Spielfeld- oder Kammern-Logik. Das hat bei einfachen Geschäftsketten einen starken Vorteil: Es geht schneller und ist einfacher zu überblicken. Wir nennen diese Modelle auch „einzügige Geschäftsmodelle".

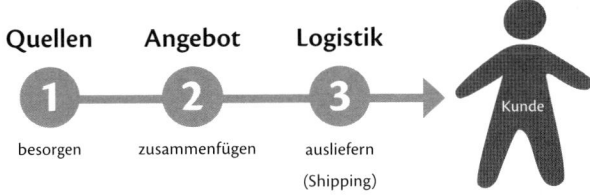

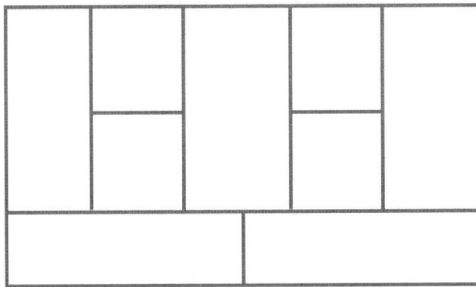

Tipp

Wer mit Kettenmodellen digital arbeiten möchte, kann auf die *Business Modelling Notation* von *runpat* zurückgreifen. Dies ist ein Visualisierungs-Werkzeug für Geschäftsmodelle. In Kombination mit unserem IDEEN GENERATOR ist *runpat* eine mächtige Kombination. Unter *runpat.com/smart* kommen Sie direkt auf eine für uns eingerichtete Seite.

Bei den 5 Solopreneur-Typen unterscheiden sich sowohl die Rolle als Entrepreneur, die Art des Produktes und die Erwartungen der Kunden gegenüber den Produkten grundlegend voneinander.

Die 5 Solopreneur-Typen

Smart Business Concepts

Der Produzent Maker	stellt ein Produkt selbst her (oder lässt es herstellen)	**Produkt Modelle** ●
Der Händler Trader	handelt mit einem Sortiment (stellt dieses nicht selbst her)	**Sortiments Modelle**
Der Experte Expert	baut sein Business um sein Wissen auf	**Experten Modelle** Inhalt
Der Problemlöser Server	bietet einen Service und nimmt anderen Arbeit ab	**Service Modelle**
Der Kreative Creator	schafft ein Erlebnis und vermarktet dieses	**Erlebnis Modelle** ☺

Die Checklisten zum Buch

Es gibt ein Set mit Checklisten zu den fünf Solopreneur-Typen. Diese senden wir Ihnen kostenlos zu, wenn Sie sich hier eintragen:

www.smartbusinessconcepts.de/solo

Der Produzent (Maker)

Fangen wir beim ersten, grundlegenden Solopreneur Typ an, dem Produzenten (Maker). Immer mehr Menschen werden selbst zum Hersteller. Der Maker produziert selbst. Oder er lässt sein eigenes Produkt herstellen. Dazu baut er eine Produktionskette auf. Es geht bei Makern um physische Produkte aller Art: Vom elektronischen Gerät bis hin zur Biowolle. Wenn Sie selbst Ihr Produkt schaffen wollen, dann haben Sie ein riesiges und wachsendes Feld vor sich. Denn die Maker sind auf dem Vormarsch. Beim Produzenten geht es um einen Hersteller, der sein Produkt skalieren möchte. Also Serien mit hoher Stückzahl herstellt.

Unterschiedliche Arten von Herstellern

Was für ein Produzent Sie sind, hängt natürlich von Ihrem Produkt ab. Wir unterscheiden:

* Gattungsprodukte
* gestaltete Produkte
* technische Produkte

Gattungsprodukte sind grundlegende Produkte. Bioschafwolle, Schwarztee, Kleiderschränke, Schokolade, Smoothies, Zahnbürsten, Gummistiefel. Sie legen sich auf eine Gattung fest und erstellen dort einen Vertreter oder ein Sortiment der Gattung in einer besonderen Qualität oder Eigenart. Als Produzent stellen Sie dieses Produkt selbst her. Oder geben es in einer Produktionslinie in Auftrag. Quasi nach eigenem Rezept. Am Ende steht der eigene Markenname auf dem Produkt (der Händler dagegen besorgt sich das Gut eines anderen und verkauft dieses).

Gestaltete Produkte sind Produkte, die sich einfach im Design oder der Form unterscheiden, aber keine grundsätzlich neue Funktion haben. Hier passen Sie nur die Oberfläche an. Gummistiefel sind in Mode gekommen, die aufwendig designed sind, im Gegensatz zu ihren altbackenen Vorfahren, die nur eine Farbe und meist lieblose Formen kannten. Jeder Designer kann eigentlich aus dem Stand weg eigene Produkte schöpfen, in dem er nur die Form modifiziert. Textilien haben meist keine neue

Funktion, sondern nur ein neues Design. Inzwischen springt die Lust am anderen Design auf fast alle Gegenstände des Alltags über. Ihr Design (und damit Ihre Story) ist hier die Qualität. Für dieses Konzept brauchen Sie eigentlich nur einen eigenen guten Stil.

Unter **technischen Produkten** verstehen wir elektronische oder andere Geräte. Sind Sie Ingenieur oder aus anderer Sicht technisch versiert, ist es heute einfacher denn je, große oder kleine Geräte selbst herstellen zu lassen. Chris Anderson beschreibt in seinem Buch *Maker* ausführlich, dass viele moderne Produkte eine Kombination aus Software und Hardware sind.[3] Gestaltet man die Software Open Source, entwickelt sich damit eine Community um das Produkt. Kein nebensächlicher Aspekt, da heute häufig die Software der mächtigere Teil eines Produktes ist. Aber trauen Sie sich auch zu Hersteller zu werden, wenn Sie kein Developer sind. Nicht für jedes Produkt müssen Sie ein Nerd sein. Im Gegenteil: Sie können heute komplette Produkte von anderen entwickeln lassen. Oder holen Sie Kompetenz von außen gezielt hinzu. Mit dem Bayernlüfter stellen wir im Kapitel Solo-Fallbeispiele ein Gerät vor, von einem Uhrmacher entwickelt, der zwar technisch versiert ist, aber nicht alle Programmiersprachen der Welt beherrscht.

Häufig entwickeln Maker ihre Ideen in ihrem Home-Office oder ihrer Home-Werkstatt und gehen zur Erstellung der Prototypen in einen Maker-Space oder Maker-Lab. Ein schönes Beispiel ist *makerhaus.com*, ein auf einer großen Fläche aufgestellter Makershop in Seattle mit allen Möglichkeiten der Holz- und Metallbearbeitung inklusive *Rapid Prototyping* (Brandon Perhacs, den wir auf S. 164 noch näher vorstellen, nutzt hier den Maschinenpark). Der Bestandteil „Haus" im Namen ist für US-amerikanische Maker zunächst verblüffend. Entschlüsselt sich aber, wenn man bei diesen Makern in Seattle mitbekommt, dass sie sich vom Bauhaus haben inspirieren lassen. Man höre und staune.

Wer bei den technischen Produkten tiefer ins Detail gehen will, dem empfehlen wir das Buch *Makers – das Internet der Dinge* von Chris Anderson. Eine Pflichtlektüre, auch wenn Sie sich nicht als Maker sehen. In der Presse wird oft so getan, als wenn dies ein Buch über 3D-Drucker ist. Das ist falsch. Im Buch kommen 3D-Drucker als Beispiel für viele andere Endgeräte vor. Die Hauptaussage ist: In Zukunft lassen sich so gut wie alle Dinge in eigener Regie konstruieren und dann an anderer Stelle produzieren.

Chris Anderson spricht von einer nächsten Welle der Produktivität: *„Die industrielle Herstellung selbst ähnelt immer mehr dem Web, wird immer vernetzter, digitaler und offener. Die größten Fertigungslinien sprechen dieselbe Sprache wie MakerBot (G-Code), wodurch ein Wechsel vom einen zum anderen jederzeit möglich ist. Als Folge kann die globale Fertigungswirtschaft heute mit allen Stückzahlen arbeiten, von eins bis einer Million. Sonderanfertigungen und kleine Stückzahlen sind nicht nur möglich, sondern sie sind die Zukunft."*

Als Produzent haben Sie die Seele eines Makers. Ihnen machen Materialien, Technik und Funktionen Spaß. Hören Sie auf, für andere Auftraggeber Produkte zu schaffen, stellen Sie Ihre eigenen Produkte her. Ein Produkt zu schaffen und es dann herzustellen, ist im Internet der Dinge ohne eigene Fabrik möglich. Herstellen lassen ist die Zauberformel.

> **Unterscheidung Maker (Hersteller) und DIY (ich mach es selbst)**
>
> Eine Untergruppe der Hersteller ist die *Do-it-yourself-Bewegung*, in der es zum guten Ton gehört, Dinge ganz per Hand als Einzelstücke herzustellen. Mit *Etsy* und *Dawanda* gibt es dafür inzwischen große Marktplätze, hier sind Sie aber in der Skalierung begrenzt. Einzelstücke können smart sein, wenn Sie hohe Preise erzielen. Ansonsten raten wir zu Produkten, die Sie über Maschinen führen oder von anderen Produzenten zuliefern lassen.

Der Händler (Trader)

Der zweite Solopreneur-Typ ist der Händler, der „Trader". Sie wollen nicht selbst herstellen, haben aber gute Kontakte zu Herstellern, die Produkte liefern. Der Händler ist einer der ältesten Berufe der Menschheit. Ein Händler fuhr früher in ferne Länder, kaufte dort exotische Ware ein und brachte sie in das eigene Land, um sie wieder zu verkaufen. Dieses einfache Konzept ist heute nach wie vor möglich. Es gibt viele Produkte in anderen Ländern, die noch nicht in Deutschland sind, oder Firmen in Deutschland, die ihre Produkte nicht richtig unter das Volk bekommen. Wir kannten ein Ehepaar aus Chile, das ausgesuchten chilenischen Wein nach Deutschland importierte und an Hotels verkaufte.

Versuchen Sie dieses grundlegende Konzept (Produkt von A nach B) „zu veredeln" und daraus ein Solopreneurship zu formen. Wichtig beim Solopreneur-Händler: Werden Sie nicht nur ein Vertriebler für irgendeine Marke. Das Produkt sollte Ihre Marke auf der Verpackung tragen! Oder Sie haben im Sortiment mindestens eine Eigenmarke. In unserem Buch Smart Business Concepts haben wir *quipma* vorgestellt. quipma hat sich auf Wandhalterungen für Flachbildschirme und Deckenhalterungen für Beamer spezialisiert. Zu Beginn wurde nur gehandelt. Heute gibt es mit quipma eine Eigenmarke im Sortiment (*wandhalterungen.tv*).

Oder nehmen wir die *Teekampagne* von Prof. Faltin. Die *Teekampagne* handelt mit Schwarztee der Sorte Darjeeling. Darjeeling ist eine Gattung, aber keine eigene Marke. Viele Händler bieten Darjeeling von unterschiedlichster Qualität an. Mit der *Teekampagne* schuf Prof. Faltin eine eigene Handelsmarke, mit eigenem Namen, Verpackung und eigenen Produkteigenschaften. Die 1 kg Verpackung für Tee war eine Novität. Damit schuf er eine Handelsmarke. Händler zu sein heißt für einen Solopreneur, seine eigene Handelsmarke aufzubauen.

Den Händler stellen wir hier etwas kürzer da. Nicht weil er unwichtig wäre. E-Commerce wächst und wächst. Sondern weil ein Handelsmodell einfach zu verstehen ist und es viel Literatur zum Thema gibt.

Inhalt

Der Experte (Expert)

Gerade für Experten aller Art eignet sich ein Solopreneurship. Wir leben in einer Wissensgesellschaft. Viele berufliche und private Vorgänge brauchen Spezialwissen, um zu gelingen. Wer Erfolg haben will, wird sein Leben lang lernen. Experten sind die modernen Piloten durch den Wissensdschungel. Klassisch arbeiten hier Coaches, Consultants, Trainer und Freischaffende aller Art (Anwälte, Gutachter, Spezialisten). Klassische Experten haben in der Regel ein eigenes Büro oder sind vor Ort beim Kunden tätig. Wer vor Ort berät, hat lange Fahrtzeiten. Sie erinnern sich vielleicht an Susanne Brender am Beginn dieses Buches. Sie verbrachte pro Jahr 600 Stunden im Auto. Viel Zeit, die sie lieber anders verbringen würde. Der klassische

Experte arbeitet für einzelne Mandanten oder in einzelnen Projekten. Das ist sein Engpass. Wer von Einzelaufträgen unabhängiger werden will, muss umdenken und anders arbeiten.

Der Solopreneur-Experte geht aus dem einzelnen Auftrag oder Mandat heraus und schafft eigene Produkte, die skalierbar sind. Er wird quasi ein Wissens-Unternehmer. Dieser Wechsel vom einzelnen Auftrag oder der individuellen Begleitung zu einem Produkt ist für viele Experten nicht einfach. Aus drei Gründen:

A – Teil der Expertise ist die individuelle Beurteilung von Situationen

B – Häufig sind Experten Live-Menschen und wollen Begegnung

C – Die verkaufte Stunde bringt am Anfang mehr, als die Verkaufserlöse eines Produktes

Aber der Wechsel ist möglich, und eigene Produkte führen auch zu einer höheren Wirksamkeit. Erreicht der Experte klassisch nur eine begrenzte Anzahl von Menschen, kann er über neue Formate viel mehr Menschen in gleicher Zeit erreichen. Aber Vorsicht: Glauben Sie nicht, dass Sie mit einem einzelnen E-Book oder einer kleinen Webinar-Serie schon den Sprung zum digitalen Experten schaffen. Im Internet sind viele Inhalte unterwegs, für die niemand bezahlt.

Der Bereich des Expertenmarketings hat vor allem in den USA einen großen Boom hinter sich. In der Regel arbeitet ein Solopreneur-Experte nicht nur über ein Produkt (ein einzelnes Buch), sondern ein eigenes Programm. Man spricht auch von einem „Framework". In dieses Programm hängt ein Experte eine Reihe von Produkten, die seinen Kunden helfen, ein bestimmtes Ziel zu erreichen. Um als Experte wirklich Erfolg zu haben, brauchen Sie hohe Stückzahlen oder hohe Preise. Beides ist nicht sofort aus dem Stand zu erzeugen. Es gibt verschiedene smarte Expertenformate. Letztlich können Sie ein eigenes Format entwickeln. Hier zunächst die klassischen Formate in Reinkultur. Gerade Experten arbeiten aber meist gemischt (blended). Dies meint sowohl die Mischung der Formate als auch der Offline- und Online-Welt. Um dies zu zeigen, sind am Ende dieses Abschnittes zwei Fallbeispiele von Experten angefügt, bevor wir beim nächsten Solopreneur-Typ weitermachen.

Fachautor

Sie publizieren systematisch und über einige Jahre so viele Bücher, bis diese Ihnen ein passives Einkommen einspielen (dies wäre der *Autorpreneur*, wir haben ihn im nächsten Kapitel im Vergleich zum Werbetexter noch näher dargestellt). Ein Buch alleine trägt Sie nicht. Bauen Sie eine Buchreihe auf. Bringen Sie pro Jahr mindestens 1 bis 2 Titel heraus. Und berechnen Sie, was für Auflagen Sie verkaufen müssen, um genug zu verdienen. Das ist in Zusammenarbeit mit einem Verlag selten gut steuerbar. Als Autor stehen Sie daher vor der schwierigen Entscheidung: Verlag oder Self-Publishing? Kalkulieren Sie das vorher scharf durch. Und denken Sie als Autor nicht nur an das gedruckte Buch. Fragen Sie sich: Welche Marktplätze für mein Thema gibt es und welche Formate bieten diese an? Fachautoren skalieren über die verkauften Stückzahlen.

Public Speaker

Public Speaker skalieren über die Menge der Personen im Raum. Sie bauen ein Programm auf, das viele Menschen in Vorträge zieht. Ein Public Speaker ist als Person stark eingebunden. Dies ist trotzdem smart, weil Sie die Auftragsart umkehren: Die Kunden kommen ab jetzt zu Ihnen und nicht umgekehrt. Auch ist das persönliche Erlebnis eines Experten der beste Motivator, Seminare und weiterführendes Material zu buchen. Menschen möchten keine „kalten Informationen". Sie wollen ein Gegenüber. Öffentlich anfassbare Experten sind dieses Gegenüber. Public Speaker können sich aber schwer wieder aus ihrer Personenmarke herausziehen (siehe das Fallbeispiel Eugen Simon auf S. 83). Von daher kurz darüber nachdenken, wie häufig Sie auf die Bühne wollen.

Digitale Programme

Tutorials, Membership-Programme und andere Formen von E-Learning etablieren sich immer mehr. Webinare können mit wenig Aufwand gehalten und auch einfach über Komponenten verkauft werden. Die Technik bietet hier immer mehr Varianten an. Digitale Experten versuchen, reine Online-Programme zu etablieren. In der Szene der Online-Marketer hat sich eine Kultur der Produkt-Launches etabliert. Dabei wird ein spezieller Online-Kurs über Wochen vorangekündigt und mit Hilfe von einem Affiliate-Netzwerk dann zum genannten Zeitpunkt veröffentlicht. Online Experten brauchen viel Traffic, von daher müssen Sie stark in eine Community investieren, wenn Sie davon leben wollen. Sie können aber auch ohne eigene Community Ihr Wissen digital auf den Markt bringen. Arbeiten Sie auf Plattformen anderer und bringen Sie sich in große Programme etablierter Anbieter ein. Aber Vorsicht: Ein Programm rein digital zu starten ist schwerer, als wenn Sie am Anfang „blended" arbeiten. Siehe dazu den Abschnitt „blended Learning". Ein schönes deutsches Beispiel für ein Fachtutorial ist Maik Pfingsten mit seinem Angebot für Systemingenieure (am Ende des Abschnittes, S. 84).

Blogger

Fast jeder Experte bloggt heute mehr oder weniger. In der Regel erfolgt dies aus Marketinggründen. Wollen Sie von einem Blog leben, müssen Sie diesen wirklich professionell aufbauen. Das ist definitiv ortsunabhängig, nicht aber automatisierbar. Bei Bloggern ist Content King, der aber nicht zwingend von Ihnen alleine kommen muss. Einige Blogger sind nur Sammler der Informationen anderer oder lassen andere auf ihrem Blog mitschreiben. Die harte Währung ist der Traffic auf dem Blog. Aber Vorsicht: Content ist alleine noch kein Geschäftskonzept! Sie müssen als Blogger scharf darüber nachdenken, was eigentlich Ihr Verdienststrang ist:

- ein eigenes Produkt oder
- Produkte und Services anderer

In der Regel setzt sich Ihr Verdienst als Blogger aus verschiedenen Einnahmequellen zusammen: Affiliate Marketing (Leadgenerierung für Produkte anderer), Advertorials, Kooperationen, Zweitverwertungen von Content, Sponsoring, Gagen von Vorträgen etc. Da heute große Werbe-Etats auf Blogs umgebrochen werden, lohnt sich das.

Die Blogger Szene ist wachsend und unüberschaubar groß. Informationen gibt es an vielen Stellen. Conni Biesalski (*Planet Backpack*) und Sebastian Canaves (*Off the Path*), zwei Reiseblogger, bringen z.B. in ihrem *Blog Camp* in einem Onlinekurs das bloggen bei (das ist quasi die Quadratur des Kreises: Experte über das Bloggen zu werden). Mit Susanne Firmenich (*Hamburger Liebe*) und Felicia Hargarten (*Travelicia*) haben wir zwei Profi-Bloggerinnen in diesem Buch. Beide erstellen sehr hochwertigen eigenen Content. Susanne Firmenich promotet über ihren Blog ihre Produkte aus eigener Herstellung und ist damit beim Verdienstmodell eher eine Herstellerin. Felicia Hargarten ist, wie Conni Biesalski und Sebastian

Canaves, Reisebloggerin. Sie verdient mit ihrem Blog *Travelicia* jeden Monat vierstellig. *„Ich erlebe es immer wieder, dass Leute, die keine Ahnung von Online Marketing haben, das nicht fassen können"*. [4] Merkenswert: Blogger sind thematisch meist Experten für ein Thema, können aber gleichzeitig über viele Quellen Geld verdienen.

Offline Experten und Blended Learning

Alles bewegt sich in Richtung online. Das ist aber nicht zwingend der erfolgreichste Weg. Beim Experten gibt es eine Reihe von Varianten, in denen der Experte über die Bande spielt.

Experten können Programme aufbauen, die rein über klassische Medien funktionieren. Werner Tiki Küstenmacher schuf mit dem Bestseller *simplify your Life®* aus einem Bucherfolg ein bestehendes Programm, das sich millionenfach verkaufte, ohne im Rampenlicht zu stehen. Dabei spielte Online nicht die entscheidende Rolle. Der klassische Buchmarkt war die treibende Kraft. Von daher gibt es nach wie vor „Offline-Experten", die ebenfalls skalieren. So findet auch die gute alte CD-Sammlung nach wie vor Abnehmer (das Hören von Audios im Auto ist ein großer Lernmarkt).

In den USA sind viele Experten gemischt unterwegs. Wer sowohl digital als auch live unterwegs ist, gehört in den Bereich des *blended* Learning (eine Blend ist eine Mischung = Tea Blend). Wie diese Mischungen genau aussehen, damit sie gut ankommen, ist zur Zeit noch ein Feld vieler Experimente. Tendenz: Steigend. Wir hatten das Vorrecht den neuen Experten-Browser von Microsoft zu benennen, der international für die *Microsoft Certified Trainings* verwendet wird. Daher hatten wir ein wenig Einblick in die E-Learning Strategie von *Microsoft*. Es gibt immer mehr Autoren, die von gut laufenden E-Trainings leben können.

Expertenfazit

Es tut sich einiges bei E-Publishing, E-Learning und E-Knowledge. Und in diesem neuen Lernland ist viel Platz für Experten aller Art. Wer als Experte sowohl digital als auch live präsent ist, hat unserer Meinung nach eine größere Chance, zu überzeugen. Von daher würden wir einem Anfänger als Experte nicht raten, sofort alles zu digitalisieren, auch wenn das zu Beginn nicht smart ist. Das Stichwort *Self-Publishing* erwähnen wir hier nur kurz, da wir es an anderer Stelle ausführlicher besprechen.

Experte Eugen Simon

Eugen Simon ist ein Solopreneur, der sich in den letzten Jahren mit *Gedankendoping* ein gut Programm in Deutschland aufgebaut hat. Er ist australisch-deutscher Public Speaker und Seminaranbieter. Mit bisher über 30.000 Teilnehmern auf seinen Seminaren gehört er in Deutschland in die obere Gewichtsklasse. Die Inhalte: selbst denken, Persönlichkeitsentwicklung, frei leben. Wir kennen seine Struktur hinter den Kulissen. Eugen Simon wanderte von Deutschland nach Australien aus und lebt in der Nähe von Sydney. Interessant bei ihm: Er baute seinen Erfolg in Deutschland aus Australien auf. Die Wintermonate lebt er in Australien, die Sommermonate tourt er in Deutschland mit seinem Programm. Dies ist auch eine Form des ortsunabhängigen Arbeitens.

Eugen Simon geht einen gemischten Weg: Auf der einen Seite ist er als Person der Anker des Programms. Videos und Bühnenauftritte leben von seiner Persönlichkeit. Damit steht er für einen Experten, der das Stage-Format liebt. Er spricht vor großen Gruppen und skaliert über die Menge der Teilnehmer pro Veranstaltung. Auf der anderen Seite hat er seinem Programm den Namen *Gedankendoping* gegeben und darüber eine Programm-Marke aufgebaut.

Er nutzt online als Komponenten:

- Website (CMS mit diversen Plugins)
- ein E-Mail Versendesystem
- eine Webinarplattform
- ein Affiliate-System

Ist Eugen Simon in Deutschland unterwegs, hält er mit Mietwagen und Hotelübernachtungen die eigene Logistik schlank. Eugen Simon steht für einen Experten, der seine Marketing- und Programmstruktur so aufgebaut hat, dass er flexibel touren kann. In den Seminaren und bei anderen Veranstaltungen ist er persönlich der Frontman und damit kaum austauschbar, in der Struktur ist er 100% ortsunabhängig. Seinen Wohnsitz hatte er bis vor Kurzem komplett in Australien. In letzter Zeit bleibt er wieder etwas länger in Deutschland und lebt seine Binationalität bewusst.

Experte Maik Pfingsten

Maik Pfingsten war über 14 Jahre Troubleshooter in der Autoindustrie. Sein Wissen, wie man Teams wieder anschiebt, gibt er andere Teamleitern weiter. Er macht Teamleiter zu souveränen Zukunftsarchitekten (Systems Engineering Leadership). Sein Nutzen-Versprechen: *„In 30 Tagen zu besseren Spezifikationen - Ein HowTo aus der Praxis eines Troubleshooters"*. Das ist einmal eine hochspezifizierte Expertenbeschreibung! Bei der Begrüßung auf seinem Podcast hört sich das so an: *„Dies ist mein persönlicher Podcast. Der Fokus liegt auf Systems Engineering & Leadership für mechatronische Entwicklungsprojekte. Mein Wunsch ist es, Ingenieuren mit Verantwortung für komplexe Projekte meine Erfahrung und mein Wissen weiterzugeben und mit der Plattform eine Community für Systemingenieure aufzubauen."* [5] Er bietet unter anderem Speaking, Mentoring für Jungingenieure, ein Tutorial und ein eigenes Verfahren mit dem Namen *„The System Footprint"*, mit dem Anforderungen an Systeme einfach strukturiert und visualisiert werden können. Wir haben Maik Pfingsten gefragt, wie er zum Solopreneur wurde: *„Durch meine Neugier habe ich Anfang 2012 zufällig begonnen mit dem Podcast mein Marketing und meinen Vertrieb zu automatisieren. Als Solopreneur bin ich heute auf der Reise, mein Leben so zu leben, wie ich es will. Unabhängig von Zeit und Ort."* [5] Damit gehört er zu der Gruppe der Solopreneure, die eher aus Neugier eine neue technische Möglichkeit ausprobierten und dann Stück für Stück in eine neue berufliche Aufstellung „hineinstolperten". Inzwischen ist er davon so überzeugt, dass er seine Geschichte bloggt und darüber Seminare gibt. Mehr dazu finden Sie unter *zukunftsarchitekten-podcast.de*

Der Problemlöser (Server)

Der vierte Solopreneur-Typ ist der vielfältigste in seiner Bandbreite und für Solopreneure am schwersten solo darzustellen. Eigentlich ist dies der Bereich der Kleinbetriebe und Dienstleister aller Art. Service-Modelle sind wegen ihrer Auftragsstruktur für Solopreneure schwer zu skalieren. Normalerweise arbeitet Gewerbe Aufträge ab. Jemand, der für einen anderen ein Problem löst, ist häufig ein Handwerker, ein Servant, ein Kellner – nicht aber ein Server, ein Verknüpfer.

Nehmen wir den Webdesigner. Er leistet den Service, für einen Kunden ein individuelles Webdesign zu erstellen. Damit landet er als projektbasierter Selbstständiger sofort in der Dienstleisterfalle: Er kann den Job nicht alleine steuern, da er ja auf Kundenauftrag arbeitet. Kunden ändern Wünsche, Terminpläne und Anforderungen. Ergo muss der Selbstständige reagieren. Wer Probleme für andere löst, gerät schnell in die Situation, Arbeit individuell zu gestalten. Das ist in Ordnung, wenn Sie gut genug dafür bezahlt werden und gerne im Austausch mit Kunden arbeiten. Individuell per Hand zu arbeiten, ist aber noch kein Solopreneur-Konzept.

Solopreneure denken anders:

- Wie kann ein Service standardisiert werden?
- Standardisieren heißt automatisieren.
- Wie können Leistungen smart verknüpft werden?

Aus diesem Grunde haben wir den Problemlöser englisch auch schlicht „Server" genannt. Viele Start-ups, die Plattformen im Internet aufbauen, bringen im Prinzip Server zum Laufen, die Gruppe A mit Gruppe B verknüpfen. *Mytaxi.de* verkoppelt z.B. via App Fahrgäste mit Taxifahrern. Automatisierte Servicemodelle sind möglich. Jede Software as a Service (SaaS) ist ein Service. Wer so vorgeht, steckt aber ganz schnell in der Situation, eine große Software mit einem Team zu programmieren. *Mytaxi.de* musste für den eigenen Service eine aufwendige Datenbank mit Echtzeitprozessen programmieren. Eine solche Software ist niemals fertig, sie muss immer weiter entwickelt werden. Damit landen Sie in der Gewichtsklasse eines Internet-Start-ups. Unser Rat: Programmieren Sie keine komplexe Software. Es sei denn, Sie wollen einige Jahre lang ständig am Ball bleiben. Wir haben das hinter uns und es war nicht das Programm für ein leichteres Leben.

Solopreneure nutzen häufig SaaS-Komponenten, sie programmieren sie aber nicht. Ausnahmen sind Developer, die wissen, was sie tun, und ihre Applikation klein halten. Die Kunst ist es, den eigenen Service ohne eine aufwendige Programmierung starten zu können. Das geht. In dem Sie so einfache Prozesse schaffen, dass Sie keine große Software benötigen, um diese im Netz abzubilden.

Fallbeispiel Ultrapress

Thorsten Kucklick versucht mit seinem Experiment *Ultrapress* – einem 1.000 Euro Start-up – einen einfachen Konfigurator für *WordPress* Seiten aufzubauen. Und realisiert dies selbst mit *WordPress*. Er ist von Haus aus Betriebswirt, ihn reizte aber die Welt der Start-ups und er entwickelte zunächst zusammen mit zwei Partnern einen Konfigurator für Spielkarten, Memospiele und Puzzles: *meinspiel.de*. Der Service dort: Der Kunde kann mit wenigen Klicks ein Spiel bestellen, das mit eigenen Fotos gestaltet ist. Die unternehmerische Aufgabe bestand bei *meinspiel.de* daraus, die Prozesse zu definieren und dann Druckereien zu finden, die sich darauf einließen, als Komponente zu dienen (zu „serven"). Also einen Kartendruck-Server aufzubauen.

Während des Aufbaus von *meinspiel.de* kam sein erstes Kind zur Welt und er begann, viele Aufgaben von zu Hause aus zu erledigen. Warum nicht ganz aus dem Home-Office arbeiten? Auch erlebte er, was passiert, wenn ein externer Finanzier in letzter Sekunde eine große zugesagte Finanzierung zurückzieht. Dies hätte *meinspiel.de* beinahe das Genick gebrochen, bevor sie überhaupt angefangen hatten. Notgedrungen bootstrappte das Team und schaffte es trotzdem (oder gerade deswegen?). Seine Lehre daraus: Nie mehr auf externe Finanziers zugehen.

Raus aus der Großstadt

Seine Idee, komplett ortsunabhängig zu arbeiten, nahm Gestalt an. Auch der Wunsch von Hamburg wieder zurück in seine Heimatstadt Oldenburg zu ziehen. Von daher nahm er mit *Ultrapress* eine zweite Gründung in Angriff. Diesmal mit verschärften Spielregeln.

- Solo – kein weiterer Partner als Inhaber
- *Bootstrapping* als Selbstversuch – er darf nur 1.000 Euro ausgeben
- Er stützt sich dabei auf die Idee des „*Ultralight Startups*" [6]
- In strengen Zyklen baut er seinen Service Schritt für Schritt auf
- Geld aus ersten Aufträgen wurde sofort wieder investiert
- Viele Arbeiten in *WordPress* kann er selbst ausführen
- Er arbeitet ausschließlich mit einfacher Software, Komponenten

Konfiguratoren auf dem Vormarsch

	Produkte	Services
Standard	Software-Marktplätze wie Themeforest	**UltraPress**
Individuell	**Klassische Agenturen und Freelancer**	

Standard Service

Dass Thorsten Kucklick bewusst vom individuellen Auftrag weggeht, belegt diese Skizze, die er beim Start von *Ultrapress* veröffentlichte.[7] Er positioniert seinen Service zwischen der individuellen Agentur und den reinen Software- und Themeanbietern.

Der Kunde spezifiziert seinen Wunsch auf *ultrapress.de* über Formulare. Der Auftrag wird an einen Pool von *WordPress* Programmierern weitergegeben. Thorsten Kucklick verdient an einer Auftragsmarge. Er ist damit im Aufbau eines WordPress-Konfigurators und wird zum Server für Kunden, die WordPress-Seiten ohne Agentur ins Netz bekommen wollen.

Der Weg des Konfigurators löst an vielen Stellen die klassische Individualberatung im Service ab. Sehen Sie sich auch *Webigami* von Jan Stiewe an (*webigami.de*, dort ist die Hamburg-Galerie Pflicht). *Webigami* ist nicht auf den ersten Blick als Konfigurator erkennbar. Die Seite sieht noch fast wie eine Agentur-Website aus. Das Vorgehen ist aber auch hier bereits gedreht: Der Kunde konfiguriert seine Wünsche und bekommt eine standardisierte Lösung auf der Basis einer einzigen technischen Plattform. Auch hier ist *WordPress* die Komponente.

Webagenturen bekommen durch konfigurierbare Services wie *Ultrapress* oder *Webigami* ernstzunehmende Konkurrenz. Diese Wechsel zum standardisierten onlinegestützten Service finden wir in allen Branchen. Wenn solche Serviceplattformen groß werden, heißen diese *99designer* oder *flyerwire*. Aber es muss gar nicht so groß wie *flyerwire* werden. Es reicht, wenn Sie einen Prozess-Strang optimal ins Netz bringen. Wie Tim Chimoy dies mit seinem TUSCHE TEAM tat.

Nimm Architekten lästige Arbeit ab

Beispiel für einen smarten Service, der einen Solopreneur gut ernährt, ist TUSCHE TEAM von Tim Chimoy. Tim Chimoy bietet auf *tuscheteam.de* 3D Modelle, 3D Visualisierungen und einen CAD Service für Architekten. Was auf den ersten Blick wie ein normales Dienstleistungsbüro aussieht, ist in Wirklichkeit ein reinrassiges Smart Business Concept. Denn keiner der Dienstleister sitzt bei Tim Chimoy im Büro. Er reicht die Aufträge an internationale Freelancer und Studios weiter. Mit so viel Erfolg, dass er selbst ortsungebunden arbeiten kann und sich als digitaler Nomade in der Welt bewegt. Zwei Jahre hat es gebraucht, bis sein Service stand und die Auftragslage stimmte. Wichtiger Erfolgsfaktor war der gute Einsatz von *AdWords*. Sein Service zeigt auch, dass die unauffälligen Dinge häufig die Brot & Butter Produkte werden. Er bietet zwar 3D Modelle an (und nutzt dafür als Komponente den deutschen Start-up *trinckle.com*), 80 Prozent seiner Umsätze kommen aber über „normale" CAD-Aufträge und Aufbereitung von Grundrissen für Präsentationen. Dies belegt die These: Viele gute Smart Business Concepts sind nicht hochinnovativ im Bereich der angewendeten Technik, sondern in der Anschmiegung an konkreten Kundenbedarf.

Konfiguratoren sind also einfacher und komplexer denkbar. Im Kern ist ein Konfigurator eine Zuführungs-Straße von Aufträgen an Komponenten, die den Service dann für den Solopreneur ausführen. Nichts anderes tun große Konzerne, wenn sie Services an große Logistiker und andere Dienstleister auslagern. Auch sie konzentrieren sich nur auf das Marketing und die Kundenbetreuung. Nicht auf die Erstellung.

Wer diese Aufstellung einmal verstanden hat, kann viele Services smartisieren. Auf Seite 176 finden Sie das Beispiel von Artjom Pestov. Er bietet einen juristischen Service mit Hilfe eines Konfigurators. Und noch einmal: Nicht jeder Konfigurator muss aufwendig programmiert sein. In unserem Buch *Smart Business Concepts* haben wir mit Volker Winkler einen erfolgreichen deutschen Solopreneur vorgestellt, der für seinen Fotobuch-Service für Bestatter (*memorius.de*) keinen einzigen Developer brauchte, weil er auf eine fertige Applikation von CEWE zurückgriff. Die eigene Technik routet auf die Technik von CEWE und ist so einfach, dass die Lösung mit einem simplen Webbaukasten erstellt werden konnte. Es gibt viele teuer programmierte Webplattformen, die wesentlich weniger Umsatz machen als Volker Winkler solo.

Wenn Sie also solo einen Service aufsetzen, ist für Sie die Frage: Wie können Sie das Problem anderer lösen, ohne selbst vor Ort Hand anlegen zu müssen und ohne eine so mächtige Software zu schaffen, dass Sie dafür ein Team von Developern brauchen?

Dies geht über:

- Bau von Konfiguratoren
- Weiterschaltung zu anderen
- standardisierte Angebote

Der Kreative (Creator)

Der fünfte Solopreneur-Typ ist der Creator. Als Kreativer schaffen Sie für andere ein Erlebnis und vermarkten dieses. Das Ergebnis sind Erlebnismodelle. Wir haben bewusst den Kreativen nicht als „Artist" bezeichnet, sondern als „Creator". Kreative kommen in der normalen Betriebswirtschaft nicht vor. In Deutschland haben wir es irgendwie geschafft, viele Kreative in die Ecke des Künstlers zu drängen. Hamburg ist hier als Stadt eine echte Ausnahme. Hier hat sogar die Handelskammer verstanden, dass „Game" ein Wirtschaftsfaktor sein kann.

Unter den Kreativen findet sich enorm viel Potenzial für Solopreneurship. Es geht uns beim Solo-Kreativen nicht um den Solo-Künstler. Der Künstler wird im Kulturbetrieb nur anerkannt, wenn er etwas „Neues" schafft. Sie bekommen vom Kulturapparat beigebracht, dass nur Dinge gut sind, die andere nicht verstehen. Dieses Denken blockiert viele Kreative, schlichte und einfache Erlebnisangebote zu schaffen.

Denken Sie solo ein Erlebnis viel einfacher

Eine Wellness-Anwendung ist ein Erlebnis. Das Hören eines Musikstückes ist ein Erlebnis. Einen Roman zu lesen, ist ein Erlebnis. Der Besuch einer Show ist ein Erlebnis. Ein gutes Essen in einem Restaurant ist ein Erlebnis. Es geht nicht um den Kulturwert des Erlebnisses, sondern um den Erlebniswert für den Kunden.

Erlebnisprodukte sind sehr vielfältig:

- Lese-Erlebnisse
- Hör-Erlebnisse
- Seh-Erlebnisse
- Spiel-Erlebnisse
- Wellness-Erlebnisse
- Event-Erlebnisse
- Urlaubs-Erlebnisse
- Genuss-Erlebnisse

Ihrer Phantasie sind keine Grenzen gesetzt. Der Erlebnis-Solopreneur ist dabei jemand, der nicht selbst auf die Bühne geht, sondern ein Produkt schafft, das er skalieren kann. Schafft er zum Beispiel ein Urlaubs-Erlebnis, ist er nicht selbst der Reiseführer, sondern er gibt z.B. einen digitalen Reiseführer heraus. Wichtig für einen Erlebnis-Solopreneur ist (wie bei allen anderen Solopreneuren) die Kopierbarkeit. Musiker und Autoren haben bereits verstanden, was digitale Skalierung bedeutet. Wo sind die Wellness- und Genuss-Solopreneure? Es ist Zeit, die Szene aufzumischen.

Trauen Sie sich bei Erlebnismodellen als Solopreneur Ihren Weg zu gehen. Es ist Zeit für kreative Solopreneure und Self-Publisher aller Art. Gleich, was Sie kreativ herstellen, setzen Sie nur nicht auf Einzelkunstwerke. Der Markt ist überschwemmt von Künstlern, die handgemalte Ölbilder verkaufen wollen. Hören Sie auf Künstler zu sein, werden Sie Erlebnis-Entrepreneur!

Was haben Agatha Christie und Sascha Lobo gemeinsam?

Spaßeshalber sagen wir immer, dass Agatha Christie die erste Solopreneurin war. Aus einem Elternhaus stammend, das wirtschaftlich klamm war, war es ihr wichtig, in ihrem Leben auch als Frau wirtschaftlich immer unabhängig zu sein. Zu ihrer Zeit ein bemerkenswerter Zug. Sie war eine der ersten Serien-Schriftstellerinnen. Ihre insgesamt 66 Kriminalromane – sie blieb ihrer Gattung treu – wurden in Milliardenauflage (!) gedruckt. Damit hat sie Auflagen geschaffen, die „große Künstler" nie erreichten.[8]

Agatha Christie war ein Creator, weniger ein Artist. Sie bediente sich einer Gattung, die beim Publikum ankam. Der Detektivroman war vor ihr mit *Sherlock Holmes* erfunden worden. *Miss Marple* und *Hercule Poirot* waren Sherlock Holmes Varianten ganz eigener Art. Agatha Christie war bei ihrem Produkt eine erfolgreiche **Copycat**. Sie erfand den Detektivroman nach dem Sherlock Holmes Muster nicht neu. Hat es ihr geschadet?

Wer jetzt anmerken möchte, dass Agatha Christie doch als Fallbeispiel etwas verstaubt ist und als digitale Solopreneurin wirklich nicht herhalten kann, dem sei geraten, einmal auf die Website von Sascha Lobo zu gehen (*saschalobo.com*), dem Vorzeige-Digital-Bohème. Und es ist interessant: Sascha Lobo hat unter seinem Namen im Logo 3 Selbst-Positionierungen stehen. Und dort steht nicht „Blogger".

Dort steht, und zwar genau in dieser Reihenfolge:

Autor, Vortragsredner, Internet.[9]

Das sollte einem zu Denken geben (Sascha Lobo ist zwar kein Beispiel für ein Erlebnismodell, aber für einen Experten. Obwohl einige sagen, er ist ein Erlebnis ;-). Ein Autor ist ein Urheber, Schöpfer und Verfasser. Experten geben Orientierung und eröffnen neue Diskussionen. Kreative schaffen als Autoren Erlebniswelten. Der Buchautor war historisch dank Gutenberg der erste Kreativ-Schaffende, der seine Reichweite durch die Kopierbarkeit skalierte.

*Zum ersten Mal in der Geschichte beherrschen
die Arbeiter die Produktionsmittel.*

John Curran

Solo
preneur

Kapitel

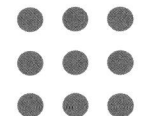

5

Smart Working und Skalierung

In drei Generationen von 0 auf 100

Einer der treibenden Faktoren der neuen Solopreneur-Karrieren ist der Wandel in der Arbeitswelt. Es ist uns möglich, unabhängiger zu leben, als das irgendeine Generation vor uns konnte. Wenn wir nur drei Generationen in unserer Familie zurückblicken, sah alles anders aus. Unsere Großeltern waren nicht dümmer als wir, aber sie hatten schlichtweg nicht unsere Möglichkeiten. Sie lebten noch in der Landwirtschaft oder anderen historischen Berufen. Die Generation unserer Eltern war darauf das Deutschland der normalen Karrieren. Man stieg in ein Unternehmen ein und dann im Unternehmen auf. In unserer Generation überschlugen sich dann die Ereignisse. Während unseres Studiums erschienen die ersten Rechner, die Privatpersonen nutzten.

Und dann kam *Apple*.

Ich (Brigitte) kannte einen Agenturchef, einer der ersten *Apple*-Nutzer in Hamburg, und schrieb meine Diplomarbeit auf dem teuren Equipment. Ein unerhörter Luxus. Man sah die Buchstaben, wie sie später aus dem Drucker kamen, und konnte sogar verschiedene Schriften wählen! Als wir 1993 unser erstes *Apple* Notebook kauften, hatte es noch kein Farb-Display. Heute können Sie mit diesen Silberlingen HD-Filme schneiden, 3D-Spiele animieren und Hochhäuser konstruieren. Bei den meisten Vorgängen gähnt der Rechner, weil wir als Mensch zu langsam in der Bedienung sind.

Das soll hier keine Werbung für *Apple* sein. Unser Leben wäre aber ohne diese Produkte nicht so einfach gewesen. *Apple* ist für uns ein Symbol für smart work. Es ging darum, dass es gut auf dem Bildschirm aussieht und es Spaß macht, etwas in die Hand zu nehmen. Als dann diese kleinen Rechner weltweit in die Telefonleitungen gingen und begannen Datenpakete zu verschieben, war die Revolution da.

Smart Working

Man kann salopp sagen: Ohne Internet und Laptops gäbe es keine Solopreneure. Denn ohne diese kleinen Arbeitsmaschinen kann man nicht arbeiten und gleichzeitig einen Espresso in einem Café schlürfen. Was an einem Strand mit gleißender Sonne vielleicht nicht funktioniert, geht in einem Café großartig: Arbeit, die fast schon Freizeit ist. Die eigenen Ergebnisse laufen in Bruchteilen von Sekunden um den Globus und sind schon lange beim Empfänger, während man noch an der Kasse steht und den Espresso bezahlt.

Smart Working steht für eine neue, ortsungebundene Weise der Arbeit. Es geht dabei um wesentlich mehr als das User Interface, die Optik und das Sitzen an Cafétischen. Wir haben mit diesen Laptops die Produktion in der eigenen Hand und können uns gleichzeitig bewegen. Immer mehr Produktionsstufen verlieren die Ortsgebundenheit. Ein großer Teil der Wertschöpfung (Konzeption, Konstruktion, Design, Redaktion, Steuerung, Auswertung etc.) passiert via Bildschirm. Und es geht immer weiter. In Zukunft kann man über Bildschirm fast alles steuern. Häuser, Autos, Logistik, Produktion. Die Laptops werden zu übergroßen Fernsteuerungen. Dadurch kehrt sich der Arbeitsmarkt um. Bestimmten früher die Firmen, wo die Produktionsmittel standen, so können heute Einzelne in ähnlicher Weise von jedem Ort der Welt Produktion steuern. *Smart Factory* ist ein Begriff, der für Fabriken steht, die über Internet angesteuert werden und sich quasi intern selbst organisieren.

John Curran, ein amerikanischer Blogger, beschrieb den Umschwung so:

„Smart Working bedeutet für mich, die Kontrolle über die eigene Arbeit zu erhalten – Selbstverantwortung zu übernehmen (...). Zum ersten Mal in der Geschichte beherrschen die Arbeiter die Produktionsmittel – wir müssen nicht länger von großen Firmen abhängig sein, können unser Einkommen als Freelancer verdienen, unser eigenes Business aufsetzen oder einfach den Arbeitsplatz wechseln und für jemanden arbeiten, der uns besser behandelt. Lasst uns deswegen mehr bestimmen, was wir arbeiten (oder nicht arbeiten) und vielleicht sogar etwas besser dafür bezahlt werden! Smart Working zielt mehr auf Einzelpersonen als auf die Firmen, da wir als Einzelpersonen ab jetzt die Produktionsmittel steuern." [1]

Gerade Vertreter aus den Medienberufen spüren, dass es möglich wäre, sich von der normalen Arbeitsstelle zu lösen. Viele Selbstständige aus Werbung, Kommunikation, Beratung oder anderen projektorientierten Arbeitsfeldern sind den Termindruck in den Jobs leid. Sie wollen anders arbeiten. Der Journalist Markus Albers beschreibt in seinem Buch *MeConomy*, wie er kurz vor der Wirtschaftskrise seine Festanstellung als

Redakteur bei der deutschen Ausgabe von Vanity Fair kündigte, um seinem Traum *„unabhängig, kosmopolitisch und komfortabel zu arbeiten"* zu folgen. In der Finanzkrise fragte er sich dann, ob diese Entscheidung richtig sei, denn auch er wurde von Umsatzeinbußen erfasst, bis die SMS eines Kollegen aus seiner früheren Redaktion eintraf: *„Vanity Fair sofort eingestellt, alle gekündigt"* (die deutsche Ausgabe wurde während der Finanzkrise eingestellt). Von da ab wusste er, dass er richtig entschieden hatte.[2] Er ist bis heute als freier Redner, Autor und Journalist tätig.

Von der Erkenntnis *„Ich bestimme, für wen ich arbeite"* ist es nur noch ein kleiner Schritt bis zum *„ich kann für mich arbeiten"* und von dort nur noch ein Katzensprung zum *„ich bin Solopreneur"*.

Bei seinem Arbeitgeber zu kündigen ist ein erster Schritt, aber noch nicht gleichbedeutend mit der Etablierung als Solopreneur. Der Sprung zum Solopreneur passiert, wenn der freischaffende Selbstständige von der Honorar-Arbeit auf ein eigenes Produkt oder Programm umsteigt. Dieser Wechsel vom selbstständigen Jobarbeiter zum Solopreneur ist eine Herausforderung. Gerade Selbstständige haben zu Beginn in der Regel fast ausschließlich Projektaufträge. Aus dieser Projektstruktur den Sprung in einen produktorientierten Workflow zu schaffen, ist nicht in einem einzigen Schritt zu schaffen. Grundsätzlich haben aber Selbstständige, die bereits den Schritt in eine freie Arbeitsweise gefunden haben, optimale Voraussetzungen, eigene Produkte zu etablieren.

Work smart not hard

Wer weniger arbeiten will, muss anders arbeiten. Ein Slogan der Smart Working-Szene ist *"work smart not hard"*. Ein intelligenter Einsatz von Arbeit führt zu besseren Ergebnissen und einem besseren Ausgleich von Privat und Arbeit. Smart Working betrifft viele Berufsgruppen – nicht nur Solopreneure – und verändert an vielen Stellen die Arbeitskultur. Als Kennzeichen von **Smart Working** gelten:

- die eigene Arbeit wird selbst verantwortet
- wann, wo und wie lange gearbeitet wird, ist nicht maßgeblich
- im Vordergrund stehen die erreichten Ziele (Output geht vor Input)
- Flexibilität in Bezug auf den Arbeitsplatz (u.a. Home-Office)
- dies führt zu vermehrter Arbeit in virtuellen Teams
- möglich wird dies durch mobile Kommunikationstechnik

Smart zu arbeiten hat für uns zwei Aspekte: Zum einen sind es die in dieser Checkliste genannten Merkmale. Zum anderen ist es aber der Sprung aus der projektorientierten Arbeit zu eigenen Produkten und eigenen Marken. Smart bedeutet beim Solopreneur: sich unternehmerischer aufzustellen. Sie nehmen das Eigentum an der eigenen Arbeit wieder in die eigene Hand.

Solobusiness

Wenn ein Solopreneur smarte Werkzeuge einsetzt, unterscheidet er sich äußerlich nicht von anderen „Laptop-Arbeitern". Viele Kopfarbeiter sind heute mittels "mobile Devices" an ihr Unternehmen angebunden. Es können in einem Café zwei äußerlich sehr ähnliche Frauen sitzen: Beide haben ein Laptop vor sich, beide trinken einen Espresso. Vielleicht tragen beide sogar die gleiche Kleidung. Die eine ist Managerin in einem großen Konzern und ruft noch einmal eben ihre E-Mails ab, checkt was in der Zentrale aufgelaufen ist. Die andere ist eine Solopreneurin, die einen Entwurf ihres neuen Produktes zu ihrem Hersteller in Mailand sendet. Von den Werkzeugen sind beide Frauen identisch ausgerüstet. Trotzdem unterscheiden beide sich fundamental.

• Die eine arbeitet einem Konzern zu.
• Die andere baut ihren eigenen kleinen Konzern auf.

Von smart work zu smart business

Von daher entsteht ein smartes Solobusiness nicht durch die Verwendung einer bestimmten Hardware oder Business Tools. Es entsteht, wenn mehrere Dinge zusammenkommen:

• ein *Geschäftskonzept*, das Ihnen ermöglicht zu skalieren
• eine Tätigkeit, bei der Sie eine *hohe Eigenmotivation* haben
• die Nutzung von *smarter Technik* (vom Laptop bis zu Komponenten)
• eine *Selbstorganisation*, in der Sie Arbeit gut und leicht schaffen
• stabile *Einkommensstränge*, die Ihren Lebensstil tragen
• ein *Vermögenskonzept*, das Ihnen Stück für Stück das Terrain absichert

Ihr Solopreneurship hat damit nicht nur die Ebene der Geschäftsidee, sondern reicht bis in die persönliche Lebensführung und Vermögensverwaltung.

Smart organisieren

Wer smart arbeitet, organisiert sich so, dass weniger Zeit für die Arbeit anfällt. Klarheit zu gewinnen, ist für Solopreneure eine zentrale Übung, da man alleine weniger Ressourcen als andere hat und gezielter vorgehen muss. Man ruft an, bevor man fährt, man bündelt Arbeitsvorgänge und wo möglich automatisiert man wiederkehrende Arbeitsläufe. Wiederkehrende Verpflichtungen, zu denen man an einem bestimmten Ort sein muss, geht man möglichst aus dem Weg. Durch klare Struktur wird Zeit für produktive Arbeit frei und Dinge kommen in Schwung.

David Allen brachte dies mit seiner Methode gtd® (*Getting Things Done*) auf den Punkt. „*Der menschliche Geist ist darauf angelegt, Ideen zu haben, nicht sie zu behalten.*" [3] Um Dinge nicht zu vergessen und in Fluss zu bekommen, arbeitet er mit einer Systematik aus fünf Schritten:

Er sammelt systematisch, was die eigene Aufmerksamkeit bewegt. Dann zerlegt er daraus folgende Aufgaben in Aktionsschritte (wer im *Bootstrapping* den Begriff „Action Plan" schon einmal gehört hat, erkennt dieses Vorgehen hier wieder). Dann werden die Arbeitsschritte zusammengefasst, so dass ein smartes Arbeiten möglich wird. Ziel ist es, angemessen zu handeln und richtig Prioritäten zuzuordnen. Denn nur der, der zur richtigen Zeit das Richtige tut, wird Erfolg haben.

Es ist gleich, ob Sie mit den *Five Steps* oder nach einer anderen Methodik arbeiten. Als Solopreneur organisieren Sie sich selbst. Ob dies mit Bleistift und Papier oder mit Tools wie *Remember The Milk*, *Wunderlist* oder *Evernote* passiert, ist dabei nebensächlich. Wichtig ist: Handeln Sie heute. Ändern Sie sich. Ordnen Sie und entmüllen Sie Ihr Leben!

Den eigenen Handlungsraum erhalten

Ein Solopreneur, der plant, übernimmt Verantwortung für das eigene Leben. Unser Leben besteht aus vielen Anforderungen, die uns sofort belegen, wenn wir es zulassen. Den eigenen Handlungsraum zu verteidigen, ist anstrengend. Der Aufwand lohnt sich unbedingt. Viele Selbstunternehmer schaffen es nicht, eine Leichtigkeit zu erreichen. Sie verzetteln sich in vielen Tätigkeiten und halbherzigen Versuchen, das Blatt in irgendeine Richtung zu wenden. Sie organisieren zwar wie die Weltmeister, haben dahinter aber keinen übergeordneten Plan. Ohne Ziel schieben Sie immer mehr Dinge an, wissen nur nicht, wohin die Reise geht.

Gina Trapani bloggte die These *„Du bist das, was Du in Zukunft tun willst."* (What you want to do is who you are). Der Blick in die Zukunft ist der Weg in die Selbstbestimmung. *„Deine To-Do-Liste und im höheren Sinne Deine Projektliste oder Lebensliste sagt mehr über Dich aus, als der Kinofilm, den Du in der letzten Woche angesehen hast. Ich lebe mein Leben über To-Do-Listen. Die härteste Arbeit meines Tages ist die Priorisierung dieser Liste, hier treffe ich die wichtigsten Entscheidungen in meinem Leben – welche Sache ist meine Zeit und meine Anstrengung wert?"* [4]

- Wer smart sein will, muss ein Kriterium für seine Ordnung haben.
- Was ist es wert, dass Sie dafür Ihre Zeit und Energie einsetzen?
- Warum wollen Sie überhaupt smart sein?
- Mit welchem Ziel bauen Sie Ihre Arbeitsweise um?
- Smarte Ziele realistisch bestimmen

Wer mit Solopreneuren spricht und sie fragt, warum sie nicht in einem Konzern oder einem klassischen Beruf arbeiten, hört immer wieder das Stichwort *„Unabhängigkeit"*. Auch in unserer Biografie ist Unabhängigkeit eine Leitwährung. Wer wirtschaftliche Unabhängigkeit als Zielfenster hat, muss seine Tätigkeiten so ordnen, dass er in diesem Planquadrat ankommt. Dafür ist mehr notwendig als eine Idee. Und es reicht auch nicht, „Du kannst es schaffen!" Parolen zu inhalieren und einfach nur am Ball zu bleiben. Die Frage ist, wo der Ball am Ende landen soll.

Motivationstrainer weisen darauf hin, dass mehr in uns steckt, als wir uns zutrauen. Dem stimmen wir zu. Aber bitte mit Augenmaß. Die Aussage: *„Große Ziele sind einfacher zu erreichen als kleine Ziele"*, ist ein Klassiker in der Motivations-Branche. Es ist leicht zu sagen: *„Ich möchte flexibel und zeitlich unabhängig von jedem Ort der Welt arbeiten. Außerdem wünsche ich mir genug finanzielle Rücklagen, um fünf Jahre ohne Einkommen ohne Probleme meistern zu können."* Noch besser: Ein Einkommen, das passiv weiterläuft, wenn man gerade mit etwas anderem beschäftigt ist.

In der Wirklichkeit sieht dies häufig anders aus. Wer mit Selbstständigen spricht und ihr Vertrauen gewinnt, erfährt früher oder später, dass bei vielen die eigene Arbeit nicht rund läuft. Entweder stimmt das Einkommen nicht oder die Arbeit läuft in einer hohen Belastung und Diskontinuität. Dieses Auf und Ab hat auch häufig damit zu tun, dass man immer wieder auf neue Trends springt und sich „große" Ziele setzt. Smart erreichen wenige. Klarheit bedeutet, sich seine Lebensmuster anzusehen und einen für sich realistischen Weg zu gehen.

Die eigenen Ziele beginnen bei den eigenen Möglichkeiten und Wünschen. Sie müssen das, was Sie wollen, mit dem, was Sie können, überein bringen. Am Ende müssen Sie Ihre Brötchen bezahlen. Daher stellt sich früher oder später die Frage:

- Was wollen Sie mit Ihrem Business verdienen?
- Welche Dimension muss Ihr Business haben,
  um Ihren Lebensunterhalt zu tragen?

Skalierung, Hebel zur neuen Leichtigkeit

Wer smart arbeiten will, denkt nicht nur über neue Kommunikationstechnik und bessere Selbstorganisation nach. Der Schlüssel zu einer neuen Arbeitsweise liegt in der „Skalierung".

Arbeiten Sie so, dass Ihre Ergebnisse (Ihr Output) skaliert werden können?

Dabei gibt es drei Ebenen der Skalierung:

- der Preis   (bzw. der Erlös pro Stück)
- die Stückzahl
- die Region

Wenn Sie mit einem hohen Erlös pro Stück viele Exemplare in vielen Regionen verkaufen, haben Sie eine optimale Skalierung. Wer dies schafft, gehört zu den sehr erfolgreichen Entrepreneuren. Alleine schon die Überlegung, wie Sie Ihr bisheriges Produkt nicht nur in Deutschland verkaufen, kann Ihren Umsatz und Gewinn steil nach oben bringen.

Fragen Sie sich also: Wie kann mein Produkt (Output) skalieren?

Skalierbarkeit ist definiert als *„Fähigkeit (...), ihre Kapazität im gleichen Maß zu erweitern wie die Geschäftsbewegungen zunehmen."* [5] Skalierbar wird meist als *„wachstumsfähig"* verstanden.

Das ist aber nur eine Seite der Medaille

Als Solopreneur ganz wichtig: Gute Firmen können in beide Richtungen skalieren. Besonders gut aufgestellt sind Sie, wenn Sie wachsen können, aber sich Ihr Business bei einem Umsatzrückgang zugleich auch problemlos rückwärts skaliert. Die meisten Unternehmen kommen in die Krise, wenn der Umsatz sinkt, sie aber die Zahl der Angestellten und laufenden Verträge nicht anpassen können. Solopreneure sind wie Korken auf dem Wasser, sie können einen Aufschwung voll mitfahren, schwimmen aber auch fröhlich durch ein Wellental hindurch.

Bleiben wir beim Aufschwung. Wer selbst mit der Hand arbeitet, kann nur eine bestimmte Stückzahl schaffen. Wer eine Zulieferkette hat oder auf Maschinen produziert, ist in der Stückzahl (fast) unbegrenzt. Das Internet ist eine große Spielwiese der *Economy of Scale*. Einmal erstellt, können Sie dort immer wieder die gleichen Prozesse nutzen. „Skalierung" nach oben ist der Schlüssel zum wirtschaftlichen Erfolg. Ab einer bestimmten Stückzahl rechnet sich ein vorangegangener Aufwand. Überschreiten Sie diesen Scheitelpunkt, setzen Skaleneffekte ein und Sie kommen in Gewinnzonen, in denen die Arbeit leichter fällt, weil Sie einen viel höheren Ertrag als vorher erwirtschaften.

Zum Fallbeispiel Texter / Autor auf der folgenden Seite

Die meisten Arbeiter (Hard Worker) denken nicht über ihre Skalierung nach. Wir nehmen dazu einen Klassiker: Den Unterschied zwischen einem freischaffenden Werbetexter und einem Buchautor.

Der Vergleich von Text und Buch ist nur ein einfaches Beispiel. Halten Sie sich vor Augen: Es gibt immer mehr Produkte, die weltweit über neue Verkaufsformen skalieren, immer mehr Systeme, die Sie fernsteuern können. Was mit einem Buch geht, geht auch mit einem Service, einem Erlebnis, einem Sortiment etc. Entscheidend ist: Haben Sie die Rechte an Ihrem eigenen Produkt oder Ihrer Marke?

Der Freischaffende *Werbetexter* liefert für seinen Kunden einen Text ab. Dafür wird er mit einem Fixum oder pro Arbeitsstunde (oder Zeile) bezahlt. Der Texter wird genau einmal bezahlt (nur sehr erfolgreiche Texter können über Nutzungsrechte eine Mehrfachverwertung regeln). Dann arbeitet der Werbetexter an dem nächsten Auftrag und schreibt einen neuen Text.

Werbe-Texter   skaliert nicht

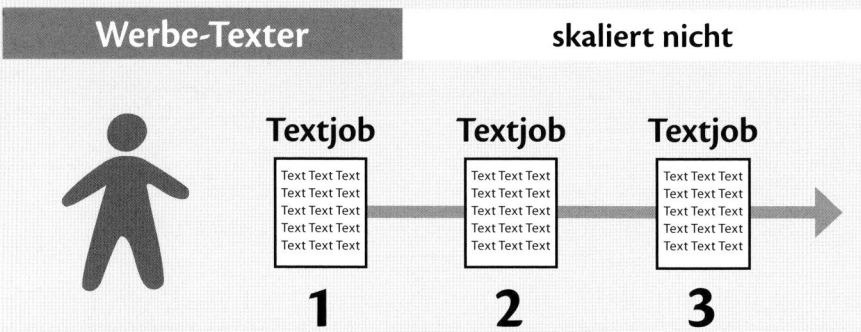

Der *Autor* dagegen schreibt seinen eigenen Text, sagen wir einen Roman. Damit schafft er ein eigenes Produkt. Der Autor hat die Rechte an seinem Roman. Mit der Veröffentlichung können viele Menschen sein Buch lesen und mit jedem Verkauf erhält der Autor eine Bezahlung. Ist das Buch erfolgreich, kann es übersetzt werden. Hier ist die Skalierung von Anfang an im System vorgesehen.

Autorpreneur   skaliert bei jedem Produkt

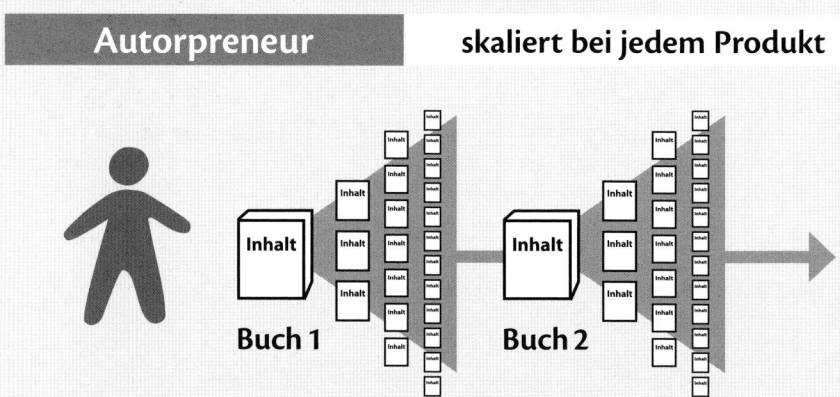

Nachteil: Will der Autor erfolgreich sein, braucht er hohe Verkaufszahlen. Ohne hohe Auflagen ist sein Konzept schlechter als das des Werbetexters. Das ist der Grund, warum viele Selbstständige bei der Handarbeit bleiben: Sie befürchten, mit ihren Produkten nicht genug Auflagen zu erreichen.

Warum es auf den ersten Blick einfacher ist, ein Werbetexter zu sein

Für einen Auftrag braucht der Werbetexter *keine* Geschäftsprozesse. Er hat ein Telefon, eine E-Mailadresse und ein Laptop. Er bespricht die Aufträge am Telefon, sendet das Ergebnis per E-Mail an den Kunden und anschließend eine Rechnung als PDF hinterher. Eine solche Auftragskette ist per se extrem kurz. Skalieren kann der Werbetexter aber nur über die Menge der Aufträge (weniger schlafen) oder indem er den Preis pro Auftrag erhöht. Damit wir uns richtig verstehen: Viele Werbetexter können so gut leben. Es ist nicht schlecht, selbstständig zu arbeiten und kann ein Beruf mit hoher Zufriedenheit sein. Aber es ist kein Solopreneurship.

SKALIERBARKEIT	Produkt-Programm

Vom Autor zum Autorpreneur

Wer professionell an seine publizistische Tätigkeit herangeht, wird in der englischsprachigen Welt häufig *Authorpreneur* genannt. Nehmen wir an, Sie beschließen, als **Experte** mit Fachpublikationen ein **skalierbares Programm** aufzubauen. Dann werden Sie anders vorgehen als der Werbetexter. Wenn Sie sich als Wissens-Entrepreneur unternehmerische Ziele stecken und ein Business aufbauen wollen, müssen Sie wie ein Unternehmer denken!

Sie fragen sich, mit welchem Thema Sie auf dem Markt bestehen. Ob Sie selbst publizieren (*Indie Author / Self-Publisher*) oder über Verlage gehen. Spätestens wenn Sie selbst verlegen, produzieren Sie selbst: Sie stellen Inhalte (Quellen) zusammen, bringen Sie in Form (Produkte), entscheiden sich für Märkte (Deutschland, International, Buchmarkt, E-Book-Markt ...) und brauchen Prozesse, wie Ihre Produkte in den Markt gebracht werden. Logistik, Marketing und Payment sind wichtige Flanken in diesem Spiel.

Bis dies steht, werden Sie länger unterwegs sein als der Werbetexter, der mal eben in seiner Wohnung einen Anrufbeantworter ans Telefon hängt und ab dann betriebsbereit ist.

Wenn Ihre Prozesse als Fachautor aber sauber stehen und Ihr Buch über 2 Millionen mal international verkauft wird, lächeln Sie anders. Fragen Sie Werner Tiki Küstenmacher, wie sich das bei *simplify your life*® anfühlte. Und ganz wichtig: Sie haben ein Produkt laufen, das Ihnen die Zeit verschafft, an Ihren nächsten Produkten zu arbeiten.

Drei Wege, mit Vermögen umzugehen

Skalierung ist ein Schlüssel zu smarter Arbeit und zugleich ein Schlüssel für ein wachsendes Vermögen. Wenn Sie Ihre Ziele definieren, kommen Sie an dem Thema Vermögen nicht vorbei. Wie viel Vermögen (Geld und andere Werte) brauchen Sie, um unabhängig zu sein? Je nachdem, wie hoch Ihr Vermögen werden soll, müssen Sie sich stärker oder weniger stark um Ihre Skalierung kümmern.

Smart zu denken bringt drei Ebenen zusammen:

- Warum tue ich etwas?   Ziel
- Wie tue ich es?   smart + Skalierung
- Was tue ich?   Ihre Solopreneur Rolle

Ihr Warum finden

Die Warum-Ebene ist die wichtigste. Denn dies ist Ihre Triebfeder. Zur Warum-Ebene gehören Ihre Vermögensziele und Ihr Lifestyle. Ihre Vermögensziele bestimmen, wie Sie Ihre Arbeitslast dosieren können. Wer schon viel hat, sollte sich fragen, ob er noch mehr braucht. Wer noch nichts hat, muss sich fragen, wie er an das kommt, was er braucht, um ruhig zu schlafen.

Drei verschiedene Philosophien entdecken wir bei Solopreneuren, die erfolgreich arbeiten:

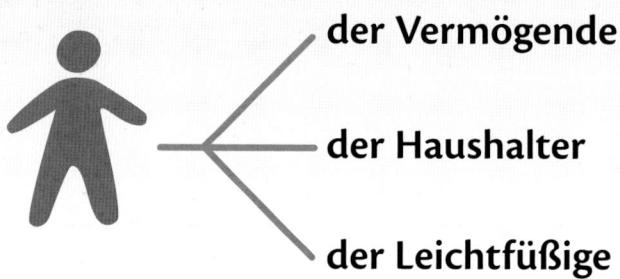

Solopreneur-Vermögenskonzepte

Die Vermögenden

Ein Vermögender setzt auf die Gewinnung oder den Erhalt eines überdurchschnittlich hohen Vermögens. Entweder hat er dies und erhält seine Vermögensmasse oder er möchte einmal über den Scheitelpunkt (zum Beispiel durch den Verkauf eines erfolgreichen Unternehmens, viele Online Start-ups sind so motiviert). Wir finden hier unter anderem Vertreter der *„Work Hard, Play Hard"*-Fraktion. Diese lachen über die *„Leichtigkeits"*-Apostel und raten: Arbeite einige Jahre knochenhart und erst nachdem Du Erfolg hattest, schalte auf einen guten Lifestyle um. Gary Vaynerchuk gehört z.B. in diese Kategorie. Es geht ihm zwar nicht darum, um jeden Preis Millionär zu werden, aber um jeden Preis seine eigene Passion zu leben *„The message (...) is timeless: Do what makes you happy. Keep it simple. Do the research. Work hard."* [6] Der Weg zum Vermögen ist schwer, ist es aber vorhanden und wird es gut verwaltet, schafft es Handlungsspielraum. Allerdings müssen Sie auf Glück und Zeit achten. Viele Hardworker hatten den Herzinfarkt, bevor sie ihr Vermögen genießen konnten. Von daher ist es smart, sein Business leicht anzulegen und zu überlegen, wie es leicht skalieren kann. Bauen Sie Vermögen auf, aber nicht um jeden Preis.

Die Haushalter

Wer weder altes Vermögen geerbt, noch ein Unternehmen verkauft und auch noch keines seiner Produkte als Bestseller hoch skalieren konnte, der geht in der Regel den Weg des Haushalters. Der Haushalter hat kein überdurchschnittlich hohes Vermögen, geht aber mit einem guten Einkommen sehr gut um und erreicht dadurch eine hohe Unabhängigkeit. Er hat den Überblick, was rein und rausgeht, und eine hohe **Sparrate**. Der Haushalter achtet auf taktische Reserven und arbeitet aus seinem Cashflow. Damit kann er Lücken besser nutzen und schneller handeln als Menschen, die ständig „unterdeckt" sind. *Bootstrapper* sind Haushalter. Wer so arbeitet, kann Spitzenverdiener nicht toppen, häufig ist es aber der realistischere Weg in ein Leben mit einer großen Spannweite. Controlling ist beim Haushalter angesagt und einer der Schlüssel für Ihren Erfolg. Achten Sie zusätzlich auch auf die Leichtigkeit, vorhandene Freiräume zu genießen (was viele Selbstständige nicht tun), sonst werden Sie zum Geizkragen. Wenn Sie noch eine Prise Leichtfuß hinzugeben, entsteht eine hohe Wendigkeit und Sie können das tun, von dem andere nur träumen.

Die Leichtfüßigen

Glück hat wenig mit Besitz zu tun. Das ist eine Erkenntnis der Glücksforschung und der Glücklichen. Der Leichtfüßige hat sich entschlossen, mit wenig glücklich zu sein und die Wendigkeit von geringem Besitz zu genießen. Ein erfülltes und reiches Leben kann aus vielen Dingen bestehen. In diesem Lager finden sich die „Life-Hacker". Sie kennen Abkürzungen oder lassen einfach Dinge weg, die andere für unentbehrlich halten. Philipp Gloeckler mit „WHY own it" steht für diese Denke. Einer seiner Selbstversuche war, ein Jahr bis auf Lebensmittel nichts Neues zu kaufen und nur aus der Substanz bzw. mit geliehenen Dingen zu operieren. Felicia Hargarten (die Reisebloggerin) darüber, wie es sich anfühlt, mit leichtem Gepäck unterwegs zu sein:

„Viele, die sagen, dass man von einem Blog alleine nicht leben kann, können sich nicht vorstellen mit wie wenig Geld ein Reise-Blogger wie ich auskomme. Minimalismus ist das Geheimrezept gerade am Anfang der Selbstständigkeit, das von vielen unterschätzt wird. Sie können sich nicht vorstellen, wie man so viele Fernreisen unternehmen kann. Mehr Flexibilität bedeutet aber geringere Kosten bei vielen Dingen (z.B. Flügen, Bahnfahrten), als wenn man auf die Urlaubstage angewiesen ist (FR-SO, Sommerferien usw.). Wer mehr Zeit in einem Land hat, lebt eher wie ein Einheimischer bei Wohnung & Essen. Das ist nicht vergleichbar mit einem 2-Wochen Urlaub. Dazu kommt das Thema "Geo Arbitrage". Ich bekomme in den Ländern mehr für das ausgegebene Geld. Irgendwann kommt der Punkt, an dem man dann sogar mehr verdient als in der Festanstellung." [7]

Als Solopreneur gehen Sie als Leichtfuß nicht auf das Nullniveau (Besitzlosigkeit). Denken Sie nicht wie der Aussteiger, der sich ganz abkoppelt, sondern bleiben Sie im Wirtschaftskreislauf, um skalieren zu können. Sie brauchen immer genug Geld in der Kasse, um Ihre Technik und Ihren Lebensunterhalt zu finanzieren. Aber bereits beim Auto fängt die Frage an, ob das wirklich nötig ist. Und diese „Braucht man das überhaupt?"-Frage kann an vielen Stellen gestellt werden. Aber Vorsicht: Das Leben mit 50 sieht anders aus als das Leben mit 20.

Die stabilste Position ist natürlich eine Kombination aus allen drei Tugenden: Vermögen plus Haushalterschaft plus Genügsamkeit. Timothy Ferris lebt zum Beispiel eine faszinierende Kombi aus Vermögen und Leichtfuß.

Unser Rat: Überlegen Sie, für welchen Weg Sie die meiste Energie haben. Was entspricht Ihren Werten und aktiviert in Ihnen die „Langlaufenergie"? Denn keine der drei Positionen erreichen Sie in kurzer Zeit.

Bewusst sein

Was setzt Sie frei? Alle drei genannten Wege führen Sie in eine größere Unabhängigkeit. Aber nur, wenn Sie sich für einen der drei Wege entscheiden und konsequent sind. Was Sie nicht freisetzt, ist Unentschlossenheit und Mittelmäßigkeit. Wer mittelmäßig ist und mit sich und seinen Ressourcen schlampig umgeht, erreicht keine dieser drei Freiheitspositionen. Freiheit finden Sie nicht von alleine. Sie müssen sich dafür entscheiden. Wer sich für nichts entscheidet, wird in der Regel von anderen Systemen eingefangen und mit Kleinkram überwuchert. Smart zu sein ist in der verlängerten Konsequenz die Entscheidung, eine Freiheits-Position erreichen zu wollen, seine Arbeitsprozesse daraufhin auszurichten und dann auf dem erreichten Plateau sein Leben zu steuern, zu genießen und Zeit für wichtige Dinge zu haben. Solopreneurship ist damit mehr als Technik oder Geld. Solopreneurship ist eine Haltung, eine innere Einstellung.

Selbst motiviert und selbst gesteuert

Sie können die leichte Form, solo zu arbeiten und zu leben, nicht wie eine Lampe anschalten. Es liegen keine fertigen Solo-Ideen herum, die Sie einfach nur nehmen und auspacken müssen. Es ist kein Franchise. Diese leichte, smarte Art zu arbeiten wächst organisch, wenn man den Lauf der Dinge bewusst steuert und hartnäckig die Überwucherung mit zu großen Systemen vermeidet.

Wer in eine Anstellung geht, arbeitet, um seinen Lebensunterhalt zu verdienen. Das wäre uns zu wenig. Wir wollen auch leben, wenn wir arbeiten. Wir wollen frei atmen und gestalten. Wie wir arbeiten, das wollen wir selbst „designen". Unsere Generation ist die erste, die diesen individuellen Wunsch wirklich entfalten kann.

Ein Faktor für Glück ist die *Selbstwirksamkeit*. Wer wiederholt erlebt, dass seine Wünsche, Ideen und Handlungen ankommen, erfährt Selbstwirksamkeit. Sie handeln und dann passiert auch etwas. Und zwar das, was Sie sich vorgestellt haben. Aus Ihrer Imagination (Vorstellung) wird Realität (Business). Wer das selbst noch nicht erlebt hat, weiß nicht, wie befriedigend es ist, etwas in der Hand zu halten, für das man selbst verantwortlich ist. Das ist die Faszination der selbstgesteuerten Karrieren.

Viele Menschen verstehen das Konzept eigenmotivierter *(intrinsischer)* Arbeit nicht. Woher auch. Sie arbeiten für andere und müssen auf Anweisungen hören. Wer „schwer" arbeitet, für den sind klare Trennungen zwischen Arbeit und Freizeit wichtig. Weil die Arbeit nicht das eigene Ding ist. Wenn wir an einem Buch arbeiten, freuen wir uns auf die Zeit, die wir endlich für dieses Buch haben. Es ist freie Zeit für unsere Kreativität.

Die meisten Deutschen denken und arbeiten aber nicht so.

- Sie arbeiten hart und müssen extern motiviert werden.
- Sie sehen Arbeit nur als Mittel, um Geld zu verdienen und Pflicht.
- Sie erleben Arbeit als fremde Zone, in der sie wenig zu sagen haben.
- Sie kämpfen um Tarifverträge.
- Sie wollen klare Definitionen, wann die Arbeit vorbei ist.
- Arbeit und privat sind zwei streng voneinander getrennte Sphären.

Solopreneure denken anders. Sie beenden eine Arbeit, wenn sie nicht mehr ins Leben passt. Oder Sie gehen gezielt in Projekte hinein, um ihren Handlungsspielraum zu erhöhen. Sie meiden Abhängigkeiten, steigern aber das Vermögen. In der Zeit schmelzender Finanzvermögen ist die Frage nach den eigenen Handlungsspielräumen meist eine Waage: Was lassen Sie weg und wo gewinnen Sie tatsächlich neues Vermögen?

Weniger ist mehr

Belastende Dinge aufzuhören, um freiere Dinge zu tun – das ist eine Frage der Lebensphilosophie. Von daher zielt der Satz „it`s a lifestyle, not a company" nicht nur auf die Menge der Freizeit, sondern auf die Art zu leben und auch Dinge wegzulassen.

Wir haben vor mehr als 20 Jahren den Fernseher abgeschafft. Das Leben hat seitdem eine höhere Qualität für uns. Viele können das nicht verstehen und fragen uns, wie wir informiert bleiben. Wenn wir antworten, wir haben das Prinzip unauswählbarer Berieselung gegen fokussierte Selbstinformation über andere Quellen getauscht, wird das nicht sofort verstanden. Fernsehen steht bei vielen als Inbegriff für „Information".

Allgemeine vorherrschende Meinungen dürfen Sie als Solopreneur hinterfragen. Treten Sie aus Systemen, die für Sie nicht mehr funktionieren, raus und in bessere ein.

Es geht uns hier nicht um das Fernsehen. Solopreneurship ist keine Ideologie, die eine Dogmatik oder solche Details vorgibt. Es geht aber um die Gewinnung individueller Freiheit. Freiheit startet, wenn Sie sich von anderen Systemen unabhängig machen. Welche Systeme Sie dabei aus Ihrem Leben entfernen, ist eine persönliche Entscheidung, sieht für jeden anders aus, ist aber ein willentlich gesteuertes Vorgehen. Den Einkaufswagen des Lebens immer voller zu packen, ist nicht der Weg in ein gutes Solopreneurship. Die Frage, wie der Einkaufswagen des Lebens zu packen ist, führt zur eigenen Lebensphilosophie.

Bestimmen Sie Ihre Lebensphilosophie

- Was wollen Sie in Ihrem Leben haben?
- Was passt in Ihr Leben rein?
- Was ist Ihr „erfülltes" Leben?
- Welches Vermögen brauchen Sie dazu?
- Wie ist Ihr Verhältnis zum Vermögen?
- Sind Sie ein Vermögender?
- Sind Sie ein Haushalter?
- Sind Sie ein Leichtfüßiger?
- Oder wollen Sie kombinieren?
- An welchen Stellen können Sie das Mittelmaß verlassen?

Seit ich nicht mehr 45 Minuten ins Zentrum von Atlanta pendeln muss, hat sich meine Lebensqualität drastisch verbessert.

Scott Dorman

Solo
preneur

Kapitel

Arbeiten im kreativen Raum

Solo können Sie den Ort frei wählen, von dem Sie aus arbeiten. Bevor Sie sich fragen, was Sie tun, *fragen Sie sich, von wo Sie es tun.* Solopreneure gestalten ihre Arbeitsumgebung bewusst. Sie steuern den Ort, von dem sie aus arbeiten, und lassen sich diesen nicht von anderen vorschreiben. Welcher Arbeitsort zu Ihrem Leben passt, ist eine wesentliche Frage, denn kaum etwas bestimmt unser Leben mehr als der Ort unserer Arbeit.

Früher war es notwendig, sich in einem Gebäude zu treffen, um mit anderen gemeinsam Dinge zu entwickeln. Dies hat sich radikal geändert. Ob Sie aus einem Büro, von zu Hause, in einem Café oder unterwegs während einer Kreuzfahrt arbeiten, bestimmen Sie. Kollaboratives, digital vernetztes Arbeiten ist technisch kein Problem. Zumindest wäre es möglich.

- Wie sieht aber die Wirklichkeit aus?
- Wer nutzt diese Möglichkeiten?

Fakt ist: Viele Menschen wollen gar nicht in ständig wechselnden Umgebungen arbeiten. Wer schon einmal mit Beratern gesprochen hat, die ständig auf Achse sind, weiß, dass „unterwegs zu sein" noch kein Qualitätsmerkmal ist. Viele ahnen dies und verbleiben deshalb auch lieber auf angestammten Plätzen. Niels Fallenbeck schrieb in der FAZ, dass die Arbeitsrevolution ausbleibt. Die Masse der Menschen arbeitet in Deutschland nach wie vor in einem Büro mehr oder weniger 9 to 5. Sein Fazit: *„Das Bedürfnis des Arbeitnehmers nach Vertrautheit des Arbeitsplatzes ist höher (...) als das Bedürfnis des Arbeitgebers nach Flexibilität des Arbeitsumfelds."* [1]

Auch einer unserer besten Freunde, von dem wir dachten, er genießt seine Unabhängigkeit als Inhaber einer Firma, ging zurück in eine Festanstellung, weil er mit Familie ruhigere Strukturen haben wollte. Halten wir fest: Solopreneur zu sein, ist keine Massenbewegung. Nicht alle Menschen um Sie herum wollen Solopreneur werden.

Hält Sie das davon ab, Ihren eigenen Weg zu gehen? Wir hoffen nicht.

Die vier Mobilitäts-Typen

Starten wir mit einer einfachen Grundfrage:

- Von wo aus arbeiten Sie?
- Wo gehen Sie in Ihren kreativen Raum?

Wenn man diese Frage Solopreneuren stellt, zeigen sich vier verschiedene, **taktisch unterschiedliche** Aufstellungen. Wie immer im Leben gibt es Misch-formen. Klare Schubladen helfen Ihnen aber, einen Überblick zu bekommen.

Klassisch
Office getrennt

Home-Office
Office im Haus

Coworker
Office im Space

Globetrotter
Office auf Reise

Ein **digitaler Nomade** nutzt Mobilität völlig anders als ein **Home-Office Solopreneur**. Was sich bewährt, hängt von Ihrer Persönlichkeit und auch von Ihren Geschäftsfeldern ab. Ihre Aufstellung kann sich mit Fortschreiten der Biografie ändern. Biografisch zu leben und zu denken, ist ohnehin eine der Wurzeln eines guten Solopreneurships.

Kurzüberblick

Der Solopreneur Classic

Hat sein Büro getrennt von seiner Wohnung: Entweder ein geschlossenes Büro oder ein Platz in einer Bürogemeinschaft. Das ist nicht revolutionär, aber stabil.

Der Home-Office Solopreneur

Hat seinen eigenen kreativen Raum in seinem unmittelbaren Wohnumfeld (meist im eigenen Haus) und arbeitet am liebsten ungestört und alleine. Wir repräsentieren diesen Typ.

Der Coworking Solopreneur

Bevorzugt die flexible Arbeit in einem Netzwerk rund um einen Coworking-Space oder in einem Café seiner Wahl. Viele junge Solopreneure gehören in diese Kategorie.

Der Globetrotter Solopreneur

Ist unterwegs, legt seinen Arbeitsort nicht fest, genießt die Welt. Häufig wird hier auch das Schlagwort der „digitalen Nomaden" verwendet.

Gleich, welcher der *vier Mobilitäts-Typen* Sie anzieht, alle Wege stehen Ihnen offen, wenn Sie wollen sogar parallel. Viele Globetrotter Solopreneure haben einen Heimathafen, entweder einen Coworking Space oder das eigene Home-Office in der Heimatstadt.

Denkbar sind auch *zeitlich versetzte Varianten*: Sie sind drei Monate im Jahr in wärmeren Gebieten (ein Konzept, das für einen Norddeutschen durchaus verständlich ist). Bekannte von uns aus Hamburg haben für einen solchen Jahreszeitenwechsel ein eigenes Haus in Madeira gekauft. Es steht am Ufer, hoch auf einem Hang mit einem gigantischen Blick auf das Meer.

Sehen wir uns die vier grundlegenden Mobilitäts-Typen noch einmal im Detail an. Sie haben alle Vor- und Nachteile.

6.1 Der klassische Solopreneur

Der klassische Solopreneur unterscheidet sich auf den ersten Blick kaum vom normalen Selbstständigen mit eigenem Büro. Er lebt die Trennung von privater Wohnung und Büroplatz. Um an seinen Arbeitsplatz zu kommen, muss der Classic-Solopreneur fahren. Sein Büro ist meist gemietet und liegt in einem Bürohaus. Schließt dieser Solopreneur seine Bürotür auf, öffnet sich sein eigenes kleines Ein- bis Zweizimmerreich. Er öffnet die Tür, lässt sie hinter sich wieder in das Schloss fallen, wirft in der Regel als erstes die Kaffeemaschine an und fährt seinen Rechner hoch.

Es gibt verschiedene Gründe für eine solche Aufstellung. Vielleicht fehlt der Platz in der eigenen Wohnung oder es ist die Familie, die ein ruhiges Arbeiten in der eigenen Wohnung erschwert. Andere ziehen die Trennung von privat und Büro einfach vor. Wenn Sie mit Ihrer Arbeit fertig sind, schließen Sie die Tür, die Fahrt nach Hause ist eine Übergangszeit und wenn Sie Ihre private Schwelle überschreiten, sind Sie in einem anderen mentalen und physischen Raum.

Der Vorteil gegenüber einem Coworking Space: Sie können Werkstücke, Skizzen, Chaos unaufgeräumt stehen lassen. Der Nachteil eines geschlossenen Büros: Sie arbeiten hinter geschlossener Tür, haben also keinen Netzwerkgewinn wie ein Coworker und eine laufende Miete (doppelte Fixkosten). Alternativ ist der Platz in einer festen Bürogemeinschaft. Dann kommt diese Lösung einem Coworking Space schon nahe.

Ein klassisch gemietetes Büro kann eine Übergangsphase sein. Innovationszentren bieten häufig Büros zu guten Sätzen. Sie nutzen diese zwei, drei Jahre, um in Ruhe Dinge ins Laufen und erste Gelder auf das Konto zu bekommen. Dann springen Sie in ein Home-Office.

Den klassischen Solopreneur werden wir hier nicht weiter im Detail beschreiben. Sie können sich das gut genug vorstellen. Bei diesem Modell zu beachten: Die Mieten für ein externes Büro können je nach Standort richtig hoch sein. Wir haben das durchgerechnet und sind von diesem Modell nur begrenzt überzeugt (wir investieren dieses Geld lieber in eine eigene Immobilie und outen uns damit als Typ Haushalter).

6.2 Der Home-Office Solopreneur

Nehmen wir uns etwas mehr Zeit für den Home-Office Solopreneur. Zugegeben, wir sind parteiisch. Wir sind überzeugte Home-Office Fans und finden, dass es viele gute Argumente für das Home-Office gibt. Andere sehen das anders. Es geht beim eigenen Home-Office um die Gestaltungsmöglichkeit seines eigenen kreativen Raums, um Ruhe und zunächst einmal ganz banal um Fahrzeit.

● Gesparte Lebenszeit

Nicht ins Büro fahren zu müssen, spart Lebenszeit. In Südkorea analysierte die Regierung, wie sie den zunehmenden Autostaus in den Megastädten begegnen könnte. Der Industriestaat stellte fest, dass die Menschen in Korea falsch arbeiten. Sie arbeiten zu lange, sind zu wenig produktiv und stehen viele Stunden ihres Lebens mit dem Auto im Stau. Mit dieser Erkenntnis wurde Smart Working in Südkorea offizielles Regierungsziel. 30 % der Arbeitnehmer im Lande sollen in Zukunft von zu Hause aus oder in sogenannten Smart Work Centern arbeiten. Ausgerufen wird in Südkorea ein neuer Gründergeist, damit die Zahl der Einpersonenfirmen steigt.[2]

Wer von den Verkehrswegen her denkt, kann nur für das Home-Office sein. Jeder, der aus dem Home-Office arbeitet, entlastet die Infrastruktur der wachsenden Städte. Wer zu Hause bleibt, entlastet die Umwelt. Wir wohnen im Süden von Hamburg, genau zwischen Lüneburger Heide und Großstadt. Das schätzen auch andere und so kennen wir einige Pendler, die jeden Tag Richtung Hamburg in den Zug steigen. Sie fahren jeden Werktag. Wir fahren seit Jahren nicht mehr.

So sparen Sie in 6 Jahren ein ganzes Arbeitsjahr

Ein eigenes Home-Office verlängert Ihr Leben. Angenommen Sie haben einen Anfahrtsweg von 45 Minuten zu Ihrem Arbeitsplatz, dann bringt Ihnen ein Home-Office 1,5 Stunde mehr frei verfügbare Lebenszeit pro Arbeitstag. Nehmen wir an, Sie arbeiten 220 Arbeitstage im Jahr. Dann sparen Sie in diesem Fall mit einem Home-Office 330 Stunden oder 8 Arbeitswochen (40 Std. Woche) oder 2 Arbeitsmonate. Anders ausgedrückt: *In 6 Jahren sparen Sie 1 ganzes Arbeitsjahr.* Plus gespartes Geld für Fahrkarten oder Autokilometer. Definitiv ein Argument für das Home-Office.

Wo ist der Hotspot der Kultur?

Holm Friebe und Sascha Lobo argumentieren in ihrem Buch *Wir nennen es Arbeit* stark von der kreativen Kultur in der Stadt. *„Wenn man schon überall arbeiten kann, sucht man sich sehr genau aus, wo"*. [3] Und das ist für beide die Stadt, am besten noch Berlin, dort wo sich die digitale Bohème trifft, die kreativen Andersdenker.

Der Megatrend „rein in die großen Städte" ist weltweit zu beobachten. In der Großstadt spielt das Leben und die berufliche Musik. Zugegeben, in den großen Städten ist mehr los und die Nähe zu einer Großstadt hilft, an den Dingen dranzubleiben. Es gibt aber auch Gründe, aus dem kulturellen Hotspot rauszuziehen. Die urbane Verdichtung nimmt zu. Vor der Stadt, gibt es Ruhe, die Natur, die bessere Luft, die Sterne, die man abends am Himmel sehen kann ...

Eine Reihe von Smartianern schätzen die ruhigere Lage: Thorsten Kucklick zieht nach Oldenburg, die beiden Kavaj-Gründer arbeiten aus Biberach und Rostock, unser Geschäftssitz ist in Jesteburg. Ortsunabhängiges Arbeiten funktioniert auch vor einer Stadt. Es kann sein, dass der Start Ihres Smart Business Concepts leichter in einem Hotspot der Szene erfolgt. Stellen Sie Ihr Business aber ortsunabhängig auf, können Sie ab dann wählen, ob Sie lieber in oder vor der Stadt leben.

Die Frage nach der eigenen Heimat

„Home-Office" steht für „von zu Hause aus arbeiten". Wichtig dabei: Wer von zu Hause aus arbeitet, muss definieren, wo sein zu Hause ist. Ein Home-Office markiert die eigene Heimat. Es geht nicht um Heimarbeit (dieses Wort muss ein Beamter erfunden haben, ein Liebestöter ohnegleichen), sondern um das Leben und Arbeiten in seiner Heimat. Oder in der Nähe der Menschen, die man liebt.

Für uns gehört das eigene Haus zur Heimat. Wir würden immer unsere eigenen Räume im eigenen Haus einem „offiziellen" Büro in einem fremden Gebäude vorziehen. Wir können das nicht wirklich erklären. Wir kennen viele Büroetagen von anderen Firmen. Das ist auch schön – aber nicht das Gleiche für uns. Uns gibt unser eigenes Home-Office eine Ruhe und Kreativität, die wir an anderer Stelle nicht haben.

Wo fühlen Sie sich zu Hause?

- In einer gemieteten Wohnung?
- In Ihrem eigenen Haus?
- In einem bestimmten Stadtteil, Café?
- In einer bestimmten Stadt?
- In einem bestimmten Land?
- An welcher Stelle und über welchen Zeitraum?

Dahinter steckt eine grundlegende Frage:

- Was ist eigentlich ein Zuhause?
- Was ist Heimat?

Diese Frage hat auch etwas damit zu tun, ob Sie sich mit Deutschland noch identifizieren. Der in Deutschland geborene Tobias Rückert (alias Toby Ruckert) wanderte nach Neuseeland aus und solopreneurt von der Insel, weil dort die Behörden viel entspannter sind und Neuseeland landschaftlich stark punktet. Er genießt die neuseeländischen Strände in der Freizeit. Für uns ist nach wie vor Deutschland das Land, in dem wir gerne leben – auch wenn uns eine Reihe von Dingen hier wirklich ärgern.

Fallbeispiel Home-Office

Wir setzen auf ein Home-Office am Rande der Lüneburger Heide. Als wir 2000 aus Hamburg raus ins südliche Vorland zogen, erwarben wir ein Grundstück mit Blick ins Grüne und ließen uns aus Schweden ein maßgeschneidertes Holzständerhaus liefern. Wir nervten die schwedischen Architekten, in dem wir das Haus komplett anders aufbauten als in Schweden üblich. Von außen sieht es jetzt nicht mehr sehr schwedisch aus, innen ist es für uns ein perfektes Lebens- und Arbeitshaus.

Unsere Entscheidung für ein Home-Office vor der Stadt entstand aus einer 10 Jahre lang vorlaufenden Phase, in der wir in Hamburg experimentierten. In dieser Zeit haben wir aus einer gemieteten Wohnung und einem externen gemieteten Büro heraus gearbeitet. Der Hauptgrund, warum wir ein eigenes Haus anstrebten, war die Gestaltungsmöglichkeit. In gemieteten Flächen können Sie nicht frei handeln.

Home-Office heißt für uns nicht, in der privaten Wohnung zu arbeiten. Sie können in Ihren privaten Räumen starten – gerade für Beginner eine Option – wir empfehlen dies aber nicht auf Dauer.

Wenn wir von Home-Office sprechen, meinen wir nicht das Laptop auf dem Wohnzimmertisch, sondern eine professionelle Kreativetage. Unsere Arbeits-Etage ist durch eine Treppe und eigenen Eingang komplett von der Wohnung getrennt. Auf dieser abgeschlossenen Fläche haben wir mehr „Frei"-raum, als wir dies an anderer Stelle bekommen würden. Alle Ablagen und Möbel sind auf uns abgestimmt. Es gibt viel Fläche, um Dinge liegen zu lassen. Jeden Tag den Schreibtisch räumen zu müssen, wie das in einigen Firmen zur Zeit favorisiert wird, wäre nicht unser Ding.

Freiheit über unsere Mobilität heißt für uns, dass wir an unserem optimalen Arbeitsplatz arbeiten – in unserer Traum-Arbeits-Etage, an einem magischen Ort und NICHT fahren müssen. Dies ist das gegenteilige Konzept vom Globetrotter, der sagt: Freiheit über meine Mobilität heißt, viele schöne Orte dieser Welt zu sehen.

Eigentum, biografische Kurven und Kinder

Wir sind ein kinderloses Home-Office Solopreneur-Ehepaar und damit nicht der Maßstab für andere. Sie können genauso gut argumentieren (das tut unter anderem Timothy Ferriss): Es ist blöd Eigentum zu haben. Das bindet Geld und zwingt in Verantwortung. Warum ein Haus besitzen, wenn man für wenig Kröten an den schönsten Orten der Welt gastieren kann? Der Globetrotter nimmt dafür auch einiges an Unruhe in Kauf.

Häufig sind eigene Kinder der Moment, an dem ein Globetrotter die Lebensqualität eines eigenen Heimes schätzen lernt. Bevor man sein Kind irgendwo auf die Schule sendet, wählen viele doch lieber Deutschland als Schulort. Kinder im Haus verändern den eigenen Radius und halten sich nicht unbedingt an Absprachen. Mit eigenen Kindern in unmittelbarer Nähe ist es wichtig, einen ruhigen Arbeitsbereich zu schaffen. Wie bekommen Sie einen möglichst großen Abstand zwischen Ihren Kindern und Ihrem Arbeitsplatz? Sonst können Sie Ihre kreativen Auszeiten vergessen. Ein Bekannter von uns, der gerade sein erstes Kind hat, berichtet von diesem Wandel. Seitdem der Kleine da ist, kann er nicht mehr zu Hause

noch eine Kleinigkeit nebenbei „fertig machen". Seine Frau und das Kind brauchen dann die Aufmerksamkeit. Diese klare Trennung von privat und Arbeit kann ein Segen sein, so gesehen ist er über den Wandel nicht undankbar. Sie sollten dies aber im Hinterkopf haben, wenn Sie Kinder und Home-Office zusammen planen.

Fallbeispiel Backyard-Home-Office

Ein schönes Beispiel für ein kreatives Home-Office in direkter Anbindung zur Familie und mit gutem Abstand zur Familienzone ist das Retouching-studio von Scott Dorman in Marietta, ca. 30 km vor Atlanta, USA. Er hat im hinteren Teil seines Gartens eine futuristische, übergroße Gartenhütte gebaut, eine Mischung aus einem abgestürzten Ufo und einem im Boden versunkenen Flightcase, aus der er die international erfolgreiche One-Man-Retouching Firma *Smalldog Imageworks* betreibt (*smalldoggin.com*). In diesem futuristischen Garten-Office hat Scott Dorman einen inspirieren-den Raum für sein Equipment und eine kleine Hochbett-Nische mit einem Bett, falls es einmal zu spät wird und er seine Frau nicht mehr wecken will. Ein eigenes Office, direkt in seinem Garten.

„Seit ich nicht mehr 45 Minuten ins Zentrum von Atlanta pendeln muss, hat sich meine Lebensqualität drastisch verbessert. Es ist toll, selbst zu entschei-den, wann ich arbeite. Aber das Beste ist, dass ich am Ende des Tages die Tür hinter mir zumachen kann, um die Zeit mit meiner Frau zu verbringen." sagte er in dem Artikel „Man muss wissen, wann man aufhören muss" in PAGE.[4]

Scott Dorman steht mit seiner Firma auf der Grenzlinie zwischen einem Selbstständigen und einem Solopreneur. Die Aufstellung solo mit eigener Marke und 100% Bestimmung des eigenen Arbeitsplatzes sind Kennzeichen eines Solopreneurs. Die Art der Arbeit (artistische Retouchejobs) sind klas-sische Kundenprojekte eines Selbstständigen, sein Workflow wiederum ist 100% digital: Skype, E-Mail, Instant Messenger, Online-Proofs. Er fährt nicht zu seinen Kunden. Damit ist er ein Solopreneur ohne eigene Produkte, mit einem geringen Automatisierungsgrad in der Kernarbeit, aber einer hohen Lebenszufriedenheit.

Angestellte im Home-Office

Kinder in seiner Nähe zu haben, steigert die Lebensqualität. Sie erleben, wie sie aufwachsen und können selbst Nähe geben. Wie ist dies aber mit Angestellten? Das Home-Office im eigenen Gebäude ist für Home-Office Solopreneure der ideale ruhige Ort. Das kann sich aber ändern, wenn Sie Angestellte mit in das Office nehmen. Auf der einen Seite bringt ein Angestellter Entlastung. Unsere Erfahrung dabei ist: Haben Sie eine fremde Person im Haus, verlieren Sie damit den privaten Flair, den ein Solopreneur-Home-Office bietet. Merksatz: Wer sich ein auf sich selbst zugeschnittenes Home-Office baut und Ruhe will, entscheidet sich meist gegen Angestellte. Oder er muss das Home-Office weit genug von der privaten Wohnung als zweites Gebäude in Sichtweite errichten.

6.3 Der Coworking Solopreneur

Die Arbeit im eigenen Home-Office kann aber auch nerven. Die gesparte Fahrzeit und die ruhige Atmosphäre sind nur ein Aspekt. Nicht jedem hilft die Ruhe in einem geschlossenen Raum. Wenn Ihnen im eigenen Haus alleine die Decke auf den Kopf fällt, ist das Home-Office nicht Ihr Konzept. Gemeinschaftsmenschen gehen in einem Home-Office ein wie eine nicht-gegossene Blume. Oder wie ein Programmierer zu uns sagte: „Ich laufe erst so richtig warm, wenn um mich herum eine gewisse Aktivität ist. Es muss etwas Leben in der Bude sein."

Coworking Spaces entstanden genau deshalb: Freischaffende waren es leid, alleine zu Hause zu arbeiten und organisierten Arbeitsräume, die dem Austausch und der Arbeit in der Nähe anderer dienen. Inzwischen gibt es in jeder größeren Stadt Coworking Spaces. Trend wachsend. Wer in einem Coworking Space arbeitet, verlegt seinen kreativen Raum in das Herz einer bunten Gemeinschaft. Wer unter Menschen aufblüht, ist in einem Space genau richtig. Und diese Wahl ist keine Frage des Alters. Setzen Sie Coworking Spaces nicht mit jungen Menschen gleich. Es ist eine Frage des Arbeitsstils und der eigenen Persönlichkeit.

Ein Space bietet Arbeitsplatz und soziale Flächen. Pausen können gemeinsam genutzt werden, häufig zum Essen. Die meisten Spaces hosten ihre Küken und bieten für sie einen guten Service. Häufig ist ein Coworking Space auch ein Hub für neue Geschäftsideen. In der Start-up Kultur spielen sie eine feste Rolle. Der große Vorteil eines Coworking Spaces ist das Netzwerk. Sie kommen in Kontakt mit Freelancern, Start-up Gründern und möglichen Kooperationspartnern. Dinge ergeben sich nebenbei in einem Gespräch. Geraten Sie in eine Sackgasse, hilft eine schnelle Frage ein Problem zu fixen oder die Spur wieder zu finden.

Aber Achtung, der Untertitel dieses Buches lautet: Alleine schneller am Ziel. Die Stärke eines Coworking Spaces kann zugleich die Schwäche sein. Dies beginnt bei den Fragen. Wer nimmt, muss auch geben. Einen Teil Ihrer Zeit werden Sie damit verbringen, anderen zu geben. Wenn Sie nicht aufpassen, rennt Ihnen die Zeit durch die Finger und Sie sind am Abend nicht mit Ihrem Projekt weitergekommen.

Eine starke Herausforderung in einem Coworking Space lauert aber an ganz anderer Stelle: Wer sich in einem Coworking Space regelmäßig aufhält, knüpft Kontakte. Und ehe Sie sich versehen, haben Sie einen Geschäftspartner. Wir kennen mehr als einen Fall, bei dem ein Solopreneur in einen Coworking Space hineinging und mit einem Partner wieder herauskam. Wenn Sie es also mit dem Solopreneurship ernst meinen, müssen Sie Ihren Kurs in einem Coworking Space auch halten. Wenn Sie das schaffen, ist ein Coworking Space eine inspirierende Umgebung und ergänzt das eigene Netzwerk. Wenn Sie sich aber von anderen allzu leicht gefangen nehmen lassen, gehen Sie lieber in eine ruhigere Umgebung.

Fragen Sie sich:

- Kommen Sie in einem Space wirklich zur produktiven Arbeit?
- Nutzen Sie den Space regelmäßig oder sind Sie nur 1 x im Monat dort?
- Steigert die Umgebung Ihre Kreativität?
- Gewinnen Sie durch die Kontakte um Sie herum?
- Können Sie Ihren Platz in einem Space behaupten?
- Können Sie Ihre Solospur halten?
- Ist das Verhältnis von Geben und Nehmen im richtigen Verhältnis?

Wenn Sie das alles mit Ja beantworten, sind Sie der geborene Coworking Solopreneur. Nutzen Sie Ihren Space. Ein Coworking Space, in dem Sie nur selten reinschauen, bringt Ihnen keine Vorteile. Dann können Sie sich auch in ein Café setzen. Wenn Sie sich für einen Space entscheiden, tun Sie es wegen der sozialen Kontakte, wählen Sie z.B. feste Tage in einer Woche, an denen Sie dort arbeiten. Schaffen Sie die Fläche, dass andere Sie dort treffen können.

Das Schöne als Solopreneur: Es ist nichts für ewig und es ist nicht ausschließlich. Sie können die ersten Jahre in einem Coworking Space Ihre Idee aufbauen, sobald diese läuft, reisen Sie einige Jahre als Globetrotter durch die Welt, arbeiten von Orten, an denen andere Urlaub machen, und am Ende setzen Sie sich in einem eigenen Home-Office an Ihrem Wunschplatz in Deutschland oder in einem anderen Land zur Ruhe. Oder Sie haben einen eigenen ruhigen Kreativraum in Ihrem Haus plus einen lebendigen, starken Coworking Space. Viele Maker haben zu Hause ihre "Tüftel"-Werkstatt und im Makershop die großen, teuren Maschinen.

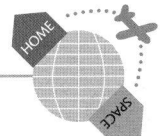

6.4 Der Globetrotter Solopreneur

An fernen Orten arbeiten, die Welt bereisen und weltweit Kontakte knüpfen, für viele ist das ein Traum. Da wir bekennende Home-Office Fans sind, haben wir Felicia Hargarten und Marcus Meurer gebeten, den Part über das digitale Nomadisieren zu schreiben. Die beiden arbeiten dort, wo es ihnen gefällt, haben Länder gesehen, deren Namen wir kaum buchstabieren können, und sind die Veranstalter der *DNX*, der *Digitalen Nomaden Konferenz* (*dnx-berlin.de*). Die letzte Mail, die uns von Felicia erreichte, kam aus Brasilien. Ach ja, das hat schon einen gewissen Reiz.

feliciahargarten.de / marcusmeurer.com

„Das Wichtigste zuerst: Arbeiten und Reisen zu verbinden ist nicht für jeden die richtige Wahl. Man darf das ortsunabhängige Arbeiten nicht mit einer typischen Weltreise vergleichen. Wer von unterwegs mit seinem Laptop arbeitet, reist langsam, bleibt immer wieder auch länger an einem Ort und

braucht eine verlässliche Internet Verbindung. Man sucht sich Orte mit stabilem WLAN und besorgt sich als Backup eine lokale SIM Karte. Über die lokale SIM Karte können passende Datenpakete gebucht werden. Weltweit gibt es Länder und Orte, die sehr gut oder weniger dafür geeignet sind.

In der Realität kann es also so ähnlich aussehen wie zu Hause. Man mietet sich eine Unterkunft für eine längere Zeit oder geht in ein Coworking Space - nur in einem anderen Land. Weltweit gibt es einige Digitale Nomaden "Hotspots" zum Beispiel Chiang Mai in Thailand oder Ho Chi Minh in Vietnam. Es gibt viele Varianten von Digitalen Nomaden. Einige sind ständig unterwegs, andere nur den Winter oder man probiert es einfach mal auf Zeit aus.

Es gibt auch immer mehr organisierte Coworking Reisen bei denen man beispielsweise eine Woche lang zusammen mit anderen Digitalen Nomaden in einer Finca in Spanien arbeitet, sich austauscht und gemeinsame Unternehmungen macht. Immer beliebter werden Coworking Camps in Kombination mit Sportaktivitäten. Auch als Digitaler Nomade macht alleine sein auf Dauer keinen Spaß.

Organisatorisch ist ortsunabhängiges Arbeiten in anderen Ländern eine Herausforderung:

- Was mache ich mit meiner Wohnung, meinen Möbeln, meiner Post?
- Was ist mit meiner Krankenversicherung, meinem Wohnsitz?
- Wohin reise ich als nächstes?
- Wann läuft mein Visum aus und wie beantrage ich das nächste Visum?

Viele Digitale Nomaden haben ihre "Homebase" weiterhin in Deutschland und vermieten ihre Wohnung für den Zeitraum der Abwesenheit unter.

Wer Arbeiten und Reisen unter einen Hut bringen möchte, muss neben diesen organisatorischen Herausforderungen extrem fokussiert sein und sich gut auf neue Gegebenheiten und Kulturen einstellen können. Denn nicht immer findet man sofort den perfekten Arbeitsplatz. Wenn Sie noch nie eine Fernreise unternommen haben, werden Sie die neuen Eindrücke und Erlebnisse vermutlich so überwältigen, dass Sie nicht sofort in den Arbeitsmodus kommen.

Wer den Lifestyle eines Digitalen Nomaden spannend findet, sollte zuerst kleine Schritte mit einer mehrmonatigen Reise machen und nicht direkt alles in Deutschland aufgeben.

Wie gut das Konzept funktioniert, hängt auch davon ab, mit welcher Art von Arbeit Sie Ihr Geld verdienen. Der Lifestyle des Digitalen Nomaden eignet sich insbesondere dann, wenn man sein Business bereits am Laufen hat und die ersten Einnahmen generiert. Je "passiver" das eigene Einkommen ist, desto leichter wird es. Haben Sie hingegen viele Kunden, die Ihre persönliche Aufmerksamkeit per Skype erfordern, wird es schwieriger. Aber nicht unmöglich!

Der Vorteil des Solopreneur Globetrotters ist mit Sicherheit die Abwechslung. In neuen Umgebungen wird man kreativer und die räumliche Entfernung zur „gewohnten Welt" lässt einen mutiger werden. Wir haben beim Reisen viele andere spannende Entrepreneure kennengelernt und waren an den schönsten Orten der Erde. Menschen mit Fernweh können ihre Leidenschaft so mit dem Beruf vereinen. Wer reist, verlässt seine Komfortzone und erweitert seinen Horizont.

Generell sind Digitale Nomaden sehr weltoffen und hilfsbereit. Tipps zu den besten Spots, interessanten Businessmodellen und den besten Tools zum Arbeiten von unterwegs werden ständig untereinander ausgetauscht. Man hilft sich gegenseitig und gibt einander das Gefühl, Teil einer großen Bewegung zu sein.

Unser Lifestyle stößt bei der jüngeren Generation auf sehr großes Interesse. Da auch wir immer wieder mit Fragen gelöchert wurden, haben wir die DNX - Konferenz für Digitale Nomaden ins Leben gerufen. Austausch, Networking und Teilen der besten Tipps für angehende Digitale Nomaden stehen auf der DNX im Vordergrund."

Danke für diesen Part an Felicia Hargarten und Marcus Meurer. Sie finden auf ihren Blogs viele Tipps und Hinweise, auf was Sie unterwegs achten sollten. Unter den Digitalen Nomaden finden sich viele Solopreneure, die zu den „Leichtfüßigen" gehören. Auf der einen Seite senken Nomaden ihre Ausgaben durch Verzicht auf Besitz, auf der anderen Seite erhöht sich die gefühlte Lebensqualität, der Lifestyle.

Die Theorie vom Kreativen Raum

In der Diskussion, von wo Sie arbeiten, geht es im Kern um die Lufthoheit über die eigene Kreativität. Gleich von wo Sie arbeiten: Wandeln Sie Ihren Arbeitsplatz von einem Ort der harten Arbeit in einen Ort der smarten Kreativität. In unserem Buch Smart Business Concepts heben wir deshalb die Bedeutung des eigenen kreativen Raums hervor.

- Warum ist uns der Platz für die eigene Kreativität so wichtig?
- Weil er Ihren Output maßgeblich beeinflusst.

Der Kreative Raum ist mehr als ein Zimmer. Es geht vor allem um Ihren mentalen Raum. Was ist der Raum, in dem Sie kreativ sein können?

Reisezeit als geschützter Raum

Wir sitzen im Zug nach Berlin. Der Wagen ist halb leer. Uns schräg gegenüber in einer Tischnische sitzt ein Musiker. Der große Kopfhörer, den er aufhat, würde es alleine nicht verraten. Vor ihm liegt auf dem Tisch ein kleines Keyboard, die AKAI synthstation. In der Mitte ist das i-Phone zugesteckt, das Apple Powerbook liegt direkt daneben. Er hat auf der Zugfahrt sein komplettes Tonstudio dabei. Die ganze Fahrt von Hamburg bis nach Berlin komponiert er, spielt über die Tastatur Passagen ein, mischt die Töne direkt, prüft das Ergebnis immer wieder, verfeinert mit Software auf dem Laptop. Dieser Musiker ist während der zweistündigen Fahrt in „seinem kreativen Raum". Er lässt keine Störung zu. E-Mail und Telefon sind aus. Er konzentriert sich auf seine Musik. Sehr wahrscheinlich ist er mit seinem Hand-Set aus drei Geräten solo produktiver, als wenn er in einem großen gemieteten Studio unter Zeitdruck mit mächtigerem Equipment arbeitet. Kurz bevor der Zug im Berliner Hauptbahnhof einläuft, verstaut er seine Geräte im Rucksack und ist leichten Fußes ohne Koffer bald in der Menge des Bahnhofs verschwunden.

Ihre Umgebung bestimmt Ihr Ergebnis

Sie kennen vielleicht die Smart Working Formel: „Output ist wichtiger als Input". Es geht nicht darum, wie viele Stunden Sie auf einem Stuhl sitzen, sondern um das, was in dieser Zeit passiert. Gute Gedanken kommen nicht überall. Schlechte Räume bremsen Sie aus und erhöhen den zu leistenden Input (die Arbeitsstunden). Der kreative Raum kann sich während einer

Zugfahrt öffnen. Er kann in Ihrem eigenen Home-Office aufgespannt, auf einer langen Fahrt im Zug oder an vielen anderen Orten der Welt.

Aber er kann nicht überall geöffnet werden.

Waren Sie schon einmal in einem Raum, der Ihre Sinne tötet? Wir haben das einmal erlebt. Es war ein kleiner Verschlag ohne Tageslicht, in dem wir zwei Tage lang arbeiten sollten. Drehte man sich um, rempelte man gegen irgendein Möbelstück, drehte man sich in die andere Richtung, fiel ein Stuhl um. Es gab keine guten Arbeitsflächen. Das Interieur war hässlich. Der Geruch muffig. Wir haben es einen Tag lang versucht und dann diesen Raum verlassen. Sie kommen gegen einen schlechten Raum nicht an. Folterbüros der letzten Generation sind keine Brutstätten für gute Qualität.

Gestalten Sie Ihren Kreativen Ort als magischen Raum

In einer unserer Intensivgruppen war eine junge Frau. Nach dem Intensivseminar (dies ist der Höhepunkt in der Begleitung der Gruppe) sagte sie uns, dass sie als erstes einen eigenen kreativen Raum in ihrem Haus im Dachboden ausbauen wird. Sie hat es verstanden. Sie wird nicht über lange Zeit kreativ sein können, wenn sie keinen Platz dafür hat.

Versuchen Sie nicht, auf lange Dauer in Ihrem Schlafzimmer oder Wohnzimmer kreativ zu sein. Schaffen Sie sich einen eigenen kreativen Raum: Freie Wandflächen sind gut, an denen Sie mit Haftnotizen schnell arbeiten können. Licht spielt eine große Rolle. Ein magischer Raum hat eine Weite oder auch einen Schutz, gestalten Sie diese Faktoren. Magische Orte steigern Ihre Performance, machen Sie lockerer und freier. Sie leisten viel mehr, Sie sind mutiger, Sie befreien sich von alten Denkmustern. Sie schaffen es, sich auf das Wesentliche zu konzentrieren. Die Folge: Sie schaffen mehr in kürzerer Zeit und arbeiten unter dem Strich weniger.

Ihren kreativen Raum brauchen Sie, um Ihre meditative Kraft zu steigern. Schaffen Sie es, einen Fokus aufzubauen und zu halten? Das ist eine Frage des Trainings und der richtigen Umgebung. Von daher ist es wichtig, Ihren Kreativen Raum zu finden, ihn zu definieren und zu schützen.

Kreativität schlägt Kapital

Der Raum ist nur ein Mittel zum Zweck: Er ist die Hülle für Ihre magischen Momente, Ihre Fokuszeiten. Es können auch mehrere Räume sein, die Sie nach Bedarf wechseln. Somit ist die Theorie vom kreativen Raum eher eine Theorie von Ihrer kreativen Kraft. Wenn wir Sie auffordern, Ihren kreativen Raum zu finden, dann geht es darum, alle Faktoren für Ihre Kreativität so aufzustellen, dass Sie ohne große Umwege sofort in Ihre Kreativität eintauchen können. Sie verlassen Ihren privaten Raum und – Klick – Sie sind in Ihrem kreativen Raum und kommen dort sofort zu der inneren Ruhe und Gelassenheit, um Ihr Ding zu machen.

Der kreative Raum ist ein Werkzeug, um Ihren Geist zu organisieren. Die alten Meister hatten Ateliers. Sie wussten warum. Jeder hat eine andere Form von Kreativität. Von daher kann Ihr kreativer Raum sehr eigen sein. Wichtig ist: Finden oder schaffen Sie Ihren kreativen Raum und nutzen Sie ihn. Ihr kreativer Raum ist wichtig. Solopreneur-Geschäftskonzepte leben von guten Kombinationen und guten Ideen. Solopreneure leben von ihrer eigenen Kreativität. Von daher ist Ihr kreativer Raum ein Teil Ihres Kapitals. Denn dort entwickeln Sie Ihren Erfolg.

Zeit strukturieren im Kreativen Raum

- Fernseher und private Netzwerke aus
- Fachwissen und berufliche Netzwerke in eigens dafür zugewiesenen Zeiträumen an ("Newsphasen")
- Vorrang haben konzentrierte, stille Arbeitsphasen
- In festen Zeitfenstern arbeiten, dafür Timer verwenden

Vier Stellgrößen des kreativen Raums

● **Ihr Solopreneur Mindset**

Die eigenen Glaubenssätze bestimmen, was Sie sehen. Das ist sehr grundlegend. Von daher gehen wir am Ende des Buches noch einmal näher darauf ein. Hier nur: Reflektieren Sie über Ihre Einstellungen. Glauben Sie, dass Sie alleine viel schaffen können. Trauen Sie sich mehr zu. Bewegen Sie Dinge.

● **Ihr physischer Raum**

Wie viel Platz, Licht, Farbe, Arbeitsfläche brauchen Sie? Können Sie mit Haftnotizen arbeiten, Skizzen an der Wand abhängen lassen, Dinge gut wegräumen? Ein ruhiges Lieblings-Café ist für Laptop-Arbeit häufig ein magischer Ort, mit viel Papier und Skizzen zu arbeiten ist dort schwerer. Was ist Ihr optimales Kreativ-Loft? Wie viel Raum brauchen Sie?

● **Ihr mentaler Raum**

Kommen Sie in Ihrem Raum innerlich in Ihren kreativen Takt? Sind Störquellen ausgeschaltet? Schaffen Sie es dort Ihr „inneres Auge" zu öffnen? Was brauchen Sie, um für sich ein kreatives Feld aufzubauen? Was wirft Sie wieder raus? Wie lange können Sie eine Fokuszeit halten? Wann sind Pausen gut (Break State)? Was brauchen Sie für optimale Pausen?

● **Ihre Impulsgeber und Ihr Netzwerk**

Ideen brauchen Impulse. „*Leave the Building*" ist ein Leitsatz des Design Thinkings. „*Leave the Building*" spricht übrigens nicht gegen ein Home-Office, denn Sie müssen das Gebäude so oder so verlassen, gleich wo Sie sitzen. Der Trick ist es, den Lebensraum anderer zu besuchen, zu sehen und zu fühlen. Organisieren Sie, woher Sie Ihre Außenimpulse bekommen. Fachrecherche und Internetrecherche (Desktop Research) sind der eine Teil. Rausgehen und mit Betroffenen sprechen (People Research) der andere. Ein wichtiger Faktor ist es, News richtig zu filtern. Tauchen Sie Ihren Geist gezielt in die News Feeds anderer hinein. Auch hier gilt die Regel: Sie steuern, was an Sie herankommt.

Sie sind der Garant für Ihren Erfolg, nicht irgendein anderer Mensch. Finden Sie Ihre persönliche Kreativität und wirken Sie in einer hohen Kontinuität. Lassen Sie sich nicht von den Glaubens-Sätzen anderer Menschen in einen falschen Modus zwingen.

frei nach Steve Jobs

Solo
preneur

Kapitel
7

Kleine Übung vor dem Lesen dieses Kapitels

Können Sie sich an eine Situation erinnern, bei der Sie mit einer Gruppe zusammen eine Entscheidung getroffen haben, über die Sie sich hinterher geärgert haben?

_____

_____

_____

_____

Woran hat dies Ihrer Meinung nach gelegen?

Group Thinking

Wie kommt es dazu, dass wir in einer Gruppe häufig schlechte Entscheidungen treffen? Dieses Phänomen wird in der Psychologie als *Group Thinking* bezeichnet. Die Qualität der Entscheidungen sinkt oft in einer Gruppe, weil der Wunsch nach Harmonie und Konsens verhindert, dass kritische Fragen gestellt werden. Team-Mitglieder belegen sich mit einer „Selbstzensur" und halten ihre eigentlichen Gedanken zurück. Dies passiert vor allem in Gruppen, in denen eine hohe Loyalität eingefordert wird.

Die Folge dieses Phänomens: Verlust von individueller Kreativität und unabhängigem Denken.

Team oder solo

„Team oder solo?" ist eine Kernfrage dieses Buches. Weil dieser Punkt für die Klärung Ihrer Solorolle so wichtig ist, gehen wir dieser Frage etwas ausführlicher nach. Das siebte Kapitel argumentiert über fünf Abschnitte:

7.1 Die wachsende Teamkultur

- Solopreneure können ihre Arbeitskultur selbst bestimmen.
- Sind sie damit aber auch leistungsfähiger?

  Warum die Frage so wichtig ist.

7.2 Team-Performance

Zwei taktische Team-Aufstellungen:

A – das High-Performance Team (*Yahoo*)

B – das smarte dezentrale Team (KAVAJ)

7.3 Die Frage nach der Kreativität

Der Konflikt: Ist die Gruppe kreativer als der Einzelne?

7.4 Solo-Performance

Team ist gut. Solo ist besser. Wenn Sie wissen, was Sie tun.

7.5 Drei Team-Mythen

- Der Kreativitäts-Mythos
- Der Innovations-Mythos
- Der Sicherheits-Mythos

Wir sind stärker!

Ich will dazugehören

Team oder solo

Erinnern Sie sich an Jonas Mauer vom Beginn des Buches? Er hatte eine eigene Geschäftsidee und wir schrieben über ihn: *„Wenn Jonas Mauer jetzt nicht den Fehler macht, ein großes Team aufzubauen und zu glauben, er wäre ein Start-up, wird es im gelingen und er wird solo seine Spur ziehen."* Warum ist es uns so wichtig, dass Sie sich als Solopreneur nicht wie ein Start-up verhalten? Es geht um Ihre **Solo-Performance**.

7.1 Die wachsende Teamkultur

Geht heute ein Online-Start-up an den Start, wird selbstverständlich davon ausgegangen, dass ein Team startet. Ideal gelten zwei bis drei Personen als Founder und zusätzlich eine Gruppe von Entwicklern. Alleine ist nicht gewünscht. Auch die grundlegende Geschäftsidee wird immer öfter in offenen Workshops in der Gruppe designed. *„Design ist"* – nach den Worten von Steve Jobs – *„nicht nur wie etwas aussieht. Design ist wie etwas funktioniert."* [1] Steve Jobs und viele andere nährten den Grundsatz: Große Dinge werden im Team vollbracht! Heute wird meist das ganze Geschäftsmodell im Team entworfen und fortgeschrieben. Es wird designed und modelliert, Prototypen gebaut, viel getestet und verworfen. Die Kreuzung unterschiedlicher Gedankenkulturen ist gewollt. Wohin man sieht: Das Team ist angesagt. Acceleratoren wie *Hub:Raum*, *Projekt A* oder *You is Now* bringen Teams zusammen und beschleunigen diese. Es geht um hohe Eintrittsgeschwindigkeiten in neue Märkte. Gas geben. *„We are passionate entrepreneurs and focus on performance."*, liest man zum Beispiel auf der Startseite von *Rocket Internet*.[2]

Die Start-up-Welt ist eine Welt der Geschwindigkeit. Nichts mit 9 to 5. Vor kurzem saßen wir mit zwei Team-Mitgliedern von zwei der größten Hamburger Start-ups zum Austausch. Der eine arbeitete 14 bis 16 Stunden am Tag bis auf Sonntag. Der andere schob 50 ungenutzte Urlaubstage vor sich her und hatte im ganzen Jahr noch nicht wirklich Urlaub gemacht. Der Grund ist immer der gleiche: Es gibt so viel zu tun, es braucht immer noch ein neues Feature, es gibt immer zu wenig Leute im Team für die Fülle der neuen Ideen.

Beim Stichwort „*Start-up*" stehen die Ampeln auf „*Team*". Teams sind das Rückgrat der neuen Entrepreneur-Welt. Design Thinking, Startup Weekends, Camps und Coworking Spaces – überall werden Teams zusammengebracht. Auch in den Konzernen sind interne Innovationsprogramme teamorientiert. Diese Fokussierung auf das Team wird in der Start-up Szene eher stärker, nicht geringer. Europa will verlorenen Boden gegenüber den USA aufholen. „*Wir sind in Deutschland in der Entwicklung von neuen Geschäftsmodellen zu langsam*",[3] sagt Olaf-Gerd Gemein von *SpeedUP! Europe. SpeedUP! Europe* ist ein europäischer Großversuch, etwa 100 Teams in einem Jahr zeitgleich in Amsterdam, Brüssel, Hamburg, Kopenhagen und Stockholm auf den Weg zu bringen. In einer internen Runde wurde diskutiert, welcher Typ Mensch sich bei *SpeedUP! Europe* bewerben darf. Die Kurzformel: „*Teamfähig und hat Lust auf Skalierung*".

Solopreneur zu sein, stellt sich gegen diesen Trend.

Ein Solopreneur ist solo. Anders gesprochen: Ein Solopreneur hat kein festes Team und teilt sich die Steuerung seines Business nicht mit anderen. Er bestimmt selbst seinen Kurs. Das klingt fast wie eine Verweigerung gegenüber der Teamkultur und ist auf jeden Fall ein anderes Vorgehen. Und wenn Sie dann noch – wie wir – vor die Stadt ziehen, gehen Sie eher in eine Entschleunigung als in die Beschleunigung.

Zwei Wege zur höheren Performance

Wir machen Ihnen Mut, den eigenen Weg zu gehen. Auch wenn alle sagen: „*Team ist performanter*". Wer den Gegensatz „*Team oder solo*" näher ansieht, wird früher oder später verstehen, dass BEIDE Wege zu einer höheren Performance führen, es aber taktisch unterschiedliche Aufstellungen für unterschiedliche Situationen sind. Leistung entsteht für unterschiedliche Aufgaben anders. Was in Ihrem Fall die Kraft besser auf die Straße bringt, hängt davon ab, welches Ziel Sie erreichen wollen.

> ● **Team macht Sinn**
>
> Um ein Unternehmen groß zu machen, disruptive Innovationen in den Markt zu bringen, komplexe Applikationen zu programmieren, den ganzen Konzern „neu zu erfinden" – für all diese Aufgaben ist ein Team gut und meist stärker als ein Solopreneur.
>
> *Team-Performer:* Will ins Team und hat Lust auf Skalierung.
>
> ● **Solo macht Sinn**
>
> Geht es Ihnen um eine Symbiose der *eigenen Wünsche* mit der eigenen Tätigkeit, ist die Aufstellung solo besser. Auch viele kreative Tätigkeiten (z.B. das Schreiben eines Buches) gelingen alleine einfach besser.
>
> *Solo-Performer:* Bleibt alleine und hat Lust auf Skalierung.

Um beide taktischen Aufstellungen zu verstehen, gehen wir sie im Detail durch. Das hilft, als Solopreneur nicht an sich zu zweifeln, wenn links und rechts hochbeschleunigte Teams vorbeiziehen. Denn das voraus: Sie werden von dem einen oder anderen Team als Solopreneur geschlagen werden. Was nicht schlimm ist, da genug Platz für Ihr Business bleibt.

7.2 Team-Performance

Sehen wir uns die *Team-Performance* an. Die Start-up Welt ist überzeugt: Es geht nur im Team. Die großen Innovationen werden im Team entdeckt und kommen erst durch das Engagement einer Gruppe auf Geschwindigkeit.

Wir erlauben uns einmal ein Gedankenspiel

- Sie möchten eine richtig performante Firma haben.
- Mit viel Entwicklungskraft und tollen Mitarbeitern.
- Mit diesem Unternehmen wollen Sie richtig auf die Überholspur.
- Eigener Code, Technik und viele Innovationen sind das Ziel.

Ginge das nicht auch mit einem freien, dezentralen Team?

Könnte man nicht auch einen Start-up locker führen und eine Arbeitsumgebung schaffen, die der eines Solopreneurs entspricht? Fröhliche, freie Teamarbeiter auf viele Home-Offices verteilt? Also das Konzept smarte Firma (Fachleute sprechen auch von *Remote Working* oder *Remote Teams*). Technisch ist die Arbeit von zu Hause oder einem anderen Ort der Welt jederzeit möglich. Teams müssen räumlich nicht zusammen sein.

Im Start-up Getriebe läuft dies auf die Frage hinaus:

- Führt eine lockere Teamaufstellung zu einer bestmöglichen Performance?
- Ist ein *Smart Business Concept* die beste Aufstellung für „*the next big thing?*"

Die Antwort ist: Nein.

Das Home-Office-Verbot

Eine ***dezentrale*** Aufstellung fällt Ihnen bei einem großen Team mit komplexer Entwicklung und hoher Performance irgendwann auf den Fuß. Was für einen Solopreneur ein Zeichen der Unabhängigkeit ist und viele Normal-Angestellte als eine Lockerung und Aspekt ihrer persönlichen Freiheit erleben (und in der Regel mit einer höheren Bindung zum Arbeitgeber belohnen), bringt bei High-Performance-Teams wenig. Berühmt ist das **Home-Office-Verbot** von *Yahoo*-Chefin Marissa Mayer. 2013 verbot sie allen *Yahoo*-Mitarbeitern ihre Home-Office-Zeiten.[4]

Sie hatte dafür zwei Begründungen:

- sinkende Arbeitsmoral
- zu wenig Innovation / Performance

Was war passiert?

Marissa Mayer übernahm *Yahoo* im strengen Regime mit dem Auftrag, die angeschlagene Firma wieder auf Kurs zu bringen. Sie kam u.a. zum Ergebnis, dass die Mitarbeiter nicht mehr innovativ genug waren. Ein Dorn im Auge waren dabei die Home-Offices. Denn dort arbeiteten einige Yahooisten nicht mehr nur für *Yahoo*, sondern gründeten nebenbei sogar eigene Startups. Also rief sie alle Mitarbeiter wieder in die Zentrale zurück.

Das ist eine interessante Beobachtung: Home-Offices führen zu einer Lösung vom Arbeitstakt der großen Firma und zur Beschäftigung mit dem eigenen Leben. Sie können das Ablenkung nennen oder auch Unabhängigkeit. Uns wundert dies nicht. Wer das Buch *Die 4 Stunden-Woche* von Timothy Ferriss genau durchgelesen hat, findet dort den Vorschlag Home-Working zu nutzen, sich von seiner Firma zu „*befreien*".[5] Auf Distanz gehen und dort seine eigenen Sachen vorantreiben. Genau dies warf *Yahoo* einigen seiner Home-Office Mitarbeitern vor.

Yahoo rief seine Mitarbeiter also in die Zentrale zurück, um die Innovationsrate in der Firma zu erhöhen. *AllThings D* veröffentlichte ein internes Memo von Jackie Reses, dem Director für Human Resources bei *Yahoo*:

"*Damit wir (Yahoo) der absolut beste Platz zum Arbeiten werden, ist Kommunikation und Zusammenarbeit wichtig, deshalb müssen wir nebeneinander (side-by-side) arbeiten. Darum ist es so wichtig, dass wir alle in unseren Büros anwesend sind. Einige der besten Entscheidungen und Einsichten (insights) entstehen durch Diskussionen auf dem Flur oder in der Cafeteria, dadurch, dass man neue Leute trifft oder in Stegreif-Team-Meetings (impromptu team meetings). Geschwindigkeit und Qualität werden häufig geopfert (sacrificed), wenn wir von zu Hause arbeiten. Wir müssen ein Yahoo sein und das beginnt mit dem physischen Zusammensein.*"[6]

Microsoft schoss natürlich sofort zurück (wir erinnern uns, *Microsoft* wollte *Yahoo* kaufen und kam nicht zum Zuge), dass *Yahoo* sich damit als lausiger Arbeitgeber outet. Nur ein Krieg der Giganten?

Auch wenn Marissa Mayer bei ihrem Versuch, *Yahoo* auf Vordermann zu bringen, umstritten ist, beim Home-Office-Verbot können wir sie verstehen: Home-Offices steigern nicht unbedingt die Performance von Hochleistungsteams. Entwicklungsteams funktionieren am besten, wenn sich die Team-Mitglieder zwischendurch sehen und austauschen.

Wir haben es selbst bei einem Start-up erlebt, bei dem wir Business Angel sind. So lange die Entwickler am Anfang alleine dezentral aus ihren Wohnzimmern arbeiteten, kamen sie voran, aber nicht zügig. Als das Team dann das erste gemeinsame Büro bekam, entwickelte es in der doppelten Geschwindigkeit. Die Motivation und Performance sprang sofort nach oben. Dies hat einen sozialen Aspekt (Motivation steckt an) und einen fachlichen (keiner kann sich in Sackgassen verrennen). Thomas Reimers, Head of Sales bei *Protonet*, dem deutschen Start-up des Jahres 2013, und dort mit für das Team zuständig, brachte es uns gegenüber so auf den Punkt: *„Wir glauben nicht an Remote-Teams, weil die Qualität der Entwicklung darunter leidet".*[7]

Wenn das so ist, hat dies für Zusammenarbeit Auswirkungen. Je mehr ein Team leisten muss, um so eher wird es zusammen performen und auch in großen Firmen wieder „zurück" in das Arbeitsquartier geholt. In der Praxis setzen Entwicklungschefs ab einem bestimmten Volumen der Arbeit auch lieber auf feste als auf freie Mitarbeiter. Sie brauchen also für Hochleistung einen harten Kern im Büro.

Wir halten fest

Wer sich auf ein High-Performance-Team einlässt, hat eine hohe Performance, braucht für diese aber auch Disziplin. Wer in einem Team arbeitet, kann schlecht sein privates Leben in die Waagschale werfen. Teamplayer müssen mit den anderen auf das Spielfeld. Und dann nähern Sie sich doch einer Officekultur, in der Sie mit anderen eine Fläche von 9 to 5 bespielen. Das ist nicht schlimm und kann eine sehr schöne Fläche sein, wie die Büros von *Jimdo* in Hamburg zeigen. Es gibt definitiv Schlimmeres, als in einem guten Start-up dabei zu sein. Aber es ist kein Solopreneurship, sondern ein Teamship.

Ist smart als Team unmöglich?

Trotzdem wagen wir noch einmal das Gedankenspiel. Ist es nicht doch möglich, eine Company mit mehreren Mitarbeitern smart aufzustellen?

- Sie möchten keine große Firma haben.
- Aber ein Unternehmen mit einer gewissen Schlagkraft.
- Dafür brauchen Sie den einen oder anderen Mitarbeiter.
- Ginge das nicht auch mit einem freien, dezentralen Team?
- Also mit mehreren zusammen von verschiedenen Orten smart sein.

Die Antwort ist: Ja. Vorausgesetzt es ist eine Komponentengründung.

Fallbeispiel KAVAJ

Wir trafen uns mit Kai Klement und Jörg Kundrath, als sie der chinesischen Ansprechpartnerin ihres Produzenten Hamburg zeigten. Die Beiden betreiben mit KAVAJ eine smarte Firma, die von Anfang an dezentral und rein über Browser gesteuert aufgebaut wird. Das ist kein Zufall. Sie haben sich vor ihrem Start intensiv mit smarten Geschäftskonzepten, darunter auch unser Buch Smart Business Concepts, auseinandergesetzt.

Die KAVAJ GmbH lässt in China hochqualitative Leder-Cases herstellen. Mit großem Erfolg. Sie begannen mit einem iPad Case, weil sie für ihr eigenes iPad keine Hülle fanden, die schlicht, praktisch und aus Leder war. Inzwischen machen sie alles aus Leder, haben auch Smartphone-Hüllen im Programm und fertigen nicht nur für Apple-Produkte, sondern auch für Samsung-Tablets und -phones.

Die Website finden Sie unter *kavaj.de*

Kai Klement und Jörg Kundrath arbeiteten bei *amazon* in der Zentrale in München, stiegen dort aus und gründeten zusammen, nachdem Sie sich sehr intensiv mit der Theorie der Smart Business Concepts auseinandergesetzt hatten. Besonders schön an dieser Geschichte: Nachdem Sie sich entschlossen hatten, für iPads Lederhüllen herstellen zu lassen, flogen sie kurzerhand nach China, besuchten dort mehrere Messen, bis sie ihren Fabrikanten gefunden hatten. *"Die meisten stellen sich das schwerer vor, als es eigentlich ist. Es gibt in China zu fast jeder Branche Fachmessen und auf diesen kann man den Kontakt herstellen."*[8]

KAVAJ belegt

Smart kann in einem Team funktionieren. Aber es bedarf einer höheren Aufmerksamkeit und Energie, als wenn Sie ein Smart Business Concept solo aufbauen. KAVAJ widerlegt nicht die Aussage, das High-Performance-Teams mit dezentraler Aufstellung nicht so gut fahren. In einer dezentralen Lockerheit (von verschiedenen Orten / Städten aus) bekommen Sie in der Regel nur kleine, smarte Einheiten performant. KAVAJ arbeitet ausschließlich mit Komponenten und entwickelt keinen eigenen Code. KAVAJ kann extrem skalieren, ist aber noch keine High-Performance-Einheit im Sinne der Industrie. Kai Klement und Jörg Kundrath haben noch einiges vor, von daher lassen wir uns überraschen, wie groß sie smart werden können.

KAVAJ trägt alle Kennzeichen eines smarten Business

- Kein eigenes Firmengebäude. Produktion in China.
- Aufbau der eigenen Handelsmarke KAVAJ.
- Hergestellt wird ein Sortiment feinster Ledertaschen für Tablets und Smartphones.
- Das Sortiment wird Stück um Stück erweitert, ist im Kern aber einfach.
- Longseller mit wenig Varianten.
- Beide Gesellschafter leben in unterschiedlichen Städten (Rostock / Biberach). Dies hat familiäre Gründe (persönliches Leben geht vor).
- Weitere Mitarbeiter arbeiten aus anderen Städten (z.B. München, Stuttgart) via Browser zu.
- Haupt-Produktiv-Komponente ist *amazon* (das wundert uns in diesem Falle nicht).

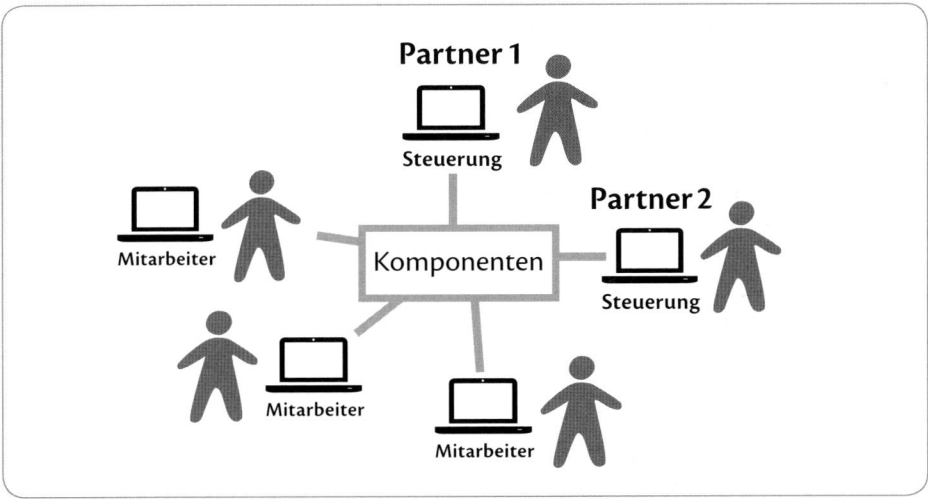

Es gibt einen kleinen Stamm fester Mitarbeiter, die zum Kern der Firma gehören. Deren Hauptaufgabe ist das Marketing. Feste Arbeitszeiten gibt es nicht. Jeder Mitarbeiter bestimmt selbst, wann er seine Aufgaben erledigt. Alle Mitarbeiter arbeiten aus dem eigenen Home-Office. Gerade für Frauen mit Kindern ist dies attraktiv. Oder für Profis, die kein Interesse mehr an der klassischen Anstellung haben.

7.3 Die Frage nach der Kreativität

Wir haben zwei verschiedene Team-Aufstellungen durchgespielt. Team geht und ist performant. Einen Solopreneur betrifft die ganze Team-Debatte zunächst nicht. Denn er ist kein Team. Er kann Grüntee trinken, Pausen machen und E-Mails schreiben wie und wo er will. Er ist sein eigenes Team. Er muss nicht mit anderen zusammen auf das Spielfeld.

- Wie sieht es aber mit seiner Solo-Performance aus?
- Ist alleine arbeiten schlau?
- Ist solo wirklich das bessere Konzept?
- Wäre man als Team oder mit einem Partner nicht besser dran?
- Kann er eine ähnliche Performance erzeugen wie ein Team?

Die Diskussion über die *Performance* ist im Kern eine Diskussion um die *kreative Kraft*: Wer kann eine hohe Kreativität erzeugen und halten? Wer sich mit Kreativität beschäftigt, stößt dort auf den gleichen Gegensatz wie „Team oder solo". Die Diskussion heißt hier: Die „*Kraft der Gruppe*" versus der „*einsame Künstler*". Und Sie merken schon: Der „*einsame*" Künstler ist eine Vorverurteilung.

Prof. Olaf-Axel Burow, ein Kreativitätsforscher, argumentierte früh für die Gruppe und schrieb ein Buch mit dem herrlich provokanten Titel „*Die Individualisierungsfalle, Kreativität gibt es nur im Plural*".[9] Auch die neueren Kreativitätstechniken wie *Design Thinking* argumentieren so: „*Design Thinking (...) basiert (...) auf der Überzeugung, dass wahre Innovation nur dann geschehen kann, wenn starke multidisziplinäre Gruppen sich zusammenschließen, eine gemeinschaftliche Kultur bilden und die Schnittstellen der unterschiedlichen Meinungen und Perspektiven erforschen.*"[10]

Die Aussage ist: Echte Kreativität entfaltet sich nur in der Gruppe. Häufig wird diese These noch mit dem Stichwort der *Schwarm-Intelligenz* (*Kollaboration*) angereichert. Die Gruppe ist intelligenter als der Einzelne. Das gilt auf jeden Fall bei einem Bienenschwarm. Bienen kommen gemeinsam zu erstaunlich genauen Trefferquoten bei der Suche nach optimalen Nistplätzen und Futterorten. Ameisen verwalten erstaunlich effektiv ihr

Wegenetz.[11] Ist dies aber auch bei Menschen so? Muss man in der Gruppe sein, um den besten Futterplatz zu bekommen?

Worauf zielt Kreativität?

Welche Form der Kreativität hilft, alleine schneller ans Ziel zu kommen?

Wenn über Kreativität debattiert wird, geht es häufig um andere Fragen. Verlage sprechen gerne von den *„Kreativen Zerstörern"*. Dahinter steht die seit Joseph Alois Schumpeter so beliebte **disruptive, zerstörerische Kreativität**. Disruptiv ist aus dem englischen Verb *"to disrupt"* (zertrümmern) abgeleitet. Damit treffen wir auf eine weitere vorherrschende Meinung: *Innovation ist zerstörerisch.*

Innovation ist das Merkmal der Vorzeige-Entrepreneure. Eine einfache lineare Weiterentwicklung bringt nicht mehr die nötige Schrittlänge. Lieber gleich weit ausholen, anderes abräumen und ganz neue Märkte schaffen (disruptives Vorgehen, blauer Ozean, Erfindung neuer Technik und Modelle). Großgruppenmoderationen und Design Thinking bringen oft Menschen zusammen, die sich vorher nicht gut kennen – mit erstaunlichen Ergebnissen. Häufig mit dem Ziel, einen Shift im Denken zu schaffen und Konzepte zu entwickeln, mit denen man vorhandene Systeme komplett abräumen kann.

Wer kreativ zerstören will, braucht tatsächlich ein starkes kreatives Feld, denn er muss sich von der „alten Schwerkraft" des bisher Gedachten absetzen. Techniken wie *„Breaking Rules"* [12] zielen auf den systematischen Regelbruch. Um Bahnbrechendes (dazu gehören auch radikale Simplifizierungen) zu sehen, brauchen Sie Abstand und auch Einsichten der Betroffenen, die später die Lösung anwenden. Also geht man Schleifen (Loops), in denen man Feedback einholt und immer wieder neu einarbeitet. Die These von der ewigen Betaversion besagt: Man ist nie fertig.

Die Erfahrung der Internet Start-ups decken sich mit der Kreativitätsforschung: Schnelle Teams, die auf Geschwindigkeit arbeiten, performen am besten in einer offenen Kultur des Austausches in einer räumlich geschlossenen Umgebung. Fast alle agilen Formen der Programmierung leben von regelmäßigen *Stand-up Meetings* oder anderen Formen des schnellen Austausches. All das führt zum Siegeszug der Teams und der Gruppenkreativität. Hat die Start-up Szene dann recht?

- Gibt es Kreativität nur im Plural?
- Ist Team das Synonym für Kreativität?
- Müssen Sie andere verdrängen, um erfolgreich zu sein?

7.4 Solo-Performance

Team ist gut. Solo ist besser.

Wir möchten Ihnen Mut machen, Ihre eigene Kreativität zu entdecken und die dafür richtige taktische Aufstellung einzunehmen.

Denken Sie von **Ihren** Zielen her.

Richtig ist: Teams haben eine hohe Performance. Es ist gleich, ob ein Team von Developern einen Code entwickelt, ein interdisziplinäres Team ein Problem verblüffend einfach löst oder eine Theatergruppe ein neues Stück auf die Bühne bringt: Teams können Erstaunliches schaffen. Teams sind in vielen Bereichen performanter als eine Einzelperson.

Das ist aber gar nicht Ihre Fragestellung. Hören wir uns noch einmal an, was Katrin Linzbach zu Beginn des Buches sagte:

„Es ist ein absolut unbeschreibliches Gefühl, das eigene Produkt zu gestalten, Logo, Farben, Formen festzulegen oder die eigene Vermarktung anzukurbeln, ohne ständig auf das O.K. von oben zu warten. Und vor allem kann ich mir aussuchen, mit wem ich zusammen arbeite. Ich habe viele Gleichgesinnte kennengelernt. Wir unterstützen uns bei neuen Ideen und ergänzen uns gegenseitig. Als Solopreneurin bin ich jedoch frei zu entscheiden, welchen Impulsen ich nachgehe und welchen nicht."

Die Frage an Sie ist eine andere.

- Was wollen Sie in Ihrem Leben erreichen?
- Wie wollen Sie Ihr Leben steuern?
- Wie viel Komplexität brauchen Sie dafür?

Angenommen, Sie wollen gar keinen komplexen Code innerhalb weniger Wochen online stellen. Sie wollen *Google* nicht überholen. Ihr Ziel ist eine **größere Ausgeglichenheit** in Ihrem Leben. Dann sind Sie alleine schneller unterwegs. Und Sie sind nicht nur schneller unterwegs: Sie können besser steuern, als wenn Sie im Menschen-Schwarm arbeiten.

Spielen wir das einmal bei Katrin Linzbach durch. Sagen wir, Sie wollen als Expertin – Katrin Linzbach ist Expertin für die Steigerung der eigenen Wahrnehmung – Ihr Coaching-Programm nach vorne bringen und davon gut und leicht leben. Was ist für Katrin Linzbach die beste taktische Aufstellung? Beruflich und privat ist die Antwort in beiden Fällen: solo. Katrin Linzbach kommt solo schneller, stressfreier und flexibler voran. Und sie kann solo durchaus skalieren, wie sie mit ihrem Kartenspiel beweist.

7.5 Drei Team-Mythen

Um in der Team- und Kreativitäts-Debatte Grund unter die Solofüße zu bekommen, hilft es Ihnen, drei Team-Mythen zu kennen. Wenn es um Business geht, ist die Luft schwanger von den Meinungen anderer. Viele dieser mit ganzer Überzeugung vorgetragenen Standpunkte gelten in nur ganz begrenzten Situationen.

Drei Überzeugungen sollten Sie kennen und bewerten können:

Der Kreativitäts-Mythos	Kreativität braucht ein Team
Der Innovations-Mythos	Innovation ist notwendig für den Erfolg
Der Sicherheits-Mythos	Sicherheit braucht ein Team

● Der Kreativitäts-Mythos

Der Mythos lautet: *Wer kreativ sein will, muss in eine Gruppe.* Das stimmt nicht. Viele Kreative sind nach wie vor Solo-Kreative und erfolgreich. Solo ist nach wie vor eine der häufigsten Kreativarten und bringt starke Ergebnisse hervor.

Der Vorteil dieser taktischen Aufstellung: Die Solo-Position kann mit **wenigen Mitteln** schnell eingenommen werden. Schon nach kurzen Schritten, sind Sie im Schaffensprozess und produzieren Ergebnisse. Viele Autoren, Forscher, Händler, Experten, Entwickler, Musiker, Maler und Gestalter sind solo hochproduktiv. Viele Teams zerlegen sich dagegen nach wochenlangen ermüdenden Diskussionen, bevor sie auch nur irgendetwas Sichtbares geschaffen haben. Eine Person alleine kann eine absolut hohe Performance und Werktreue haben. Und das nach kurzem Anlauf.

Auch in der Umsetzung hat solo Vorteile. Unterscheiden Sie zwei Phasen in der Produktentwicklung:

- die initiale Idee für ein Geschäftskonzept oder Produkt
- die Umsetzung dieses Produktes

In beiden Phasen brauchen Sie andere Arten der Kreativität. Bei der Erstentwicklung geht es um die grundlegende Findung. Solo können Sie Ihre Idee selbst formen und bestimmen. Kein anderer *"bricht Ihnen die Spitze"* und nimmt die Energie aus dem Vorhaben.

Oft ist es so, dass die Anfangskreativität gefolgt wird von einer Umsetzungsphase, in der Sie so oder so selbst arbeiten müssen. Nehmen wir den Autor, da es bei ihm einfach zu erklären ist:

Die Findung der grundlegenden Handlung kann durch Impulse von außen angeregt sein. Auch die Vertiefung einzelner Figuren oder Szenen kann das Fachwissen anderer brauchen (Jodi Piccoult, die amerikanische Autorin, ließ sich für ihren Roman *Lone Wolf* von einem Wolfsspezialisten beibringen, wie ein Wolf zu heulen). Die Geschichte dann zu entfalten, den roten Faden durch die Storyline zu ziehen:

Das ist IHR Job. Das tun Sie alleine.

Denken Sie jedes Produkt wie eine Story. Gleich ob Sie Schwarztee verkaufen oder sich als Expertin für persönliche Wahrnehmung positionieren. *It's all about story.* Als Solopreneur halten Sie den Kurs. Sie legen den roten Faden durch Ihr Business.

Kreativität selbst bestimmen und andere hineinnehmen

Sowohl in der Initialphase wie in der Umsetzung hat es durchaus Vorteile, alleine zu sein. Sie können bestimmen. Sie können zugleich aber mit anderen austauschen. Denn wer sagt, dass Sie immer alleine sind? Sie können solo neue Kreativitätstechniken einsetzen, quasi als *Design Thinking light.*

Techniken, die Sie aus dem Tunnel holen

- Schaffen Sie Ihre persönliche eigene kleine Design Thinking Umgebung.
- Formen Sie eine kleine Gruppe, die Sie über Denkblockaden hebt.
- Laden Sie Bekannte und andere Personen ein, die gerne mitdenken.
- Arbeiten Sie in dieser kleinen Gruppe an einer konkreten Fragestellung.
- Wir raten ab von freien Brainstormings, arbeiten Sie an konkreten Fragen.
- Gehen Sie parallel in den Austausch mit anderen Solopreneuren.
- Klassische Firmen tun dies schon lange in ERFA-Gruppen.
- Testen Sie Ihre Produkte.
- *Eat your own Dogfood*: Nutzen Sie Ihre eigenen Lösungen im Alltag.
- Wir sind *Prototyping* Fans: Schrittweise vorgehen. Nicht sofort in Serie.

Integrieren Sie Elemente des Design Thinkings, von Lean Start-up oder andere Kreativitätsformen in Ihre Arbeitsweise. Holen Sie sich Anregungen und nutzen Sie die Methoden, die Sie voranbringen. Aber Vorsicht: Holen Sie sich nur so viel Kreativität ins Haus, wie Sie auch verarbeiten können. In Kapitel 11 werden wir noch über das eigene Maß sprechen, wie Sie Ihren optimalen Flow-Kanal aufbauen. Wenn Sie so vorgehen, vermeiden Sie halbfertige Ideen und den berüchtigten Tunnelblick.

Meditation und innere Arbeit

Ein weiterer Weg ist *Meditation* oder die Arbeit mit seinem eigenen *Inneren Team* (einer Methode von Friedemann Schulz von Thun). Innere Visualisierungen können Sie weit bringen. Wir tragen viele Aspekte eines Teams bereits in uns. Und Hand aufs Herz: Meditieren geht solo wirklich einfacher als in einer Gruppe. Zu diesem Thema eine Passage aus einem Interview mit Toby Ruckert:

"Es gibt als Entrepreneur ein Problem: Wie kann ich etwas wissen, das ich gar nicht wissen kann? Und wie kann ich mit dieser Unsicherheit selbstbewusst umgehen? In vielen Situationen brauchen wir als Unternehmer ein Bauchgefühl, denn das, was wir schaffen, ist oft von der Zeit, in der wir leben, noch nicht anerkannt. Die Genauigkeit dieses Bauchgefühls nimmt mit Berufs- und Lebenserfahrung meist natürlicherweise zu und trägt auch wesentlich zu unserem langfristigen geschäftlichen und privaten Erfolg bei. Beschleunigen kann man sie aber noch mit Meditation.

Ich kann unmöglich wissen, was genau hinter der nächsten Kurve kommt, wenn ich noch nie da war. Selbst wenn ich jemanden fragen könnte, der gerade dort war, kann ich nie sicher wissen, ob für mich die gleichen Bedingungen zutreffen oder ich die Kurve gleich empfinden werde. Aber manchmal hilft es einfach, eine Ahnung zu haben, was mich dort erwarten könnte, vielleicht auch dann, wenn ich mich auf diese Ahnung im Laufe eines Lebens mehr und mehr verlassen kann." [13]

Fazit

Solo-Kreativität ist eine sehr gezielte Kreativität. Sie können damit keine großen, performanten Spitzen-Teams überholen. Sie können aber einmalige Leistungen schaffen. Und Sie werden normale Teams schlagen, da der Solopreneur besser den roten Faden hält als eine undisziplinierte Gruppe. Sie bestimmen als Solopreneur, mit wem Sie sich treffen, mit wem Sie skypen und in Kontakt bleiben. Auch können Sie jederzeit ein *temporäres Team* zusammenstellen. **Der Vorteil:** *Sie müssen es nicht.* Sie können auch über längere Strecken solo performen. Und nichts blockt Kreativität mehr, als wenn Sie einen Lauf haben und dann alle 10 Minuten jemand in der Tür steht und stört. Solo passiert Ihnen das nicht.

● Der Innovations–Mythos

Kommen wir zum nächsten Mythos: *Sie brauchen eine Innovation, deswegen brauchen Sie ein Team.* Das stimmt nicht. Aber aus einem anderen Grund, als Sie vielleicht meinen.

Wer eine *disruptive Innovation* schaffen will, eine Killer-Technik, die eine ganze bisher bestehende Technik verdrängt (wie das Smartphone), braucht ein Team, weil es in einer hohen Geschwindigkeit den technischen Vorsprung ausbaut. Diese *Sprunghöhe der Innovation* ist ein Grund, warum bei Internet Start-ups (und auch in großen Konzernen) auf Teams gesetzt wird. Ein böser Witz aus dem Silicon Valley behauptet, dort wäre die Small-Talk-Party-Standardfrage nicht: *„Was machen Sie beruflich?"*, sondern *„Und wen zerstört Ihr?"*. Wer die Latte einer ganzen Branche reißen will, braucht schon etwas Power. Und ein Team kann hohe Power entwickeln.

Wer die Welt aus den Angeln heben will, kann dies nicht mit einem Geschäftskonzept von der Stange tun. Wenn *Google* die Logistiksparte umkrempeln will und sich an *Upper* beteiligt oder *Siemens* das Internet der Dinge durch alle elektronischen Geräte im Haushalt und in der Industrie durchbuchstabieren möchte (*Industrie 4.0, Smart Factory, Smart Grid* etc.), können Sie alleine dagegen schwer ankommen.

Und jetzt kommt der alles entscheidende Satz für Solopreneure:

> *Was ist, wenn Sie gar nicht so innovativ sein müssen,*
> *um erfolgreich zu sein?*

Das finden wir immer wieder amüsant: Alle sprechen von Innovation, *aber die brauchen Sie gar nicht zwingend, um erfolgreich zu sein!* Im Gegenteil: Die meisten erfolgreichen Geschäftsmodelle basieren auf altbewährten Konzepten. Das stammt übrigens nicht von uns, sondern ist das Ergebnis aus der neuesten Entrepreneurship Forschung aus *St. Gallen.* Und in Punkto *Business Modelling* ist St. Gallen ziemlich weit vorne. Das Team um Prof. Gassmann bezeichnet 7 Denkfallen, die in den Köpfen der meisten Firmenlenker stecken und die NICHTS mit der Wirklichkeit zu tun haben.

Denkfallen nach St. Gallen[14]

- Sie müssen als Erster die Idee haben.
- Sie müssen radikal sein, um Erfolg zu haben.
- Es muss um Technik gehen.
- Geniale Sachen fallen vom Himmel.
- Sie müssen ein Genie sein, um erfolgreich zu sein.
- Es braucht eine Forschungsabteilung, um Neues zu schaffen.
- Nur mit viel Geld und viel Manpower ist Innovation schaffbar.

Für einen Solopreneur heißt dies (von uns formuliert)

- Sie können eine Idee nehmen, die andere schon hatten.
- Sie können eine gute, solide Idee erfolgreich machen.
- Ihre Idee muss sich nicht um Technik drehen.
- Sie können ein Business Stück für Stück entwickeln.
- Starten Sie bei Ihren Stärken und Möglichkeiten.
- Sie können solo Innovation schaffen.
- Sie und Ihr Netzwerk reichen, um WOW! zu sein.

Innovation ist nicht der alles entscheidende Punkt. Natürlich können Sie als Solopreneur durch eine Innovation punkten. Auch ein Patent ist nicht zu verachten. Ideen, Verbesserungen und neue Gedanken sind immer gut. *Suchen Sie aber keine Innovation um der Innovation willen.* Viele, viele Geschäftsideen werden erfolgreich, weil jemand eine bestehende Sache ein wenig liebevoller, besser, gesünder, schöner, stärker oder einfach nur in einer anderen Branche macht. Machen Sie Ihr Ding und machen Sie es einen Tick besser als andere oder an einer anderen Stelle als andere. Es reicht, seinen Platz zu finden und dort für andere WOW! zu sein. Meist ist die Konsequenz, wie Sie Ihr Konzept in den Markt bringen, wichtiger als die sogenannte Innovationshöhe.

Fazit

- Es stimmt nicht, dass Sie um jeden Preis innovativ sein müssen!
- Entwickeln Sie Business, mit einem geringen Grad an Komplexität.
- Erfolgreiche Solo-Konzepte leben vom konsequenten Vorgehen.

Der Sicherheits-Mythos

Der nächste Mythos ist aus einem Gefühl geboren: Menschen möchten nicht alleine sein. Daher lautet der Mythos (häufig unausgesprochen): *Ich will stark sein, deswegen brauche ich ein Team.*

Viele gehen nicht in ein Team, weil sie von der großen Innovation träumen. Häufig ist es der Wunsch nach einer starken Peergroup. In der Gruppe bin ich sicherer. Was dabei übersehen wird: Es gibt eine Reihe von Risiken, die in einem Team schlummern. Dass ein Team die Performance steigert, stimmt nur, wenn es ein gutes Team ist.

- Viele Personen sind nicht teamfähig oder mittelmäßig.
- Sie verlangsamen und verschlechtern Ergebnisse.
- Oder bringen Ergebnisse durch zu viel Ego in Gefahr.

Ein gutes Team zieht Sie nach oben, ein mittelmäßiges nach unten. Die meisten Menschen lassen sich nicht steuern! Von daher ist jedes Team ein Risiko. Das geht bis zum Totalverlust. In der Start-up Szene gibt es den Spruch: „Lege niemals ein faules Stück Obst in einen Obstkorb".

Wir haben zweimal in unserer Laufbahn beobachtet, wie ein funktionierendes Team durch eine neu hinzukommende Person komplett zerlegt wurde. Am Anfang fügt sich die Person freundlich und nett ein. Ab dann legt sie eigene Netzwerke und lenkt ab einem bestimmten Zeitpunkt Entscheidungen in neue Richtungen, um eigene Positionen aufzubauen. Wer jetzt nicht aufpasst, erlebt in einer dritten Phase, wie andere Team-Mitglieder gekippt werden und das Projekt komplett aus dem Ruder läuft. In beiden Fällen gingen hohe Investitionen verloren. Die Amerikaner blocken dieses Risiko mit einer „hire & fire" Mentalität. Wer sich nicht anpasst, fliegt sofort. Klingt nicht nach Freundschaft.

Fazit

Wollen Sie sich unternehmerisch selbst entfalten und Entscheidungen zügig selbst treffen, sind Sie alleine besser aufgestellt. Ein Team ist keine Garantie, dass es besser läuft.

Den Mythos Team hinterfragen

Die Stimmung in der Start-up Kultur steht auf Team. Lassen Sie sich davon nicht verwirren. Brechen Sie ruhig den Team-Mythos. Solo ist stark und an vielen Stellen sogar stärker.

Wer sich von einem Team Stärke erhofft, kann das Gegenteil erleben. Für ein Team müssen Sie stark sein und das Team führen. Solo fehlt Ihnen vielleicht an der einen oder anderen Stelle der Schulterschluss, Ihnen kann aber auch niemand in den Rücken fallen.

Gerade Menschen, die nicht die Alpha-Tiere sind, entfalten ihre Stärken häufig konsequenter im eigenen, geschützten Raum. Ja, wir kennen Beispiele, in denen Teams gut miteinander klarkommen. Wir kennen auch Management-Ansätze, die aus dem Vertrauen zu Mitarbeitern arbeiten. Wir kennen aber mehr Beispiele, in denen in Organisationen Mitarbeiter einen großen Teil der eigenen Energie nutzen, um den eigenen Platz zu verteidigen. Hat sich einmal eine Firma in ein Haifischbecken gewandelt, können Sie nicht mehr unbekümmert mitschwimmen.

Trauen Sie sich, die Formel *„Team ist das Allheilmittel"* zu hinterfragen. Die innere Kündigung vieler Menschen auf ihrem Arbeitsplatz rührt ja daher, dass sie dort – obwohl in einem Team – nicht den optimalen Entfaltungsraum haben. Wir haben mehr als eine Person begleitet, die zwar in einem Team oder mit einem Partner begann, dort aber nach einer Zeit wieder raus wollte. Weil es menschlich oder fachlich nicht funktionierte. Nicht jedes Team entwickelt eine Feel-Good Atmosphäre und noch wichtiger: *Vielen Teams gelingt es nicht, zusammen Geld zu verdienen.* Es wird mehr Aufwand als Produktivität erzeugt. Betriebswirtschaftlich kein gutes Konzept.

Team oder solo?

Wollen Sie sich unternehmerisch entfalten und spüren Sie in Ihrem Bauch, dass Sie solo besser performen, dann tun Sie es einfach. Sie entscheiden sich damit gegen ein fest angestelltes Team, können aber locker mit vielen anderen Solopreneuren und Freelancern zusammenarbeiten.

Team / Solo Checkliste

Wollen Sie ein Team leiten?

- Was ist Ihr bevorzugter Arbeitsmodus: Alleine oder in der Gruppe?
- Haben Sie eine Idee, die Sie besser im Team umsetzen können?
- Sind Sie bereit und in der Lage, ein gutes Team zusammenzustellen?
- Haben Sie genug Menschenkenntnis, um ein Team zusammenzustellen?
- Sind Sie bereit ein Team zu führen (und auch Mitglieder zu entlassen)?
- Was tun Sie, wenn Sie jemanden anstellen und dieser Mitarbeiter sich am Schreibtisch einrichtet und ab dann eine ruhige Kugel schiebt?
- Was tun Sie, wenn eine Topkraft Firmenanteile haben möchte?

Das sind alles Fragen, die als Teamleiter auf Sie zukommen. Ein Team ohne Leitung treibt auseinander. Wenn Sie kein Team leiten wollen, bliebe in einem Team nur noch die Position als Team-Mitglied. Diese Position führt Sie aber nur selten in Richtung Unabhängigkeit. Dann lieber solo das eigene Ruder in die Hand nehmen.

Kennzeichen, wann Sie sich alleine aufstellen sollten

- Sie haben eine klare, eindeutige Idee, bei der die Umsetzung alleine machbar ist.
- Sie haben genug Finanzen und Quellen für Solo.
- Oder eine Idee, die Sie erst ohne Verpflichtungen antesten wollen.
- Sie lassen sich ungerne von anderen verplanen.
- Sie möchten an Mobilität gewinnen und flexibler werden.
- Unabhängigkeit ist für Sie ein starker Wert.
- Selbstbestimmung ist für Sie ein starker Wert.
- Ihnen ist es wichtig, die Steuerung in der eigenen Hand zu haben.
- Ihnen gefällt es, eigene Dinge zu schaffen und Solo-Chef zu sein.
- Sie wollen sich nicht auf einen Business Case festlegen und Ihren Kurs ändern können.
- Sie wollen eigenes Vermögen aufbauen.

Wenn dies Ihr Profil ist und Sie ein Solo-Selbstbewusstsein haben, würde ein Team zu viel Anpassung von Ihnen fordern. Bleiben Sie solo.

Wir sind fünf Gesellschafter und haben einen stillen Teilhaber. Es ist quasi nicht möglich, sich einig zu sein und den gleichen Kurs zu fahren.

anonymer Gesellschafter

Solo
preneur

Kapitel
8

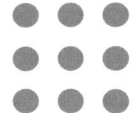

Alleine schneller am Ziel

Wer seine Rolle gefunden hat und solo seinen Weg geht, kann seine Solo-Stärken gezielt ausspielen. Der Solopreneur ist wie ein Motorradfahrer im Innenstadtverkehr. Er findet seinen Weg schneller, passt durch jede Lücke und kann viel besser navigieren als ein 40-Tonnen Lastzug, der mit seinem Aufleger in einer Stadt nur schwer wenden kann.

- Sie sind alleine stark.
- Sie sind alleine wendiger als Teams oder große Firmen.
- Sie können alleine besser Ihre eigene Performance finden.
- Dies hat mit der Steuerung von Systemen zu tun.
- Solo steuert es sich einfacher.

Wenn Sie ein performantes System haben wollen, machen Sie es entweder klein oder groß. Dazwischen ist Unsinn. Wir haben in unserer Laufbahn verschiedene Konstellationen ausprobiert: Mit Angestellten, Partnern, Assistenten. Die Erfahrung: Häufig bremsen sich Menschen gegenseitig aus.

Entweder bleiben Sie schlank und nehmen andere Menschen nicht in das System oder Sie investieren richtig und bauen eine Mitarbeiter-Struktur auf, die funktioniert. Beides ist möglich, aber Sie müssen sich entscheiden. Bei Mitarbeitern können Sie die Situation korrigieren, wenn eine Zusammenarbeit schwer wird. Das ist bei Mitgesellschaftern anders. Wenn Sie Partnern Rechte an Ihrer Firma gegeben haben, können Sie sich nicht mehr einfach trennen. Und stecken damit häufig in einer Konstellation, in der das Steuerrad nur noch mühselig in Bewegung kommt.

Hier das Zitat von einem Gesellschafter aus Köln, den wir kennen. Interessant an dieser Aussage: Die Firma ist gar nicht wirklich groß. Trotzdem gibt es 6 Personen, die mitbestimmen.

„Wir sind fünf Gesellschafter und haben einen stillen Teilhaber. Es ist quasi nicht möglich, sich einig zu sein und den gleichen Kurs zu fahren. Unterschiedliche Meinungen und insbesondere verschiedene Sichtweisen, wie das Unternehmen zu führen ist, machen unser Schiff träge. Abstimmungsaufwand und Meetings rauben dabei enorm viel Zeit und damit auch Geld.

Die Ansicht unseres stillen Gesellschafters und Investors weicht oft noch einmal von der Meinung im Gesellschafterkreis ab. Fazit: Wir sind ein schwer steuerbares Schiff." [1]

Kleines System versus großes System

Menschen lassen sich schwer steuern. Diese Erfahrung machten wir gleich bei einem unserer ersten Jobs vor vielen Jahren. Wir waren frisch selbstständig und hatten erste Aufträge gewonnen. Bei einem brauchten wir Bildbearbeitung und beauftragten dazu einen freien Bildbearbeitungs-Profi. Dieser Mann entpuppte sich als schwerfällig. Gleich was wir sagten, er setzte etwas anderes um. Die Resultate entsprachen nicht unserem Ziel, wir verloren viel Zeit mit Debatten, wie es denn zu tun wäre. Der andere ließ sich nicht steuern, der Kunde brauchte Ergebnisse ... Das Ende vom Lied: Wir nahmen dem Mann den Job aus der Hand und machten es kurzerhand selbst.

Ein Kapitän umfährt ein Hindernis. Ein Solopreneur beobachtet, was in seinem System einen Handlungsstau verursacht. Hin und wieder muss man sich selbst ersetzen. Häufig aber auch andere Menschen oder Zwischensysteme. In der digitale Revolution passiert dies an vielen Stellen: Wer in der Mitte stört, wird umfahren. „Killing the Middleman" ist der Slogan, der dafür in der Start-up Szene geprägt wird. Diese Technik, die Steuerung kurz zu schalten, funktioniert auch für Solopreneure.

- Wer steht zwischen Ihnen und Ihrem Ergebnis?
- Wer kann verhindern, dass es gut wird?
- Wie entfernen Sie Teilprozesse, die Ihre Arbeit erschweren?

Killing the Middleman ist eine Technik, Ihr System einfacher zu bekommen. Sie nehmen Personen (oder Anbieter) aus der Prozesskette. Teams oder Firmen, die größer werden, gehen genau anders herum vor: Sie fügen neue Personen, Hierarchien, Abteilungen hinzu. Um die Steuerung Ihres Geschäfts-Systems gezielt im Auge zu behalten, hilft es, sich im Vorgehen zu entscheiden: *Nehmen Sie weg oder fügen Sie hinzu?*

Fünf kybernetische Argumente für ein Solopreneurship

Kybernetik ist die Lehre von der Steuerung. Dieses Wort leitet sich von der Steuerung eines Schiffes ab. In der Schifffahrt ist es so: Je größer Ihr Schiff wird, um so mehr Personen stehen in der Steuerkette: *Kapitän – Steuermann (der Navigator) – Rudergänger*. Gleiches gilt im Business: Je komplexer Ihr System wird, um so schneller teilt sich die Steuerung auf verschiedene Personen auf: *Chef – Controller – Abteilungsleiter*. Als Solopreneur sind Sie Kapitän und Steuermann und haben das Ruder selbst in der Hand. Das hat fünf handfeste Vorteile.

1. Ein Kapitän steuert schneller als eine gesamte Crew

Solo können Sie alles selbst entscheiden. Sie haben das Steuerrad alleine in der Hand und können wirklich von einem Tag auf den anderen Ihre Unternehmenspolitik ändern oder Ihr Produkt verbessern etc. Sobald Sie Mitgesellschafter oder ein Team haben, entscheiden Sie nicht mehr alleine. Mitgesellschafter haben juristisch das Recht mitzuentscheiden. Sie werden dies auch tun. Was bei einem Geschäftspartner klar vor Augen steht, übersehen viele bei Investoren. Sie gehen davon aus, dass Investoren nur das Geld geben. Weit gefehlt. Jeder relevante Investor sichert sich Mitentscheidungsrechte in den Beteiligungsverträgen. Wenn sich zum Beispiel Ihr Investor und Ihr Mitgesellschafter einig sind, haben Sie praktisch keine Chance mehr gegenzusteuern (eine Lektion, die Steve Jobs bitter lernen musste). Solo können Sie das System alleine steuern und einfach bleiben.

2. Ein Solopreneur darf biografisch steuern

Ohne Team können Sie sich auf Ihre Performance und Ihre *persönlichen Ziele* konzentrieren. Solo müssen Sie keine Mitarbeiter managen. Mitarbeiter arbeiten nur dann gut, wenn sie mitentscheiden können oder gut geführt werden. Sie müssen viel Zeit und Energie investieren, um mit anderen Menschen zusammen gut zu performen. Als Solopreneur können Sie sich auf Ihre eigene Performance konzentrieren. Sie können gemäß Ihres Biorhythmus arbeiten, Ihre Stärken gezielt einsetzen und Ihre Auszeiten selbst planen. Alleine können Sie private Ziele voranstellen. Sind Sie in einem Team, wäre das den anderen Teammitgliedern gegenüber unfair. Solo dürfen Sie die Frage stellen: Wohin will ich persönlich?

3. Ein Solopreneur kann seine Investition alleine steuern

Schwierig ist in einem Team immer die Frage: *Was war mein Beitrag wert? Was bekomme ich dafür?* Solo stellt sich nicht die Frage, wer wie viel eingebracht hat und was er dafür bekommt. Wer neue Produkte schafft, muss dies vorfinanzieren. Wir schöpfen alle unsere Produkte seit einigen Jahren nur noch aus dem eigenen *Cash Flow*. Diese Form der Eigenfinanzierung (*Bootstrapping*) ist solo viel einfacher als im Team. In einer Anlaufphase investieren Sie Zeit und Geld. Alles was Sie hinterher erwirtschaften, läuft wieder zurück in Ihren Geldkreislauf. Sie müssen nicht in vielen Meetings über Anteile oder Rückvergütungen verhandeln.

4. Solo ist günstiger

Wenn Sie Ihre Komplexität senken, haben Sie gegenüber einem großen Team einen Riesenvorteil: *Sie kosten nicht so viel!* Smart schlägt bei den Einstandskosten jedes Team. Wenn Sie solo ein für Sie realistisches Ziel verfolgen, kommen Sie am Anfang mit wenig Geld aus. Viele Start-ups, die meist mit 3 bis 10 Personen starten, zielen hoch, entwickeln eine dazu passende hohe Performance, brauchen deswegen aber auch *Fremdkapital*, da in den ersten Monaten (manchmal sogar Jahren) den Gehältern geringe Einnahmen gegenüberstehen. Folge: Sie verbrennen Geld. Angenommen Ihre *Burn Rate* beträgt 20.000 Euro im Monat, sind das 240.000 Euro im Jahr (viele der Start-ups brauchen mehr). Sie verbrennen also schnell in 2 bis 3 Jahren eine halbe bis ganze Million. Das ist nur etwas für Nervenstarke, die mit diesem Erfolgsdruck leben wollen! Das gilt übrigens auch für klassische Firmenkonstrukte. Vor Kurzem sprachen wir mit einem ehemaligen Agenturchef, der zeitweise pro Monat 80.000 Euro Umsatz für sein Team reinholen musste, bevor er einen Euro für sich selbst verdiente. Häufig ist es so, dass ein Team gerne arbeitet, aber nicht gerne neue Aufträge akquiriert. Also hat die Leitwölfin oder der Leitwolf dann die ganze Verantwortung für die reinkommenden Etats. Heute ist dieser ehemalige Chef solo.

5. Ein Solopreneur behält sein Eigentum

Solo erwerben Sie vollständiges Eigentum an Ihren Ideen. Sie erwerben Eigentum an allem, was Sie in Ihrer Firma entwickeln. In anderen Geschäftsformen ist das nicht so. In jedem Arbeits- oder Beteiligungsvertrag stehen Sätze wie:

Soweit die Gesellschafter im Rahmen des Anstellungsvertrages schutzfähige Erkenntnisse gewinnen oder Erfindungen tätigen, ist ausschließlich die Firma berechtigt, daraus abzuleitende Schutzrechte anzumelden sowie deren Eintragung in einschlägigen Registern zu beantragen, sowie die Erkenntnisse, Erfindungen oder Schutzrechte (insbesondere Patente) zu verwerten.

Diese Klausel stammt aus einem Investorenvertrag und sicherte dort, dass der Gründer seine gesamte Innovation (die bei diesem Start-up hoch war) an den Rechtskörper, im vorgegebenen Fall eine GmbH, überträgt. Damit können die Investoren die GmbH später verkaufen. Da im Vertrag auch ein Aufsichtsrat, ein Wettbewerbsverbot und eine Mitveräußerungspflicht verankert sind, können die Investoren den Gründer aus der Geschäftsführung entlassen und den kompletten Start-up verkaufen und alle anderen Gesellschafter müssen mitverkaufen.

Der Gründer gewinnt in diesem Fall Geld, gibt aber sein komplettes geistiges Eigentum ab. Unabhängigkeit sieht anders aus. Als Solopreneur achten Sie darauf, auf eigenen Namen und Rechnung Produkte zu schaffen und halten Ihre Rechte komplett in den Händen.

Smarte kybernetische Fragen

- Wie viele Bälle können Sie gleichzeitig in der Luft halten?
- Wie groß ist zurzeit Ihr Geschäfts-System?
- Wie viel unterschiedlichen Anforderungen werden Sie gerecht?
- Wie können Sie Ihr System mit wenigen Stellschrauben steuern?

Solo die bessere Qualität

Wer schlank aufgebaut ist, kann sich ganz auf Qualität konzentrieren. Da Sie alleine einfacher Ihr System steuern können, fällt es Ihnen auch einfacher, in Ihrer Marke den roten Faden zu legen. Große Firmen schaffen es oft nicht, einen guten Ansatz durchzutragen. Dies hat mit der modernen Art zu tun, Dinge zu produzieren. Große Systeme hauen häufig Produkte nach einer rein zahlenmäßig gesteuerten Logik auf das Fließband. Das führt zu Massenprodukten, die häufig mittelmäßig sind.

Beispiel Teekanne

Wir erinnern uns an den Kauf einer Teekanne. Wir erwarben Sie bei einer großen Handelskette. Die Kanne sah elegant aus. Wir nahmen unsere neueste Errungenschaft freudig nach Hause, packten die Kanne aus – und mussten entdecken, dass man mit ihr nicht gießen konnte. Zumindest nicht, wenn die Kanne voll war. Bei einer halben Füllung ging es gerade noch. War die Kanne ganz gefüllt, stimmte der Winkel zwischen Ausguss und Deckel nicht. Der Inhalt lief über auf Teller, Tischdecke und die eigene Person. Nach mehreren Versuchen blieb das Ergebnis bestehen: Eine Teekanne, die nicht gießt. Für einen Norddeutschen ist das indiskutabel.

- Wie konnte es diese Kanne in die Produktion schaffen?

Mittelmaß als Systemfalle

Lieblose Produkte können Sie an vielen Stellen beobachten: Billig gemachtes Kinderspielzeug, Fließband-Kuchen, geschmacklose Handtaschen, zusammengehauene Elektronik, das ganze Gruselkabinett der 1-Euro Läden, schlechte Servicedienstleistungen usw. Je kürzer die Produktionszyklen werden und die Anzahl der Angebote steigt, umso weniger Qualität hat das einzelne Angebot. Viele Firmen schaffen es nicht, in ihrer Struktur eine gute, lebendige Qualität zu erreichen. Sie denken nicht zu Ende, haben zu viele mittelmäßige Mitarbeiter in der Entscheidungskette oder haben ein System geschaffen, das nicht mehr steuerbar ist.

DEUTSCHE VERLAGE   In Lektorenkonferenzen gefangen

Solopreneure stehen häufig in sich wandelnden Branchen und bieten dort eine Lösung an, die von den großen Systemen nicht erbracht wird. Oder sie bieten es an den Systemen vorbei an. Ein Beispiel dafür sind die **Buchverlage**. Die Verlage stecken in einer Krise. Sie sind gefangen in *Lektorenkonferenzen* und *festgefahrenen Produktionszyklen*.

Um mit immer weniger Menschen immer mehr Bücher zu erstellen, wurden Prozesse geschaffen, in denen der Standard-Autor keine Rolle mehr spielt. Er hat einmal sein Manuskript abzugeben. Ab dann darf er nicht mehr stören. Das Buch wird von externen Grafikern gesetzt, die nicht über ihre Entwürfe diskutieren wollen (weil sie auf Festpreis oder einem festen Stundenkontingent arbeiten und jede Minute zählt), und hat in der Lektorenkonferenz – wenn überhaupt – 1 oder 2 Minuten Besprechungszeit. Danach geht es einmal in den Verlagskatalog. Das war das Marketing. Sonderaktionen gibt es nur für Stars wie Harry Potter und andere Bestseller. Bei über 80.000 neuen Titeln, die in Deutschland auf den Buchmarkt kommen, geht dies auch nicht anders. Der normale Autor hat in diesem System keinen Platz.

Was tun Sie nun aber, wenn Sie als Experte eine gute Idee für eine Fachbuchserie haben? Wenn Sie Wissen schneller und gezielter auf den Punkt bringen wollen als bisher?

Das lässt sich mit einer Verlags-Produktionskette nicht herstellen.

Die Verlage lernen nicht dazu. Zur Zeit geben Sie als Autor mit dem Manuskript komplett alle Rechte (gerade auch die elektronischen) ab. Ohne Garantie, dass daraus etwas gemacht wird. Der Verlag hält also seine Hand auf Ihrem Produkt, verliert Sie aber als Person sofort aus dem Auge. Er will in jedem Jahr neue Titel auf den Markt bringen. Nichts ist für einen Verlag älter als ein Buch aus dem letzten Jahr. Sie verlieren also total die Kontrolle über Ihr Produkt und Sie können die Qualität nicht weiter bestimmen. Jeder Autor mit einem Solo-Verstand sollte lieber selbst auf den Markt gehen: Sie sind solo wendiger, besser in der Qualität und können über Jahre Ihr Programm selbst gestalten und ausbauen.

Solo-Qualität in der Buchproduktion

Unser Buch *Smart Business Concepts* erstellten wir in über 20 internen Lesefassungen, bevor wir es in der ersten Auflage in Druck gaben. Wichtige Zwischenfassungen wurden von Testern gegengelesen. Ende 2012 ging es in den Druck. Januar 2013 begann die Auslieferung. In 12 Monaten (Dezember 2013) war die erste Auflage verkauft. Wir überarbeiteten die zweite Auflage (was ein Verlag nicht tun würde, er würde zunächst nur nachdrucken), arbeiteten die Anmerkungen unserer Leser ein und waren damit bereits nach 12 Monaten in der zweiten Auflage auf einem höheren Qualitätsniveau.

Oktober 2013 kletterten wir bei *amazon* auf die deutsche Fach-Bestsellerliste neben *Kopf schlägt Kapital* und halten diesen Platz bis heute.[2] Wir schafften dies mit einem Bruchteil der Kosten eines Verlages.

Die Qualität unseres Buches zog die Aufmerksamkeit einer der beiden führenden Wirtschaftsverlage in Deutschland auf sich. Der ehemalige Cheflektor und Verlagsleiter rief uns an und bot uns eine Übernahme in das eigene Verlagsprogramm an.

Als wir ihn fragten, zu welchen Konditionen, musste er eingestehen, dass es ein verlagsüblicher Vertrag wäre. Mit Übergabe aller Rechte (auch der elektronischen), geringen Ausschüttungen, keinen Garantien für Folgeprodukte, zeitliche Bindung an die internen Lektorenkonferenzen und ohne Zusagen für Sonderaktionen. Das war nicht attraktiv und wir sagten ab, was unser Verhandlungspartner verstehen konnte.

- Trauen Sie sich zu, Ihre eigene Qualität zu schaffen.
- Wer selbst steuert, kann Qualität schaffen.

Hier fängt Ihr Solopreneurship-Erfolg an:

- An welcher Stelle können Sie etwas gut machen?
- Oder etwas herstellen lassen, das gut ist?
- Wie können Sie an einer Stelle vor die anderen kommen?
- Wie erhalten Sie sich den Zugriff auf die Stellschrauben der Qualität?

Maker-Fallbeispiel Brandon Perhacs

Orientieren Sie sich an der Philosophie der Maker. Sie sagen: *Baue den Prototypen mit der eigenen Hand.* Nur so wissen Sie, wie es funktioniert und Sie können die Qualität später in der Produktion steuern. Wer bei Maker an die deutschen Hobby-Bastler und Laubsägearbeiten denkt, hat die Dynamik der Maker-Szene noch nicht wahrgenommen. Viele der dort gefertigten Produkte sind feinste Elektronik bis hin zu komplexen Gütern aller Art. Und zur Laubsäge: Das macht heute der Laser.

Ein Beispiel für die Mischung von Handarbeit und Nutzung von High Tech ist Brandon Perhacs. Er ist Designer, der zum einen seine eigene Werkstatt auf *Bainbridge Island* in den USA hat und zum anderen den Maschinenpark der *Maker Community in Seattle* nutzt.[3] Brandon Perhacs produziert als Maker u.a. Steck-Lampenschirme aus gelaserten Sperrholzplatten oder wahlweise Aluminium. Entscheidend ist die Schönheit der Form. 720 (Birke) bis 1.680 Dollar (Aluminium) als Preis für einen Lampenschirm bringen seine Produkte in die Nähe eines Kunstwerkes. Für eine digital gesteuerte (und damit immer wiederholbare) Laserarbeit in unseren Augen ein guter Preis. Brandon Perhacs nutzt **Komponenten**: Die Maschinen zum Prototypen im *Makerhaus* in Seattle und den Verkauf über Onlineshops. Er verkauft online und über ausgesuchte Händler.

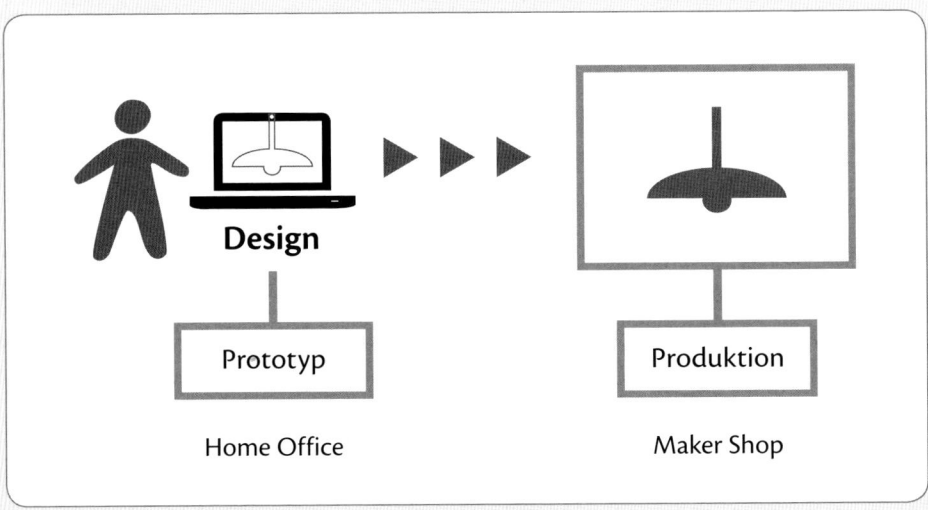

Sich nicht von anderen aufblasen lassen

Wenn Sie alleine schneller sein wollen, müssen Sie darauf achten, sich nicht von anderen aufblasen zu lassen. Das passiert regelmäßig in der Start-up-Szene. Eine Person hat eine Idee. Berater kommen dazu. Sie sehen das „gigantische" Potenzial. Ab dann darf nur noch groß und mächtig gedacht werden. Dieses Verhalten sollten wir eigentlich nach der dot.com Krise abgelegt haben. Trotzdem kommt es immer noch vor. Andere blasen Ihre Idee auf ein zu hohes Maß. Entweder, weil sie nur groß denken können – oder weil sie dann mit Ihnen mehr Geld verdienen. Typisch ist auch die Angst, nicht genug Features bieten zu können. Also wird von Anfang an mit fest angestellten Programmierern gearbeitet. Dadurch bauen Sie Personalkosten auf, aus denen Sie nur noch schwer rauskommen.

Zur Dokumentation dazu ein Fallbeispiel. Vor einiger Zeit fragte uns eine Frau um Rat, wie sie am besten Venture Capital bekommen könne. Welche Gesellschaften könnte sie ansprechen? Auf die Frage, wie viel Geld sie braucht, nannte sie einen hohen sechsstelligen Betrag.

- Ihre Idee war ein stimmiges Konzept, bei dem wir keine große Entwicklungsarbeit sahen.
- Ein kleines Spezialsortiment sollte an den Start.
- Ihre Idee war gut über Komponenten darstellbar.
- Da sie in ihrem Sortiment nicht übermäßig viele Artikel hatte, stutzten wir.

1/2 Mio Ausgaben ohne einen einzigen Test voraus

Wir fragten nach, wie sie auf diese hohe Summe käme. Für die Umsetzung war unter anderem ein Online-Shop notwendig. Sie hatte für die Entwicklung des Shops eine Agentur angefragt. Die Agentur hatte dann ein Angebot zur Programmierung vorgelegt plus Etat für Marketing etc. Alles, was andere ihr rieten, führte zu einem angesetzten Volumen von einer halben Million Euro.

Was uns an solchen Konstrukten ärgerlich macht: Die Berater tun so, als wenn das Business wie ein Haus gebaut werden könnte. Planung - Erstellen - Fertig. Das ist aber nicht so. Jedes Business ist eine Geschichte von Ausprobieren, Erfolg und Scheitern.

Geschäftskonzepte anders bewerten

Trauen Sie sich, Ihren Weg organisch zu gehen und Ihr Business Stück für Stück aufzubauen.

Als wir die Entrepreneurin aus unseren Beispiel fragten, wie viel Eigenkapital sie hat, war die Antwort: 50.000 Euro. Eine sichtbare Summe. Genug Geld, um ein smartes Business alleine zu starten.

Wir machten ihr eine andere Rechnung auf:

- Das vorhandene Eigenkapital halbieren. Nur 25.000 Euro verplanen.
- 25.000 Euro sofort in eine Reserve stellen.
- Den Shop mit einer Komponente wie *Jimdo*, *Shopify* oder *WooCommerce* zunächst selbst erstellen.
- Eine erste Probeserie der Produkte erstellen.
- Mit gezieltem Marketing in einer einzigen Metropole starten, um die erste Serie zu verkaufen.
- Mit Erlösen den Shop modifizieren + die nächsten Produkte herstellen
- Sich so Charge für Charge nach oben arbeiten.

Die Fixierung auf Größe und Team treibt Menschen in Festlegungen, die nicht notwendig sind. Wer smart denkt, kann ohne Investor starten und hält von Anfang an sein Business in den eigenen Händen. Alle unternehmerischen Steuerräder bleiben Ihnen. Kritiker würden sagen: Mit Fremdkapital ist man schneller und breiter im Markt. Solopreneure sagen: Mit Fremdkapital verliert man seine Unabhängigkeit.

Sich gegen Kritiker durchsetzen

Kritiker würden sagen: Diese Frau ist jetzt langsamer unterwegs. Wir sagen: Das stimmt nicht. Denn die Berater werden weitergereist sein, wenn diese Frau das aufgeblasene 500.000-Euro-Konstrukt nicht gelandet bekommt und ihren Start-up verliert. Dann hat sie *kein* Ziel erreicht und viel Zeit und Geld verloren. Solo ist sie schneller. Weil sie ihr Maß halten kann, ihre Idee steuern und damit ihre Landezone erreicht.

Alleine sind Sie schneller am Ziel, weil Sie Ihr Ziel erreichen.

Solo die bessere Qualität – Zusammenfassung

Solo schaffen Sie schneller eine Qualitätskultur

Solo schaffen Sie schneller eine Qualitäts-Produktionskette, als wenn Sie zunächst ein komplettes Team aufbauen. Teams brauchen eine Zeit, bis sie ihren Rhythmus gefunden haben. Lesen Sie die Biografie der *Comedian Harmonists*: Sie brauchten einige Jahre, bis sie ihre legendäre Qualität hatten. Die meisten Teams sind nicht im ersten Jahr schon erfolgreich. Wenn sie über das erste Jahr hinauskommen und sich in dieser Zeit vertragen ...

Alleine schneller – wenn Sie es nicht aufblasen

Aber nicht überall. Um alleine schneller am Ziel zu sein, brauchen Sie ein Solo-Augenmaß. Sie können nicht vierstimmig live singen wie die *Comedian Harmonists*, Sie haben nur eine Stimme. Sie können kein Flugzeugtriebwerk bauen wie *Rolls Royce*, dazu fehlt Ihnen das Kapital. Sie brauchen eine Größe, die Sie mit Leichtigkeit steuern können. Lassen Sie sich daher nicht von anderen aufblasen. Gehen Sie Schritt für Schritt vor.

- Definieren Sie, an welcher Stelle Sie eine Top-Qualität erreichen wollen.
- Lassen Sie dafür andere, mittelmäßige Dinge weg.
- Bauen Sie eine Produktion auf, die Sie selbst steuern können.

Denk-Nuss: Standard oder individuell?

- Um automatisieren zu können, wird standardisiert.
- Wird zu viel standardisiert, sinkt die Qualität, da Sonderfälle nicht mehr mit Fingerspitzengefühl bearbeitet werden können.
- Wie können Sie standardisieren ohne Qualität zu verlieren?

Die Firma Hamburger Liebe besteht
noch immer aus mir, my self and I.

Susanne Firmenich

Merino Umarmung"). Sie verkauft ihr Sortiment online im eigenen Shop und über ein Netz von Händlern, meist Läden, die der Handmade Kultur nahe stehen und passende Namen tragen wie *"Siebenblau, Fadeninsel, strickeria, Wollsucht, 2links-2rechts, Nature's Luxury"*.

Rosmary Stegmann sagte im Magazin *Impulse* zu ihren Zielen:

„Im Moment arbeite ich in unserer Wohnung. Es läuft besser, als ich erwartet habe, wir können schon jetzt manchmal nicht alle Wünsche erfüllen. Ich möchte trotzdem keinen riesigen Betrieb daraus machen. Wir arbeiten mit einer kleinen Spinnerei zusammen. Die würden dann auch an ihre Grenzen stoßen, und wir müssten uns neue Partner suchen. (...) Es soll eine kleine feine Sache bleiben." [1]

Rosmary Stegmann ging einen typischen Solo-Weg

- Zu Beginn stand die Idee.
- Dann kommt nach Recherchen die Entscheidung, es zu versuchen.
- Sie gründet mit ihrem langjährigen Lebenspartner (Solopreneur-Paar).
- Zunächst arbeitet sie noch parallel 3 Tage pro Woche als IT-Entwicklerin.
- Dann wagt sie den Sprung und arbeitet an dem Projekt Vollzeit.
- Sie bootstrappt. Ihr Freund trägt beide durch sein Gehalt.
- Ihr Ziel ist nicht grenzenloses Wachstum, sondern *„ihr Ding zu machen"*.

Wir fragten Sie, warum es sinnvoll ist, das Unternehmen selbst alleine zu steuern. Sie antwortete: *"Ich halte es für sehr wichtig, anfangs alle Aufgaben im Unternehmen selbst gemacht und dadurch wichtige Erfahrung gesammelt zu haben, die ich später weitergeben kann. Auf Dauer kann ein Unternehmen meiner Meinung nach aber nur wachsen, wenn der Gründer nicht mehr versucht, alles alleine zu machen, sondern klar definierte Aufgaben an motivierte und darauf spezialisierte Partner delegiert. Die Verantwortung für und das Steuern des Unternehmens bleibt dabei in der Hand des Unternehmers - und es macht mir besonders viel Spass, wenn die Partner hochmotiviert sind."* [2]

Zum Blog von Rosy Green Wool   blog.rosygreenwool.de

Zum Shop von Rosy Green Wool   rosygreenwool.com/de/shop

● Stoffe, die bestechend schön sind

Susanne Firmenich mit Hamburger Liebe

„Die Firma Hamburger Liebe besteht noch immer aus mir, my self and I." [3]

Wer Hamburg als die schönste Stadt der Welt bezeichnet, hat eigentlich schon gewonnen und gehört in dieses Buch aufgenommen. Susanne Firmenich betreibt den Blog *Hamburger Liebe*, einem Blog, in dem es um schöne Stoffe, Farben, Selbermachen, Design, Schleifen und ums Leben und Arbeiten geht. 2007 kam sie in den Norden, weil sie ihrer Liebe zur Stadt und zu einem Mann folgte. Kinder folgten.

Was dann geschah schildert sie so:

„Zum Textil-Design kam ich ein bisschen wie die Jungfrau zum Kinde. Neben meiner jahrelangen selbstständigen Tätigkeit als Grafik-Designerin habe ich mit meinen Kindern die Liebe zum Nähen und zu schönen Stoffen wiederentdeckt. Bei schönen Designs bin ich aber schnell an Grenzen gestoßen. Damals gab es kaum schöne Jerseys für Kinder und hübsche Webstoffe musste man sich am besten aus Japan oder aus den USA importieren. Das war leider teuer. 2010 bin ich dann auf den fabric print on demand service spoonflower.com gestoßen und habe meine ersten eigenen Designs auf Stoff drucken lassen. Zuerst nur für den Eigenbedarf. Was dann kam, ist Geschichte." [4]

Geschichte ist, dass ihr Angebot extrem gut ankam, sie Zugriffszahlen auf ihren Blog hat, von denen andere nur träumen und sie inzwischen Stoffproduzentin mit ihrer eigenen Kollektion ist.

Selbermacher in ganz Europa kaufen ihre Stoffe und schneidern damit (Kinder-) Kleider, Taschen und vieles mehr. Sie hat ein so großes Volumen, dass sie inzwischen in Deutschland bei der *Hilco Textil GmbH* produzieren lässt.

Susanne Firmenich ist eine ***Produzenten-Bloggerin***. Sie produziert, hat <u>KEINEN</u> Online-Shop (wie zuvor *Rosy Green Wool*) und hat auch den kompletten Vertrieb an Hilco abgetreten. Damit kann sie sich auf das konzentrieren, was sie gut kann: Designen und bloggen.

Steckbrief Hamburger Liebe

Susanne Firmenich trägt mehrere Merkmale einer Solopreneurin:

- Sie lebt ihre Leidenschaft (Stoffe und Design).
- Sie wechselte von der selbstständigen Grafik-Designerin zur Entrepreneurin.
- Ihr erstes Eigenprodukt waren bedruckte Jersey-Stoffe.
- Ihre Designs sind Grundlage für bedruckte Stoffe, Bänder und Stickmuster.
- Sie lässt Stoffe mit ihren eigenen Designs herstellen.
- Zur Herstellung nutzte sie zum Start die Komponente *spoonflower.com*
- Mit höherem Volumen wechselte sie zu einem Stoffproduzenten.
- Also der Sprung auf eine nächst größere Komponente.
- Ausgeliefert werden die Stoffe von anderen Shops.
- Ihr Marketing läuft über einen eigenen Blog.
- Der mit wunderbaren Fotos und Farbigkeit überzeugt.
- Der Blog selbst läuft auf dem Blogdienst *blogger.com* (gehört inzwischen zu *Google*).
- Also auch dort die Nutzung einer Komponente.

Susanne Firmenich ist eine Stoffproduzentin ohne eigene Fabrik. Dank moderner Technik ist es für Susanne Firmenich möglich, neben Familie und ohne großes Team oder eigene Firmenräume Herstellerin zu sein.

Mehr über sie und ihre Stoffe: *hamburgerliebe.blogspot.de*

Tipp

Wir empfehlen, einen Blog unter einer eigenen Domain aufzubauen. Nicht wie hier unter *blogspot.de*. Haben Sie einen erfolgreichen Blog auf einer Fremddomain etabliert, können Sie kaum noch wechseln.

● Mach Deinen Hund zum Traumberuf

Dagmar Ruth Vogel mit HundeBusiness

Dagmar Ruth Vogel ist von den im Buch vorgestellten Fallbeispielen diejenige, die noch die meiste Strecke vor sich hat. Sie steht noch vor ihrem Markteintritt und sucht die Nische, in der sie Erfolg haben kann.

Dagmar Ruth Vogel hatte eine eigene Hundephysiotherapiepraxis, war Rettungshundeführerin, ist Hundeosteopathin. Kurzum: Sie kennt sich wirklich mit Vierbeinern mit Schnauze aus. Außerdem begeisterte Sie zehn Jahre lang für einen öffentlichen Träger junge Menschen für einen Weg in die Selbstständigkeit. Von daher kann sie Menschen, die eine Existenz gründen, begleiten. Das ist ein kräftiges Doppelpaket. Nun zu ihren Wünschen: Sie spricht nicht gerne öffentlich vor Menschen und fühlt sich nicht wohl, wenn ihr Arbeitstag nur aus festen Terminen besteht – bei einer Hundephysiotherapie-Praxis eine zwangsläufige Folge. Die Lösung: Sich von den festen Terminen lösen und ein smartes Expertenmodell aufbauen, in dem sie Menschen mit Informationen versorgt, die sich in einem Hundeberuf professionalisieren. Sie baut auf *hundebusiness.de* eine Hundebusiness Akademie auf. Ein Distanz-Business, in dem sie ihre Stärken ausspielen könnte.

Spagat zwischen spitz und breit

Dagmar Ruth Vogel wendet sich an Menschen, die ihre Liebe zum Hund zum Beruf wandeln wollen: Hundetrainer, Hundephysiotherapeuten und andere Hundeberufe. *„Mein Anliegen ist es, die besten Informationen rund um das Thema Berufe mit Hunden zu geben und zu motivieren, diesen Schritt zu gehen."* [5]

Dagmar Ruth Vogel hat dabei den klassischen **Konflikt** eines Solopreneurs: Wie schmal darf sie in der Nische werden, um dort leben zu können? Wenn sie sich nur auf Berufstipps für Hundephysiotherapeuten fokussiert, kann die Basis nicht ausreichen. Wenn sie breit über alle Hundethemen bloggt, kann sie theoretisch 10 Millionen Hundebesitzer in Deutschland erreichen, hat aber ihre Spezialisierung verloren.

Zurzeit konzentriert sie sich auf Menschen am Start in den Hundeberuf und bedient dabei den gesamten Fächer der Hundeberufe (bis auf Tierärzte). Sie grenzt sich damit vom reinen Tierliebhaber und vom *Hundeprofi* ab (von Martin Rütter durch die Reality-Doku-Serie von VOX belegt).

Der heutige Status von HundeBusiness

- Ihre Geschäftsidee steht.
- Sie besetzt ihr Thema und testet, was Besucher ihrer Seite interessiert.
- Im ersten Schritt baut Sie über einen Blog eine Interessentenbasis auf.
- Ziel: eigene Informationsprodukte und Kurse von anderen verkaufen.
- Ihr erstes Produkt ist ein E-Book *Mein Traum vom Hundeberuf.*
- Für den eigentlichen Roll-Out sucht sie noch Partner.

Die Herausforderung

Dagmar Ruth Vogel muss von der Idee zur kritischen Masse kommen. Dafür muss sie kontinuierlich ihr Thema bespielen und guten Content bieten. Ein Weg, auf dem man ohne Einnahmen verhungern kann. Sie flankiert ihren Start mit Einkommen aus anderen Bereichen. Was sie braucht, sind Zugpferde: Medien oder Partner, die sie empfehlen und genug Traffic auf ihre Internetseite leiten.

„Solopreneurin zu sein ist für mich die Chance, meine Ideen umzusetzen und unternehmerisch tätig zu werden, nach den eigenen Vorstellungen, passend zur eigenen Persönlichkeit. Schwierig finde ich, nicht im eigenen „Gedankensumpf" stecken zu bleiben. Um Feedback oder andere Meinung – vor allem auch kritische, die einen weiter bringt – muss man sich viel stärker und vor allem ganz aktiv bemühen." [5]

Fazit

Das Geschäftsmodell von Dagmar Ruth Vogel steht noch nicht. Von daher möge sich jeder bei ihr melden, der ihr Produkte, Traffic, Kontakte oder Partner bringen kann.

Sie finden ihre Seite und Kontaktdaten unter   *www.hundebusiness.de*

● Dafür brauchst Du keinen Anwalt

Artjom Pestov mit Mangelanzeige.de

Können klassische Standesberufe wie Rechtsanwalt den Weg in Richtung Solopreneurship gehen? Rechtsanwalt Artjom Pestov macht es mit *Mangelanzeige.de* vor.

Normalerweise berät ein Anwalt seine Klienten individuell und ist somit ein Selbstständiger, der mandatsorientiert arbeitet. Artjom Pestov entwickelte solo ein Servicemodell im Bereich der Mietminderung. Nehmen wir an, ein Mieter entdeckt einen Schaden in seiner Wohnung, meldet diesen, es passiert aber auf Seite des Vermieters nichts. Dann kann er auf *Mangelanzeige.de* ein Mietminderungsschreiben an seinen Vermieter erstellen und das ohne Rechtskenntnisse.

Wie kam Artjom Pestov auf die Idee, einen Konfigurator zu bauen?

„Ich habe bemerkt, dass die meisten Mieter bei einem Mietmangel nicht sofort zu einem Rechtsanwalt oder Mieterschutzverein gehen, sondern versuchen, mit Hilfe von einem Ratgeber oder Informationen aus dem Internet eine Mietminderung selbstständig durchzuführen. Es ist jedoch nicht einfach und nicht ungefährlich. Allein die Bestimmung der Mietminderungsquote setzt einige Kenntnisse voraus.

Ich habe mit Mangelanzeige.de einen Musterbrief-Konfigurator entwickelt, der in einem online Interview erstellt wird. Auf diese Weise ist es nicht nur bequemer, sondern auch viel sicherer eine Mietminderung durchzuführen. Im Laufe des interaktiven Dialogs werden alle wesentlichen Merkmale abgeprüft und die Mieter werden auf mögliche gefährliche Situationen aufmerksam gemacht. Zur Anfangszeit war dieser Service kostenlos. Seit einiger Zeit biete ich diesen Musterbrief nun kostenpflichtig an. Diejenigen Mieter, die nach dem Ausfüllen des Interviews Fragen haben, buchen eine telefonische Beratung. Einige davon werden schließlich von mir als Anwalt vertreten."

Artjom Pestov schafft sich mit seinem Service nicht selbst ab. Mitnichten. Über *Mangelanzeige.de* ist es ihm möglich, viel differenzierter anzubieten und Kunden mit unterschiedlichen Hemmschwellen zu bedienen. Er verdient sein Geld nicht nur mit Mandaten, die quasi als Nebenprodukt abfallen, sondern auch mit Musterbriefen und telefonischen Beratungen.

Artjom Pestov hat mit diesem Konfigurator drei Dinge geschaffen:

- Er hat einen unschlagbaren Vorteil im Marketing.
- Er sortiert viele Stunden Standardberatung aus, die normalerweise kein Geld bringen und automatisiert diese.
- Er konzentriert sich auf die Fälle, die wirklich einen Anwalt brauchen.

Artjom Pestov geht den Weg des Bootstrapping. *Mangelanzeige.de* entwickelte er komplett selbst. Alle Kenntnisse für sein Smart Business Concept holte er sich aus Büchern oder im Austausch mit anderen Entrepreneuren. Programmieren brachte er sich selbst bei. Das Marketing organisierte er über Adwords und Affiliates.

Einen Schritt weiter

Volkskanzlei.de, sein neues Projekt, wird größer und entwickelt er wegen der Komplexität mit einem Programmierer zusammen. Bei der *Volkskanzlei* kümmert sich Artjom Pestov um die Inhalte und den Geschäftsaufbau, sein Partner um die Technik der Plattform. Alle Prozesse laufen bei *Volkskanzlei* selbst gesteuert. Content, Design und Suchmaschinenoptimierung wird im neuen Projekt ausgelagert.

Was war für Artjom Pestov die größte Herausforderung?

„Es ist immer eine Herausforderung, wenn man keinen klassischen Weg geht. Man muss sich für IT, Marketing und Entrepreneurship interessieren. Vor allem aber sollte man Zeit, Geld und Geduld für Experimente mitbringen. Der Erfolg kommt selten mit dem ersten Versuch. Anfangs habe ich mit mehreren Pricing- und Marketingmodellen experimentiert. Vieles hat nicht funktioniert. Doch jetzt bin ich vom Konzept überzeugt. Mangelanzeige.de führte dann zur Volkskanzlei.de - einem Service von automatisierten juristischen Dienstleistungen im Internet. Das Ziel der Volkskanzlei ist es, digitale Ratgeber, individualisierte Verträge, Musterbriefe und andere juristische Texte nebst begleitender Rechtsberatung anzubieten. Für mich sind Angebote wie Volkskanzlei die Zukunft der Rechtsberatung. Aus diesem Grund macht es unglaublich viel Spaß daran zu arbeiten."

Sie finden seine Seiten unter

www.mangelanzeige.de
www.volkskanzlei.de

Vom Uhrmacher zur Manufaktur

Peter Akontz mit bayernluft.de

Die Idee zu seinem Bayernlüfter kam Peter Akontz als Uhrmachermeister im alteingesessenen Juwelierladen seiner Familie in Rottenburg, einem kleinen Ort zwischen Regensburg und Landshut. Bei der Sanierung seines Wohnhauses wusste er, dass es nach Fenstertausch und Dämmung in Häusern schimmeln kann, die vorher ohne Probleme waren. Dem wollte er entgegenwirken, nicht aber durch das Öffnen der Fenster. In seinen Augen ist es unlogisch, erst gute Fenster einzubauen und dann die gesparte Energie wieder über geöffnete Fenster hinauszulüften.

Er suchte nach einem Lüftungsgerät. Die Geräte großer Unternehmen waren teuer und nicht für einzelne Räume ausgelegt. Also legte er selbst Hand an. Er veredelte einen einfachen Wärmetauscher und brachte ihn dann als ersten Bayernlüfter auf den Markt. Nachdem vom Zulieferer keine neuen Funktionen zu bekommen waren, entwickelte er den heutigen Bayernlüfter mit einigen Partnern komplett selbst: Ein über eine Elektronik steuerbares Lüftungsgerät mit Wärmetauscher, qualitativ hochwertig, aber günstig – und wurde damit quasi über Nacht zum Experten für dezentrale Wohnraumlüftung mit Wärmerückgewinnung.

Heute wird sein Bayernlüfter in seinem Auftrag in München gefertigt. Mit fachgerechter Montage vor Ort bekommt der Kunde unter 1.000 Euro einen Gegenstrom-Wärmetauscher. Die Platine kann zusätzlich mit Feuchtesensoren aufgerüstet werden: Fertig ist ein Wärmetauscher, der erst anspringt, wenn außen die Luft trocken genug ist.

Was ist das Besondere an bayernluft.de?

Peter Akontz schaffte es, eine komplexe Technik klein zu halten. Das gelang anderen nicht, weil sie vom ganzen Haus aus dachten. In Passivhäusern spielt heute eine ausgeklügelte Lüftungstechnik eine große Rolle. Belüftungsanlagen wälzen im ganzen Haus die Luft um und bringen über einen Wärmetauscher Frischluft in das Haus hinein. Das spart Energie.

Was ist aber, wenn man ein solches Konzept nachträglich in ein Haus einbauen möchte? Mit normalen Systemen ist das schwer. Lüftungstechniker denken zentral: Irgendwo steht der große und teure Wärmetauscher. Zu diesem muss die ganze Luft des Hauses hin- und wieder fortgeführt werden. Das ist teuer und in bestehenden Häusern schwer zu berechnen. Peter Akontz dachte nicht zentral, sondern setzt günstige kleine Einheiten nach Bedarf ein. So kann er mit wenigen Geräten ein Haus nachträglich belüften. Er geht Schritt für Schritt vor und steuert jedes Gerät eigenständig aus. Dies ist unter dem Strich günstiger als mit einer großen zentralen Anlage (vor allem im Folgebetrieb in der Wartung). Dezentrale LowTech schlägt zentrale HighTech. *Killing the Middleman* heißt hier: Sie brauchen keine zentrale Großanlage und teure Gutachten.

Wie wurde der Bayernlüfter entwickelt?

Die ganze Firma besteht aus dem Solo-Initiator, drei Partnern, die nebenberuflich Fachwissen zuliefern (Elektronik, Physik, Produktion) und einem kleinen Netz von Monteuren, die mit viel Fachwissen die Geräte auf eigene Rechnung an die Wand bringen. Er sammelt im Kundenkontakt Vorschläge, wie das Gerät verbessert werden kann. Einige Teile, wie die Lüfter, sind frei auf dem Markt zu beziehen. Das Herzstück, der einfache, sehr robuste Wärmetauscher, wird im Auftrag bei einem Zulieferer gefertigt. Komplett selbst entwickelt ist die Platine mit der Firmware und das Gehäuse, die ebenfalls außer Haus gefertigt werden. Peter Akontz ist heute Produzent und hat eine eigene Marke. Das alles mit minimalem Overhead. So smart kann eine Firma sein.

Uhrmacher bleib bei Deinen Uhren

Wir fragten Peter Akontz, was seine größte Herausforderung auf seinem Weg zum Bayernlüfter war.

„Die größte Herausforderung für mich war, das ursprünglich 1945 von meinem Großvater gegründete Uhren-Schmuck-Geschäft meiner Frau zu überlassen, um mich mit dem nötigen Engagement der neuen Aufgabe widmen zu können. Der Satz "Schuster bleib bei Deinen Leisten" hatte mich lange Zeit innerlich blockiert und ich möchte jedem den Mut zusprechen, eine gute Idee nicht aufzugeben!"

Mehr Informationen finden Sie unter *www.bayernluft.de*

What I do have is a beautiful wife, two amazing children, a loving family, awesome friends, and a line of work that allows me to spend most of my time with them.

Pat Flynn

Solo
preneur

Kapitel

10

Solopreneur Methoden

Die Fallbeispiele im Buch zeigen die Unterschiedlichkeit der Lösungen. Jeder Weg und jedes Business ist einmalig. Als Solopreneur haben Sie alle unternehmerischen Freiheiten und entwickeln Ihre Idee gemäß Ihren Möglichkeiten. Sie müssen dies aber auch tun. Ein Solopreneurship ist keine Franchise-Lizenz, bei der alles fertig in einem Koffer liegt und nur noch ausgepackt werden muss.

Diese Eigenständigkeit kann zeitweise anstrengen. Wer ein Geschäftsmodell aufbaut, welches smart und optimal zu seinen Lebenszielen passt, geht meist einen Weg mit Zwischenstationen. Dazu gehören immer auch Momente, in denen man sich fragt, warum man das Ganze überhaupt angefangen hat, weil sich eigene Annahmen als falsch herausstellen und die Arbeit gerade zu Beginn nicht weniger, sondern eher mehr wird. Die folgenden *Tipps* helfen Ihnen, nicht auf der Strecke liegen zu bleiben.

TIPP 1 – Nicht den heiligen Gral suchen

Ein Solopreneur baut ein *prozessorientiertes* Business auf. Das Ziel ist Arbeitsentlastung und eine größere Leichtigkeit im Business und privaten Leben. Wie weit können Sie aber Ihre Solo-Firma automatisieren? Zielen Sie sofort auf eine *Vollautomatisierung* oder gleiten Sie *langsam* hinüber?

Hier prallen Traum und Wirklichkeit aufeinander. Viele definieren einen Solopreneur als Empfänger eines *passiven Einkommens*. Dieser Traum wurde durch Bücher wie von Timothy Ferriss genährt. Der Wunschtraum vieler ist ein Smart Business Concept, das in wenigen Stunden zusammengesetzt wird, idealerweise auf einem schnellen Gedankenblitz beruht und dann von alleine läuft. Sie müssen nur noch 4 Stunden die Woche auf die Einnahmekonten schauen und das Geld einsammeln ...

Sorry. Das wird es so nicht geben. Wir sagen, dass Sie alleine schneller am Ziel sind, nicht aber dass Ihr Business von alleine läuft. Wir versprechen Ihnen mehr Leichtigkeit und Unabhängigkeit im Leben, nicht aber eine Existenz im luftleeren Raum. Lassen wir einmal die „Get Rich Quick" Propheten zur Seite. Dann finden wir Praktiker, die wissen, was smart geht und einen realistischen Horizont haben. Wie zum Beispiel Pat Flynn.

I didn't win the lottery

Pat Flynn war Angestellter in einem Architekturbüro in den USA und büffelte für seine Zertifizierung als *LEED Accredited Professional*. *LEED* (*Leadership in Energy and Environmental Design*) ist ein Programm des *US Green Building Council*, um den Bau nachhaltiger Gebäude zu fördern.

Während des Lernens kam er auf die Idee, seine Notizen zum Stoff in einem *WordPress* Blog abzulegen und einfach online zu stellen. Er ordnete Inhalte, fügte Schlagworte hinzu und bereitete sich über seinen WordPress Blog auf die Prüfung vor. Quellen, in denen er recherchiert hatte, verlinkte er. Andere, die für die gleiche Zertifizierung lernten, gab er den Link. Ohne dass er es bemerkte, wurde sein Blog von vielen weiterempfohlen und eine der meistgenannten Quellen für Hilfestellungen, wenn man sich für das *LEED* Programm zertifizierte.

Als die Finanzkrise auch seine Firma traf, warnte ihn sein Chef, dass er ihn vermutlich entlassen müsse. Frisch verheiratet war dies keine gute Nachricht und Pat Flynn fing an zu überlegen, was er tun könne. Sein Blick fiel auf seinen Blog und als er ihn mit *Google Analytics* durchleuchtete, trafen ihn mit Erstaunen die hohen Besuchszahlen. Er baute den Blog systematisch zu einer Fachseite für alle aus, die sich für das *LEED* Programm interessieren, bietet Tutorien, Lehrmaterial und vieles mehr. Das Kernprodukt seines Experten-Programms ist ein Study Guide für das *LEED* Examen. *greenexamacademy.com* ist das klassische Beispiel einer sehr spitzen Expertenpositionierung.

Nach dem Erfolg seines ersten Smart Business Concepts baute er weitere Einkommens-Stränge auf: z.B. *securityguardtraininghq.com*. Außerdem hat er über 75.000 Abonnenten in seinem Newsletter Online Marketing. Pat Flynn kann heute mehr als gut von seinen Seiten leben. Er ist Solopreneur, er ist erfolgreich, aber er kann Arbeit nicht in Luft auflösen:

„*I didn't win the lottery, I don't drive a fancy car, and I'm not a millionaire. What I do have is a beautiful wife, two amazing children, a loving family, awesome friends, and a line of work that allows me to spend most of my time with them.*" [1]

Die wenigsten schaffen ein One Hit Wonder

Suchen Sie nicht nach dem *heiligen Gral* oder dem *One Hit Wonder*. Viele träumen von diesen „*One-Hits*". Das entspricht nicht unserer Sicht. Business ist für uns nicht das Spiel mit einem Jackpot, sondern eher ein Weg, der Schritt für Schritt gegangen wird. Pat Flynn ging seinen Weg, indem er anderen einen hohen Nutzen verschaffte. Als sein Blog erfolgreich war, konnte er dort ein eigenes Programm verkaufen. Von dort hangelte er sich zum nächsten Erfolgskonzept und steht heute auf sicheren Füßen.

Ziel eines Solopreneurship ist, das Einkommen unternehmerischer aufzustellen. Schaffen Sie dies, laufen Ihre Geschäftsprozesse und erwirtschaften Geld. Läuft ein Prozess in sich geschlossen, spricht man von einem *passiven Einkommen*. Solche passiven Einkommen sind aber selten vollautomatisiert. 100 % Automatisierung hat bisher niemand geschafft, den wir kennen. Häufiger ist es, dass Sie ein, zwei Produkte miteinander kombinieren, so dass ein Hauptprodukt langsam den Hauptumsatz und Gewinn erwirtschaftet. Wir persönlich sind 100 % solo, aber nicht 100 % auto. Wenn Sie es schaffen, rufen Sie uns an. Sie hätten dann den *heiligen Gral* entdeckt, das *Perpetuum Mobile*.

Jedes Business hat Reibungsverluste: Technik verändert sich, es gibt Anfragen von Kunden, die doch eine Sonderlösung wollen, Bürokratie und Steuern warten auf Sie. Es gibt eine Projektanfrage, die so attraktiv ist, dass Sie nicht Nein sagen können. Sie können durch Komponenten Arbeit sparen, aber Sie müssen trotzdem die Systeme im Auge behalten, das Marketing betreuen etc. Von daher wird bei Ihnen Arbeit übrig bleiben, gleich wie viel Automatisierung Sie anstreben.

Stellen Sie die Frage nach der Automation anders

- Wie viel Ihrer Zeit pflegen Sie alte, klassische Business-Stränge?
- Wie viel Zeit entwickeln Sie neue, Einkommen generierende Stränge?
- Verbringen Sie in der zweiten Kategorie mehr Zeit als in der ersten?
- Haben Sie das Alte so gut organisiert, dass Sie Neues aufbauen können?
- Wann ist ein Geschäftsfeld stabil genug, dass Sie das nächste aufbauen?

- **Rechnen Sie mit mehr als einem Jahr Aufbauzeit**

  Bis Ihr smartes Business Sie trägt, braucht es seine Zeit. Unter drei Jahren halten wir es kaum für schaffbar, ein einzelnes Smart Business Concept aufzustellen. In diesen drei Jahren leisten Sie Aufbauarbeit. Diese kommt on Top zu Ihrer bisherigen Tätigkeit. Damit entsteht das Paradox, dass Sie zu Beginn mehr Zeit brauchen und nicht weniger.

- **Arbeiten Sie mit Standbein und Spielbein**

  Die Wahrscheinlichkeit, dass Ihre Idee floppt, wächst mit den Ansprüchen, die Sie an Ihre Idee stellen. Wenn Sie nach einer Idee suchen, die sofort Millionen abwirft, werden Sie lange suchen müssen.

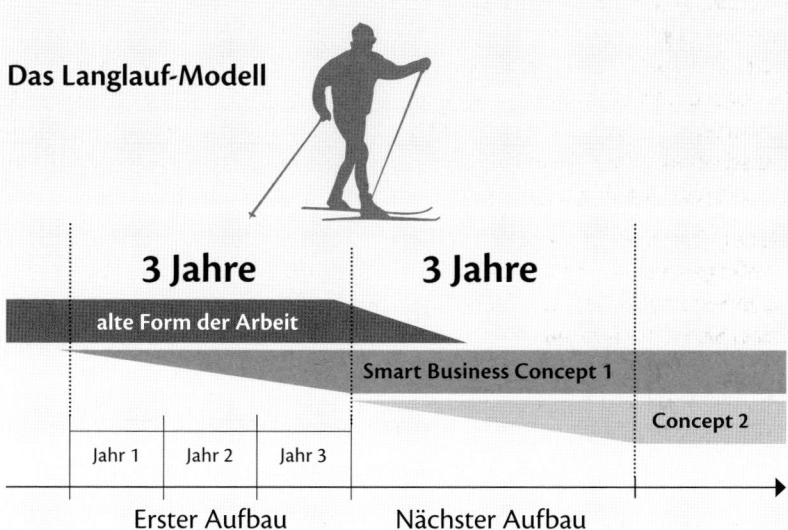

Das Langlauf-Modell

3 Jahre — 3 Jahre

alte Form der Arbeit

Smart Business Concept 1

Concept 2

Jahr 1 | Jahr 2 | Jahr 3

Erster Aufbau — Nächster Aufbau

Stürzen Sie sich nicht kopfüber in eine Idee mit viel Hoffnung. Kündigen Sie schon gar nicht vorzeitig alte Einkommensstränge. Gehen Sie lieber den organischen Weg. Wir illustrieren dies meist mit einem Ski-Langläufer. Sie gleiten auf dem einen Ski, während Sie den anderen seitlich vorbeiziehen. Arbeiten Sie also mit *Standbein und Spielbein*. Ihr Standbein ist bestehender, gut zu realisierender Umsatz. Ihr Spielbein ist Ihr neues Produkt, bei dem Sie *mehr automatisieren* als bei Ihrem Produkt zuvor.

● **Achten Sie auf Ihr Vermögen**

Ein Faktor der Unabhängigkeit ist, wie viele *Reserven* Sie durch Ihre Einnahmen aufbauen. Sind Sie solo schlank aufgestellt, können Sie mehr in
die Rücklagen stellen als in herkömmlichen Firmen. Wenn Sie irgendwann
genug Vermögen (Reserven) aufgebaut haben, spielt es für Sie nicht mehr
die entscheidende Rolle, ob eines Ihrer Produkte nicht mehr optimal läuft.
Auch Timothy Ferriss bekam seine „Ruheposition" durch den Verkauf von
BrainQuicken (also durch Zuwachs von Vermögen). Das sichere Standing
eines Solopreneurs entsteht also durch laufendes Geschäft plus einer
ruhenden Vermögensmasse.

● **Rationalisieren Sie nicht weg, was Sie lieben**

Es geht im Solopreneurship um Prozessorientierung und Automatisierung.
Die Arbeitslast soll sinken. Werden Sie aber nicht zum Roboter. Wenn es
Dinge in Ihrem Business gibt, die Sie gerne tun, müssen Sie diese nicht weg-
rationalisieren. Bei uns sind dies zum Beispiel Seminare und Beratung bei
kniffligen Fragestellungen. Dort treffen wir spannende Menschen. Auch
wenn uns eine soziale Organisation ruft, gehen wir gerne live in einen
Workshop. Das macht uns Spaß. Dafür wollen wir gar keine „Konserve"
erstellen.

Gerade Experten behalten häufig Live-Elemente in ihrem Programm, weil
sie gerne mit Menschen arbeiten. Oder Sie sind Maker und entspannen
beim Tüfteln an einer bestimmten Produktlösung. Das müssen Sie nicht
über Bord werfen.

Aber

Achten Sie darauf, dass es kein Gemischtwarenladen wird und Sie nicht zu
viel Energie vom Aufbau Ihrer neuen (besser automatisierten) Geschäfts-
zweige abziehen. Vor Kurzem sprachen wir mit einem Solopreneur,
der sich sehr ärgerte, ein größeres normales Projekt angenommen zu
haben. Sein an sich schon sehr gut laufendes Affiliatesystem – seine
Haupteinnahmequelle – konnte er in der Projektzeit nur wenig voranbringen, da der Kundenauftrag sich als schwierig herausstellte.

Checkliste Gleitender Übergang

So halten Sie die Waage zwischen konservativ und smart ausgewogen:

- Suchen Sie nicht nach dem heiligen Gral.
  Es reicht, wenn das Leben leichter wird.
- Definieren Sie, welche Art von Jobs Sie in Zukunft nicht
  mehr machen wollen.
- Definieren Sie, was Ihr neuer Haupteinnahmestrang werden soll.
- Investieren Sie dann konsequent in Ihren neuen Bereich.
- Ihr neues Business muss nicht 100 % automatisiert sein.
- Sie sollten aber mit eigenen Produkten und Angeboten arbeiten.
- Also individuelle Kundenaufträge vermeiden.
- Drehen Sie die Auftragsrichtung:
  Wie bewerben sich die Kunden bei Ihnen?
- Gewinnen Sie Stück für Stück alle Rechte an Ihrer Arbeit.
- Es wird ein Arbeitskern stehen bleiben, den keine Komponente für Sie übernimmt. Das ist z.B. der Bereich, in dem Sie an Ihrem Unternehmen arbeiten.
- Und es gibt Tätigkeiten, die Sie gerne behalten. Das ist der Bereich, in dem Sie gerne in Ihrem Unternehmen arbeiten (Passion).
- Achten Sie auf ein wachsendes Vermögen, um Spielraum zu erweitern.

Tipp 2 – Geschäftsidee suchen, die zu Ihren Zielen passt

Angenommen Sie wollen Globetrotter werden und reisen, dann ist es nicht klug, einen Bierzeltverleih aufzumachen. Wir trafen einen Selbstständigen, der dies in jungen Jahren getan hat. Sein Kommentar dazu: *„Die saublödeste Idee, die ich je hatte."* Die gesamte schöne Jahreszeit war er bis spät in der Nacht unterwegs. Nach drei Jahren war er froh, alle Zelte wieder loszuwerden. Gelegenheits-Ideen bringen oft Kopfschmerzen.

Halten Sie den Ball flach!

Achten Sie auf die richtige Größe Ihrer Idee. Versuchen Sie nicht, *amazon* zu kopieren. Das wird Ihnen nicht gelingen. Von daher ist es gut, mit einer *Einkaufsliste für Ihr Gehirn* in die Ideensuche zu gehen.

- Was soll dieses Geschäft in Ihrem Leben für eine Auswirkung haben?
- Was soll es Ihnen bringen?
- Dabei ist Geld nur ein Faktor. Wenn auch ein wichtiger.
- Welche Quellen brauchen / haben Sie dafür?

Es passiert immer wieder, dass uns Solopreneure Geschäftsideen vorlegen, die zu groß sind. Typisch sind **Portal-Ideen** wie z.B. ein **Senioren-Portal**: Schaffung eines Internet-Portals, auf dem sich alle Senioren in Deutschland für Freizeitaktivitäten verabreden können.

Es geht bei einer Beurteilung einer solchen Idee nicht darum, ob sie generell gut ist, sondern darum, ob Sie diese Idee mit Ihren Mitteln ohne Bauchschmerzen solo umsetzen können.

Bei dem *Senioren-Portal* sollten Ihnen sofort mehrere Dinge auffallen:

- **Zu große Zielgruppe**, ALLE Senioren zu erreichen braucht viel Kraft.
- Es ist eine **Matching-Idee**, die erst bei vielen Personen greift. Wenn Sie zu Beginn nur 100 registrierte User haben, hat das Portal für die Anwender keinen Nutzen, weil diese User quer über ganz Deutschland verstreut sind. Sie müssen also sofort von 0 auf viele Tausend Nutzer kommen.

- Es ist eine *Start-up Idee*. Sie werden für diese Idee den Code komplett selbst erstellen müssen. Also brauchen Sie Entwickler, also brauchen Sie ein Team, also brauchen Sie viel Geld.

- *Wo ist das Geschäftsmodell?* Woher wissen Sie, ob Senioren für eine Verabredung etwas zahlen? Wenn Sie es nicht tun, womit verdienen Sie dann Geld? Die häufige Antwort: Mit Werbung. Davon träumen alle. Das kommt erst, wenn Sie bereits Erfolg haben. Ergo: Sie verhungern vorher.

Ein Verabredungs-Senioren-Portal ist keine wirklich gute Idee für Sie als Solopreneur. Wenn Sie sich an eine so breite Idee heranwagen, brauchen Sie sofort hohes Startkapital, lange Entwicklungszeiten und in der Regel andere Köpfe, die intensiv mitdenken. Damit ist es kein Solopreneurship mehr. Wenn Sie trotzdem darauf bestehen, müssen Sie im Kampf um Gelder in den harten Wettkampf mit anderen Start-up Teams. Diese haben geschliffen gute Geschäftsideen.

Erfinden ist Risiko

Dass zu große Ideen scheitern, ist übrigens nicht nur ein Solopreneur-Thema. Ideen, wie einen *Transrapid* zu bauen (die Erfindung der Magnet-schwebebahn) oder einen *Cargolifter* (die Neuerfindung des Zeppelins), sind selbst mit hohem Kapital gescheitert.

Erfindung ist ein Risikoprogramm. Große Würfe haben ein großes Risiko. Lesen Sie die Lebensgeschichte von *Goodyear*, dem Mann, der das Gummi erfand und arm ins Grab sank. Andere haben mit seiner bahnbrechenden Entdeckung Geld verdient.

Überlegen Sie, warum Venture Capitalists IMMER mit *Start-up Clustern* arbeiten. Sie investieren in mindestens 10 Firmen parallel. Weil sie wissen, dass Innovation in der Regel scheitert. Zwei kommen durch, acht werden *„im gegenseitigen Einvernehmen liquidiert"*. Die Rechnung geht statistisch gesehen auf, nicht aber für die 8 Companies, die scheitern.

Solopreneure suchen Ideen, die sich früh rechnen

Sie suchen eine Idee, die skalieren kann, gleichzeitig aber schon bei geringen Stückzahlen in den Verdienst kommt. Sie haben wenig Zeit und wenig Mittel. Sie brauchen ein smartes Geschäftskonzept, das sich schnell refinanziert und lang anhaltend Gewinn abwirft. Überlegen Sie daher, wie viel Risiko Sie in der Idee dulden. Erfolgreiche Entrepreneure begrenzen das Risiko, indem Sie vorausdenken und Probleme möglichst gar nicht erst aufkommen lassen. *UltraPress* von Thorsten Kucklick kann die Einnahmen der ersten Aufträge sofort als plus buchen und sie reinvestieren.

Als Jeff Bezos *amazon* aufbaute, entschied er sich zum Beispiel bewusst für Bücher. Nicht weil er ein Büchernarr wäre. Er glaubte an E-Commerce und wollte von Anfang an einen großen Webstore aufbauen. Bücher nahm er, weil sie die folgenden Eigenschaften haben:

- Sie sind klein und gut zu transportieren.

- Sie sind unbegrenzt haltbar und gut zu lagern.

amazon wäre gescheitert, hätte Jeff Bezos mit Lebensmitteln begonnen. Recherchieren Sie die Erfolge und Misserfolge anderer. Bevor Sie leichtfertig sagen: Ich entwickle ein Online-Textilsortiment, sollten Sie sich vorher die Rücksendequoten im Onlineverkauf von Kleidung ansehen. Sie liegt in einigen Shops bei bis zu 60 Prozent. Das sollte zu denken geben.

Smarte Frage – Was ist möglich?

Versetzen Sie sich in Ihre Möglichkeiten und halten Sie es simpel: Was sind für Sie einfach zu bewegende Angebote? Halten Sie den Ball flach. Suchen Sie ein sehr handfestes, einfach zu erstellendes Produkt oder Angebot.

- Suchen Sie nicht nach dem Unmöglichen – Überarbeitung

- Suchen Sie nach dem Ihnen Möglichen – Aus der Stärke arbeiten

Tipp 3 – Planen Sie nicht in die Unendlichkeit

Die Start-Up Szene denkt nicht an flache Bälle. Ein Entrepreneur wird mit *„groß, mutig, verwegen, visionär"* gleichgesetzt. Viele Bücher und Erfolgstrainer sagen, dass große Ideen leichter umzusetzen sind als normale Ideen. Ein Zitat von Timothy Ferriss:

> *„Es ist leichter, das Unrealistische zu tun als das Realistische."* [2]

Es ist richtig, dass unrealistische Ideen schneller Aufmerksamkeit auf sich ziehen und Sie damit einen neuen, eigenen Markt eröffnen (*blauer Ozean*). Lassen Sie sich aber nicht von dem Zuckerberg-Fieber anderer anstecken.

Richtig ist, dass Sie eine gute Idee haben sollten. Sie sollten Ihre Qualität finden und einen guten *WOW!-Effekt* in Ihre Idee einbauen. Klarheit und Einmaligkeit hilft auch an vielen Stellen. Humor, Frechheit, Schönheit – mit allen diesen Dingen dürfen Sie überraschen und überzeugen. ***ABER:*** Lassen Sie die Finger von unrealistischen Ideen! Sprüche wie: *„Ziele nach dem Mond. Selbst wenn Du ihn verfehlst, wirst Du zwischen den Sternen landen."* verführen zu unüberlegten Handlungen. Wir sagen: Bevor Sie nach dem Mond zielen, überschlagen Sie, wie viel Treibstoff Sie in der Rakete haben und vergessen Sie den Rückflug nicht!

Groß ist nicht gleich groß. Ihre Idee darf ungewöhnlich und neu sein (muss sie aber nicht). Werden Sie nicht zu experimental. Sonst verlieren Sie zu viel Zeit, um den *Proof of Concept* zu erbringen. Wichtig ist die Umsetzung: Tun Sie etwas, bei dem Sie wirklich handeln und in einer realistischen Zeit fertig werden können. Denken Sie an die nächste Etappe, nicht an das ferne Ziel am Horizont.

● In drei Monaten zum Prototyp

Ihr Ziel ist, zügig Geld zu verdienen. Halten Sie den Cash-Flow hoch. Machen Sie daher etwas, was Sie wirklich gut können und wofür Sie mehr als genug Kompetenz haben. Überfordern Sie sich nicht. Fordern Sie sich in der Zeitleiste. Entwickeln Sie ein Produkt, das Sie in einer überschaubaren Zeit bewegen können. Ihnen hilft keine Idee, die erst nach 10 Jahren des Ausprobierens marktreif ist. Denken Sie schlicht: Was können Sie zügig in einer sehr guten Qualität liefern, das andere brauchen? Arbeiten Sie sich über dieses Angebot Schritt für Schritt in den Markt. Versuchen Sie in 3 Monaten einen ersten vorzeigbaren Prototypen auf die Beine zu stellen und innerhalb von 12 Monaten eine erste (minimal) marktfähige Version.

● Schaffen Sie ein skalierbares Angebot

Schaffen Sie ein Angebot / Produkt, das Sie bei Erfolg skalieren können. Skalierung bedeutet: Ihre Anfangsleistung kann kopiert und vervielfältigt werden. Das geht auf zwei Arten:

Ihr Produkt kann digital kopiert werden.

Der Study Guide von Pat Flynn (*greenexamacademy.com*) wurde einmal erstellt und wird seitdem immer wieder verkauft.

Sie haben ein Zuliefer-Netzwerk.

Das Rezept für *BrainQuicken* von Timothy Ferriss erstellte er einmal, ab dann lies er die Nahrungsergänzung über externe Produzenten herstellen. Er konnte nachordern, als die Nachfrage zunahm.

Wenn Sie mit einem hohen Automatisierungsgrad hohe Stückzahlen verkaufen, erzielen Sie nach einer Anlaufzeit monatlich Einnahmen, für die Sie nicht mehr so schwer arbeiten müssen wie bei einem stundenbasierten Lohnmodell. Falls dann einmal in Ihrem Leben eines Ihrer Produkte wirklich skalieren sollte – wir nennen das den *Harry-Potter-Effekt* – werden Sie ganz breit lächeln. Rechnen Sie aber nicht mit einem Bestseller.

● Schaffen Sie Longseller

Es geht also um ein Produkt oder Angebot, das Sie selbst in einer kurzen Zeit in einer überzeugenden Qualität herstellen (lassen) können. Auch wenn Ihr Prototyp bereits nach 3 Monaten fertig sein soll, werden Sie einige Zeit brauchen, einen tragenden Umsatz aufzubauen. Ab dann soll Ihr Smart Business Concept Sie ernähren. Daher darf Ihr Business keine Eintags-Fliege sein. Sie brauchen einen **Longseller**.

Ihre Marke soll sich etablieren, Menschen sollen Ihr Angebot schätzen und immer wieder darauf zurückkommen. Sie wollen nicht den Stress-Pegel in

Ihrem Leben erhöhen. Sie wollen eine höhere Leichtigkeit. Das kommt erst mit einem Longseller. Einem Angebot, das sich immer und immer wieder verkauft, weil es gut ist. Auch haben Sie bei einem Longseller die Chance, das Produkt ständig zu verbessern. Springen Sie also nicht auf kurzatmige Gelegenheiten. Glücksritter suchen nach dem schnellen Rubel. Sie wollen das One-Hit-Wonder. Die Gefahr dabei: Sie setzen auf punktuelle Erfolge.

Eine Designerin stellte uns ein Merchandisingprodukt für die nächste Fußball-Weltmeisterschaft vor. Mit der Hoffnung auf einen hohen Absatz. Zweifelsohne kann man in diesen Bereichen Geld verdienen. Dies hat nur einen Nachteil: Ist die Weltmeisterschaft vorbei, sind ihre Produkte nichts mehr wert. Trittbrettfahrer schaffen keine eigene Marke und fallen, wenn das Trittbrett weg ist.

Longseller sind Produkte mit einer hohen Langlebigkeit. Interessant, dass Prof. Faltin für sein smartes Business auf *Schwarztee* setzte. Darjeeling wird in Zukunft auch noch getrunken. Lassen Sie sich das von einem Norddeutschen sagen (dass die Engländer die stärksten Teetrinker der Welt sind, ist übrigens eine Fehlinformation, die Ostfriesen schlagen in diesem Punkt alle Rekorde).

● Schaffen Sie einen Gewinnhebel

Eine Geschäftsidee ist dazu da, Geld zu erwirtschaften. Viele Menschen, die ihren Traum umsetzen, laufen in die Falle der Hobby-Idee oder wählen eine zu kleine Nische:

Sie richten ein Café mit aller Liebe zum Detail ein und merken erst am Ende, dass die Fläche viel zu klein ist. Sie geben ein E-Book heraus und hoffen bei einem Preis von 2,99 auf Verkaufszahlen, die selbst Bestseller nur in ihren besten Tagen hinlegen. Oder Sie besetzen eine Nische, in der selbst mit einer hohen Marktabdeckung keine hohen Stückzahlen möglich sind (*der Experte für Sonder-EU-Anträge für andere Existenzgründungsberater im Bereich biologischer Kläranlagen für sanierungsbedürftige Landwirtschaftsbetriebe in Schleswig-Holstein*).

Denken Sie anders. Bringen Sie zwei Dinge zusammen: Ein Angebot, bei dem Sie Kompetenz haben (das Ihnen auch Spaß macht), das aber zugleich einen echten Zug und eine hohe Marge entwickeln kann.

7 Solopreneur-Methoden

Haben Sie Ihre Geschäftsidee, gilt es diese umzusetzen und auf neue, smarte Art zu arbeiten. Wenn man die Vorgehensweise anderer Solopreneure analysiert, finden sich darunter immer wieder folgende Vorgehensweisen:

- Sie nutzen moderne Kommunikationstechnik / das Internet.
- Sie machen sich in der Steuerung ihrer Firma ortsunabhängig.
- Sie setzen auf starke Positionierungen (Nischenstrategien).
- Sie gründen mit Komponenten.
- Sie bootstrappen.

Sieben Punkte greifen wir dazu noch einmal gesondert heraus.

● Digitaler Workflow

Nicht von ungefähr fällt das Aufkommen des Internets mit dem der Solopreneure zusammen. Die Gesetze der Produktivität haben sich durch das Internet verändert. Immer mehr Produkte können direkt im Netz digital bewegt werden: Erlebnisse, Wissen, Infotainment oder viele andere Güter sind online zugänglich. Dazu ändern sich die Marktplätze. Gehandelt, getauscht und gebucht wird anders als früher. So gut wie alle gesellschaftlichen Bereiche befinden sich in der Digitalisierung und damit in der Veränderung. Alle Solopreneure, die wir kennen, nutzen digitale Medien und in irgendeiner Form auch das Internet als Teil ihres Business.

Das Puzzlespiel durchblicken

Das heißt nicht, dass alle Bestandteile eines smarten Business digital sein müssen. Nehmen wir einen Maker. Er stellt Prototypen im eigenen Handwerk her, lagert dann (Klein-)Serien auf Produzenten aus, lässt diese an einem Ort lagern und hat einen Logistiker, der die Produkte liefert: Entweder direkt (*Direct Shipping*) oder an die Lager von Händler wie *amazon*. Das ist zunächst ein Puzzlespiel klassischer Abläufe. Analysieren Sie das Muster (welche Daten werden wo übergeben?) und stellen Sie die Frage, was Sie davon automatisiert in einem digitalen Workflow abbilden können. Hilfreich ist ein Diagramm, das Ihren Workflow aufzeichnet. Wir arbeiten im *Smart Business IDEEN Generator* mit Komponentenskizzen.

Eine Komponentenskizze hilft, die Schnittstellen zu definieren. Bei geringen Stückzahlen lohnt es sich nicht sofort, über automatische Schnittstellen zu arbeiten. Früher oder später wäre es aber sinnvoll, wenn Ihr Stammlager die Order von *amazon* direkt empfängt und ohne Ihr Zutun die Ware an das Lager von *amazon* versendet. Sonst müssen Sie jeden Vorgang mit der Hand auslösen und koordinieren.

Kommunikation in den Workflow einbinden

Oder nehmen wir die *grundlegende Kommunikation* mit den Kunden. In einem Ladenlokal erfolgt diese mündlich. Das hat den Charme der persönlichen *Kundenbeziehung*, bindet aber viel Zeit. Keine gute Idee für einen Solopreneur. In einer klassisch aufgebauten Versandfirma vor dem Internet war das Mittel der Wahl das *Direct Mailing*, also personalisierte postalische Briefe. Nicht schlecht, aber durch Porto und Material teuer. Solopreneure bauen von Anfang an auf eine **E-Mail basierte Kommunikation**. Denn diese können Sie selbst über E-Mail-Systeme leicht personalisieren und automatisieren. Es ist nicht verboten Papierbriefe zu versenden. Es gibt Produkte, bei denen ist der herkömmliche Brief ein guter Weg, denken Sie aber im Gesamtkonzept zunächst vollständig digital.

Das hat drei Gründe:

- In der digitalen Abwicklung von Transaktionen liegt die Zukunft.
- Je mehr Bestandteile Ihrer Arbeit Sie in einem automatisierten digitalen Workflow abbilden können, um so eher können Sie sich selbst als Person von diesem Workflow lösen. Das führt zur Arbeitsentlastung.
- Ist ein Prozess einmal sauber aufgestellt, ist er unbegrenzt skalierbar.

Digital Selling

Eine Geschäftsidee ist nicht gleichbedeutend mit einem Geschäftserfolg. Ihr Erfolg tritt erst dann ein, wenn Sie Ihr Angebot auch verkauft bekommen. Ohne zahlende Kunden kein Business. Da ein Solopreneur alle Positionen im eigenen Unternehmen strategisch steuert, ist ein wesentlicher Teil seiner Arbeit das Marketing. Wer diese Aufgabe nicht akzeptiert, wird mit seinem Geschäft scheitern. Immer wieder begegnen uns Menschen, die die Aufgabe der Vermarktung an andere geben wollen: Weg mit der lästigen Aufgabe, wo sind Vertriebsmäuse, die für mich laufen?

Wollen Sie die Wahrheit hören?

Es gibt keine Vertriebler, die für Sie die Sache übernehmen. Entweder sind sie billig, dann zerstören sie Ihren Kundenstamm. Oder sie sind teuer, dann kommt zwar etwas dabei herum, aber andere verdienen jetzt das Geld, das Sie eigentlich selbst brauchen. Auch über Affiliate-Netzwerke zu arbeiten, ist nur eine flankierende Maßnahme. Ihr Produkt braucht ein eigenes Marketing. Und dies hat mit Qualität und Vertrauen zu tun.

Denken Sie anders: *Sie oder Ihre Marke sind das Gesicht Ihres Produktes.* Wenn Sie wollen, dass Ihren Produkten vertraut wird, muss Ihre Marke dieses Vertrauen verdienen. Menschen kaufen nicht nur das Produkt. Sie kaufen bei einem Anbieter, dem sie vertrauen. Von daher sollten Sie Ihr Marketing nicht komplett in fremde Hände geben. Digital Selling ist nicht Kür, sondern Pflicht. Gestalten Sie es selbst. Am besten in einem digitalen Workflow. Ihre Produkte auf den Markt zu bringen, ist Ihre *wichtigste Aufgabe* als Solopreneur. Steht dieser Kreislauf des Vertrauens, werden sich dann auch andere finden, die Ihr Produkt mit anbieten.

Unterscheiden Sie zwischen *Endkunden* und *B2B-Konzepten*. Vielen Entrepreneuren, die eine hohe Stückzahl ihrer Produkte verkaufen, gelang dies, weil sie das Produkt bei einem Großabnehmer platzierten. Ihr Marketing kann also durchaus aus einigen wenigen Kontakten bestehen. Noch einmal Timothy Ferriss: Er konzentrierte sich auf Großhändler und baute dort einen standardisierten Nachbestellmodus auf. Somit kombinierte er wenige, aber wichtige Initialkontakte mit einem dann standardisierten Nachbestell-Prozess. Anders sieht dies aus, wenn Sie an Endkunden verkaufen. Dann bauen Sie einen eigenen Endkundenstamm auf und sind für jede einzelne Transaktion selbst verantwortlich.

So oder so haben Sie eine Aufgabe, die sich nicht nur Solopreneuren stellt:

- Wie wird Ihr Angebot bei den richtigen Menschen bekannt?
- Wie erzählen Sie die Story Ihres Angebotes?
- Wie kommen Kunden in Ihren E-Mail Verteiler oder auf Ihre Bestellseite?
- Was muss getan werden, damit gekauft / gebucht / bestellt wird?

Sie kommen nicht darum herum, sich mit Verkaufszahlen, Traffic und Conversion-Rates auseinanderzusetzen. Wie immer gilt die Regel: Erst einmal überhaupt etwas verkaufen, dann optimieren. Lernen Sie hier von den Start-ups. Heute stellen Start-ups ihr Angebot sehr früh ins Netz, erzeugen Traffic, testen und beobachten. Genau das empfehlen wir auch.

Da es im Marketing an das Eingemachte geht, tummeln sich hier viele Anbieter und bieten Rat und Hilfe an. Die Szene der Online-Marketing-Gurus ist Legion. Zwei Dinge müssen Sie tun, um mit Ihrem Geschäft nicht baden zu gehen:

a) selbst fit werden und lernen, digital zu verkaufen

b) die Spreu vom Weizen trennen

Sie können die Szene der Internet-Marketing Experten grob aufteilen:

- große etablierte Anbieter, die für große Firmen arbeiten
- klassische (kleinere) Werbeagenturen,
  die sich auf Online-Marketing spezialisiert haben
- Online Marketer, die ihre Tools und Kurse im Netz verkaufen
- Freelancer, die fit sind

Die großen Anbieter und auch die klassischen Agenturen haben oft Preisvorstellungen, die jenseits von Gut und Böse liegen. Von daher eignen Sie sich die Kompetenz Stück für Stück selbst an und lagern Teilaufgaben an Freelancer aus. Zusätzlich suchen Sie nach Partnern, mit denen Sie im Verbund Traffic generieren.

Wenn Sie sich selbst weiterbilden, werden Sie früher oder später auf Angebote von **Internet-Marketern** treffen. Hier gibt es gute und schlechte. Viele deutsche Internet-Marketer orientieren sich an US-amerikanischen Beispielen und proklamieren das *Squeeze-Selling*. Dabei werden Sales-Trichter aufgebaut, in denen dann Druck erzeugt wird. Diese Experten empfehlen *Squeeze-Selling* und verkaufen ihre eigenen Angebote ebenfalls mit dieser Methode. Bewerten Sie die Angebote in Ruhe und kaufen Sie nicht aus einem Impuls heraus. Sehen Sie sich die Personen an, die Ihnen einen Service oder Wissen anbieten. *Ist das der Partner, auf den Sie sich einlassen wollen?* Häufig wird versprochen, dass alles Wissen für Ihren Erfolg in einem Paket enthalten ist. Das stimmt halb: Das Paket enthält viel Wissen, aber Sie müssen nach wie vor Ihr Marketing alleine stemmen.

Ihr persönlicher Web-Selling-Stil

Entwickeln Sie Ihren eigenen Web-Selling-Stil. Sie können sich über den einen oder anderen Internet-Marketer gerne ärgern. Wir tun dies auch. Sie kommen aber nicht darum herum, im Web zu verkaufen, wenn Sie erfolgreich sein wollen. Sie werden merken, dass es gar nicht so einfach ist. Ohne einen guten Prozess und klare Angebote und Anreize geht es nicht. Entwickeln Sie einen Stil, der Ihren Werten und Ihrer Persönlichkeit entspricht UND gleichzeitig eine gute Performance entwickelt.

Wir haben uns bewusst gegen Squeeze-Methoden entschieden, nutzen aber auch Landing-Pages und verkaufsfördernde Anreize. Menschen notieren sich nicht in ihren Terminkalender: Morgen kaufe ich das Produkt A. Kunden brauchen Erinnerungen, Angebote, Frühbucherpreise und anderes, um sich in Bewegung zu setzen. Das kann in einer fairen Weise erfolgen. Entwickeln Sie Ihren Stil und messen Sie Ihren Erfolg. Das tut jeder Unternehmer.

Ortsunabhängige Daten

Eines Ihrer wichtigsten Güter als Solopreneur sind Ihre Daten.
In einer digitalen Welt steuern Sie Ihre Prozesse mit Daten:

- Kundendaten
- Produktionsdaten
- Zugangsdaten, Buchhaltung, Adminstration

Entwickeln Sie einen Weg, wie Sie immer an Ihre Daten rankommen und Ihre Prozesse *ortsunabhängig* steuern. Ihr Ziel haben Sie erreicht, wenn Sie ohne ein Problem vom *Arbeitsplatz A* zum *Arbeitplatz B* wechseln können. Ab jetzt wandern Sie je nach Bedarf zwischen Büro, Home-Office, Café und Coworking Space. Gelingt Ihnen dies, ist der Schritt, auch einmal das Land zu wechseln, nicht mehr weit. Oder Sie zeigen ausländischen Freunden eine Woche lang Deutschland, während Ihr Betrieb läuft, oder vieles mehr.

Denken Sie dabei simpel. Wo laufen Ihre Prozesse:

- bei SaaS Anbietern im Internet?
- in großen Marktplätzen wie *amazon*, *eBay*, *Etsy* etc?
- über Ihre eigene Website via kleiner Tools?

Versuchen Sie Ihre Infrastruktur so aufzubauen, dass Sie via Browser oder anderer Tools von überall zugreifen können. Daneben bleiben dann in der Regel noch andere produktive Bereiche, die nicht sofort komplett im Netz sind. Diese Bereiche zu analysieren, zu zergliedern und in Komponenten aufzuteilen, ist der Weg in die Mobilität.

Verlieren Sie Ihre Daten, stoppen Ihre Prozesse. Sie können nicht mehr handeln. Eine Bloggerin, die mitten in einer wichtigen Marketingaktion ihren Rechner für eine Woche in die Reparatur geben musste, sagte uns: "Es ist, als wenn man nur noch einen Arm hat." Gehen Sie professionell mit Ihren Daten und Maschinen um. Es sind Ihre Produktivsysteme. Kein Handwerker würde seine Werkzeuge verrosten lassen.

Um Ihre Prozesse immer im Griff zu haben, müssen Sie stabile und idealerweise auch doppelte Systeme haben. Die vorher genannte Bloggerin wäre nicht in Stress gekommen, hätte sie zwei konfigurierte Rechner gehabt. Das ist ein Grund, warum wir alte Rechner nicht wegwerfen.

Wo haben Sie Ihre Daten?

Ein Standrechner mit Festplatte, auf der alle Daten sind, kettet Sie an einen Schreibtisch. Das macht heute kein Mobilpreneur. Wichtig ist ein mobiles Gerät plus ein gutes Datenmanagement. Hier drei Möglichkeiten. Alle haben etwas für sich:

- Sie haben Ihre Daten in der Cloud im Internet.
- Sie haben Ihre kompletten Daten auf kleinen Festplatten (das machen wir).
- Sie kaufen einen Protonet Server und bauen Ihre eigene Cloud auf.

(a) Die Cloud wartet auf Sie. Sie können dort alle Daten ablegen. Das Vorgehen ist wegen der NSA in Verruf geraten. Wir mögen die NSA auch nicht. Andererseits: *Google* hat tolle Tools. Sehen Sie sich *Google Apps for Business* an. Sie können damit ein komplettes Company Dashboard aufbauen. Und Fehlinformation: Man muss dafür KEINE *Gmail*-Adresse nutzen. Sie können benutzerdefinierte E-Mail-Adressen hinterlegen. Damit stehen Ihnen für wenig Geld alle Tools von *Google* zur Verfügung: Eigene E-Mail, Kalender, Drive, Docs, Hangouts, Sites. Für viele Solopreneure bietet *Google Apps for Business* eine solide Grundausstattung. Wenn Sie dann noch *Google+* nutzen, ist dies eine starke Kombi. Aber wichtig: Wenn Sie alles über die Cloud managen, sichern Sie Ihre Daten zusätzlich lokal bei Ihnen. Alle Daten gehören immer auch noch einmal in Ihre eigene Hand.

(b) Sie müssen aber gar nicht in die Cloud. Eine superperformante Plug&Play Festplatte passt heute in jede Tasche und kostet kaum noch etwas. Das hat den Vorteil, dass Sie Ihre Daten selbst in der Hand haben. Wir arbeiten mit einem System von einem Server und verschiedenen Festplatten. Wir unterscheiden zwischen Produktivplatten, Backup-Platten und Fall-Back-Platte in einem externen Schließfach. Eine Produktivplatte können Sie immer unterwegs mitnehmen. So kommen Sie auch in jedem ICE trotz Funkloch an alle Ihre Daten. Wichtig ist hier, das Backup zu automatisieren, den Datenbestand zu spiegeln und wirklich extern noch einmal an einen sicheren Ort zu legen. So überleben Sie die gestohlene Laptoptasche mit Rechner oder den Einbruch in Ihr Office. Natürlich können Sie auch Ihre Daten im Netz gegensichern. Es gibt mehr als einen deutschen Anbieter dafür.

(c) Als Hamburger sind wir natürlich parteiisch: Wenn Sie viel über Internet mit anderen Coworkern zusammenarbeiten und gleichzeitig Ihren Server mobil halten möchten, kaufen Sie sich einen *Protonet* Server! Serverkonfiguration und Rechteverwaltung sind dort für Sie kein Thema, da vorkonfiguriert und ein Kinderspiel. Der *Protonet* Server ist viel mehr als eine ans Netz angeschlossene Speicherplatte.

Protonet Server sind komplette cloudfähige Server mit sicherem Datenspeicher und haben mit *SOUL* eine komplett eigene Plug & Play Software für Teamarbeit an Bord. Ziel von Protonet ist, Ihnen einen voll-wertigen Cloudserver in einem Versandkarton zu senden, für dessen Inbetriebnahme Sie keinen Systemadmin brauchen. Diesen Server können Sie sich unter den Arm klemmen und Ihre Cloud wandert mit Ihnen. Mehr als ein Herz ging schon an diese orangenen Würfel verloren. Das einzi-ge Stück Hardware, das bei uns neben *Apple* eine Landeerlaubnis hätte. *Protonet* ist ein Hamburger Start-up, den wir nur empfehlen können. *Protonet* kommt übrigens aus der Maker-Bewegung. Das nur als Signal, dass man auch große Dinge selbst bauen kann (dies allerdings nur im Team). Einfacher geht eigenes Cloudcomputing nicht: *protonet.info.*

Smarte Kommunikation

Wie sind Sie erreichbar? Man könnte das so beantworten:

- a) E-Mail / Social Media
- b) Telefon / Smartphone

Technisch ist das überhaupt kein Problem.
Sie haben eine E-Mail-Adresse und eine Handynummer.

STOP

Gerade Solopreneure sollten hier scharf nachdenken. Die Kommunikationsdaten 1:1 herauszugeben, ist nicht der Weg in die persönliche Freiheit! Wenn Sie schon einmal von einem Kunden am 24.12. um 18:00 Uhr angerufen wurden, wissen Sie, dass man in der Kommunikation einiges falsch machen kann. Und Sie können es dem Kunden nicht vorwerfen, wenn Sie a) zu dieser Uhrzeit erreichbar sind und b) ein Produkt ausgeliefert haben, mit dem jemand zu diesem Zeitpunkt ein Problem hat.

Die Versuchung ist groß, Ihr privates Smartphone als die Zentrale für die gesamte Kommunikation anzusehen. Das spart Telefonkosten. Irrtum. In dem Moment, in dem Sie Ihren Freunden die gleichen Kontaktdaten wie Ihren Businesspartnern geben, haben Sie ein Problem: Sie können nie mehr nur kurz Ihre privaten Eingänge checken, ohne gleich auch die Business-Mails zu sehen. Das ist kein Konzept für mehr Ruhezonen.

Überhaupt: Ist es zwingend notwendig, telefonisch erreichbar zu sein?

Ein Selbstständiger sagte zu uns: *„Es geht nicht anders. Ich höre am Telefon, was der Kunde mir sagen will. Ich kann besser heraushören, wo er steht."* Das ist richtig bei individuellen Aufträgen. Wir hatten uns aber darauf geeinigt, dass Sie dies nicht mehr wollen.

Planen Sie Ihre Erreichbarkeit von Anfang an und steuern Sie. Sonst landen Sie in der *24/7/365-Stand-By-Position*. Das ist nicht lustig und das Gegenteil des Zieles eines Solopreneurs. Die Frage der Erreichbarkeit fängt bei Ihrem Produkt an. Wenn Sie eine Software betreiben, müssen Sie Support liefern, dann muss jemand Bereitschaft haben. Das ist ein Grund, warum wir persönlich keine Software mehr entwickeln.

Sie begrenzen also so viel wie möglich:

- Bieten Sie möglichst nur 1 Kommunikationsart an.
- Wir empfehlen: E-Mail.
- Behalten Sie Ihre Mobilnummer für sich.
- Klären Sie Zeiten der Erreichbarkeit.
- Sie beugen Kommunikation vor, wo es irgend geht.
- Sie haben keine Produkte, die ständig Support benötigen.
- Sie lassen so viel Kommunikation wie möglich erst gar nicht entstehen.
- Ein kurzes erklärendes Video über Ihr Produkt wirkt Wunder.
- FAQs auf der Website und andere Hilfestellungen fangen Fragen auf.

Bei der Erreichbarkeit können Sie zwei Phasen unterscheiden:

Anfangsphase = Sie sind selbst erreichbar.

Das macht bei geringen Stückzahlen durchaus Sinn. Zum einen finden Sie selten Call Center, die bei geringem Durchsatz ein festes Team für Sie aufstellen. Und ständig wechselnde Agents können Sie vergessen, das funktioniert nicht. Schön ist die Geschichte, als bei der *RatioDrink AG* ein Kunde den Call Center Agent fragte: *„Ist das ein Saft oder ein Pulver?"* (*RatioDrink*, von einem Solopreneur geleitet, ist übrigens bekannt für seine Bio-Fruchtsaftkonzentrate und stellt nur solche her). Der Agent antwortete: *„Pulver."* Dann kommt das richtig gut, wenn 3 Liter Fruchtsaftkonzentrat angeliefert werden.[3] Neben diesen deutlichen Qualitätsschwankungen in vielen Call Centern, rechnet es sich am Anfang oft auch nicht. Wir würden zu Beginn empfehlen, selbst Störfälle entgegen zu nehmen. Sie bekommen so die Fragen der Kunden direkt mit. Wissen Sie, was am Telefon verlangt wird, schalten Sie einen ausgesuchten und hochwertigen Auftragsdienst dazwischen. Oder einen gut besprochenen Anrufbeantworter.

Fortgeschrittene = Komponenten federn die Kommunikation ab

Mit wachsendem Erfolg kommt es in der Regel auch zu einer wachsenden Kommunikation. Versuchen Sie mit wachsenden Anfragen Individual-Kommunikation möglichst ganz in Komponenten auszulagern. Lassen Sie nicht jede Mail bei Ihnen privat in einem einzigen Account auflaufen! Entbündeln ist der Weg zur besseren Steuerung und besserer Übersicht: Lassen Sie Kommunikation von Kunden in vorher genau definierten

Schubladen auflaufen. Das geht z.B. mit *Support-Desks* sehr gut. Einer der bekanntesten Anbieter ist *Zendesk* (andere sind *Helpscout, freshdesk, supportFu* etc.). Dort können Sie zuverlässige Freelancer Standardanfragen bearbeiten lassen. Arbeiten Sie mit einem Projekt-Team kollaborativ, bündeln Sie die Kommunikation in Plattformen wie *Trello, Asana, basecamp* oder *Helpscout*.

Fragen Sie bei jedem Schritt in Ihrem Angebot, ob dieser auf Ihrer Seite Kommunikation auslöst. Wenn Sie z.B. für den Ticketverkauf *Xing Event* (ehemals *amiando*) oder *Eventbrite* einsetzen, dann regeln diese Komponenten alle normalen Prozesse. Auch Stornos laufen über das Tool, ohne dass Sie davon etwas mitbekommen. Sie können natürlich sagen: Ich lasse diese Positionen alle einzeln bei mir auflaufen und buche dies dann händisch. Das spart mir einige Prozent Marge. Das ist falsch gedacht. Denn Ihre Zeit ist das kostbarste Gut als Solopreneur. Sie sollten, wenn möglich, keinen Kleinkram selbst in die Hand nehmen. Komponenten brauchen Sie, sonst ertrinken Sie bei Erfolg in immer mehr Telefonaten und individuellen E-Mails. Mit Komponenten zu arbeiten, ist ein Weg, die Individual- und Servicekommunikation nicht bis in Ihr (mobiles) Office zu lassen.

Arbeiten mit Komponenten

Damit sind wir bei einem weiteren Merkmal von Solopreneuren: Sie programmieren so gut wie nie selbst – es sei denn Sie sind Developer und wissen genau, was Sie tun – und setzen, wo Sie können **Komponenten** ein. Eine Komponente ist ein Tool, ein Service oder ein anderer Funktionsbaustein. Es sind in sich geschlossene Funktionseinheiten, die für Sie etwas erstellen, durchführen oder darstellen. Prof. Faltin hat diesem Vorgehen einen Namen gegeben, der es auf den Punkt bringt: *Gründen mit Komponenten (Business with Components)*. Wesentliche Funktionen des Geschäftsmodells werden durch die fertigen Komponenten anderer dargestellt.

Das Fundament eines Solopreneur-Business besteht aus Software, die möglichst einfach zu bedienen sind und im Code nicht selbst gepflegt werden müssen. Sie nutzen Clouddienste wie *Google Apps for Business* oder OpenSource Programme wie *WordPress*. Lassen Sie sich von Agenturen oder Programmierern keine aufwendigen Systeme andrehen. Je größer die Systeme werden, die Sie nutzen, umso mehr Geld versenken Sie bei Entwicklern.

Komponenten werden immer mächtiger: Ganze Teilfunktionen der Geschäftskette, wie Logistik, Fertigung oder Service werden übernommen. Die schon erwähnte *RatioDrink AG* nutzt als Abfüller eine Kelterei. Das ist naheliegend bei einem Fruchtsaftkonzentrat. Die Kelterei aber so zu „*entwickeln*", dass sie sich in den eigenen Prozess eingliedert und ferngesteuert über E-Mails und Schnittstellen funktioniert, ist die eigentliche Arbeit.

Die Zahl der Komponenten wächst

Es gibt inzwischen Dienstleister, die sich selbst als Komponenten verstehen. Diese Bereitschaft, mit Solopreneuren zu partnern, ist neu und wächst. In großen Konzernen wird wie selbstverständlich mit Komponenten gearbeitet (*Auslagerung, Zulieferer, Outsourcing*). Solopreneure tun dies mit Komponenten quasi auf einer Mikroebene. Smarte Geschäftsideen handeln wie große Firmen **und** halten die eigene Infrastruktur klein. Das *Internet der Dinge* wird diesen Trend noch weiter nach vorne treiben. Solopreneure werden immer mehr in der Lage sein, wie große Firmen Produktionsketten zu bilden und von überall in der Welt zu steuern.

Begünstigt wird dies durch die steigende Zahl der *Software-as-a-Service* Plattformen, die komplette Funktionen via Cloud bereitstellen. Sie können sich die komplette Infrastruktur stellen lassen und zahlen nur die tatsächlich beanspruchte Leistung. Damit skalieren Ihre Systeme und haben von Stunde Null an die gleiche Performance wie die Großen. Was heute viele Internet Start-ups nutzen, steht Ihnen als Solopreneur ebenfalls zur Verfügung. Machen Sie nicht den Fehler, eigene Technik aufzubauen.

Der große Vorteil von Komponenten: Sie haben keinen eigenen Code, den Sie pflegen (lassen) müssen. Selbst ganz große Dienstleister arbeiten inzwischen mit Komponenten. Dort geht man dazu über, auch für internationale große Kunden keine handgebaute Software mehr einzusetzen, sondern nutzt aufgebohrte, an vielen Stellen vorkonfigurierte Komponenten. Die Faustformel lautet: Hände weg von selbstprogrammierter Software und großen Dinosauriern! Lassen Sie andere updaten und releasen.

Querverweis

In unserem *Smart Business IDEEN Generator* gibt es einen Komponentenbaukasten, der die Arbeit mit Komponenten vertieft.

● Nischenstrategien

Da Solopreneure es in der Regel vom Volumen nicht mit großen Konzernen aufnehmen können, bewegen sie sich in Nischen. Von daher lohnt sich die Beschäftigung mit Konzepten, wie Sie eine starke *Nischenposition* erreichen. Die folgenden Ansätze empfehlen wir:

- *EKS®* (Engpasszentrierte Strategie) – von Wolfgang Mewes entwickelt
- Alle Ansätze zur *Positionierung* – zum Beispiel Tom Peters
- *Long Tail* – Nischenpositionierung im Internet von Chris Anderson
- *Blauer Ozean*– strategische Profile, W. Chan Kim, Renée Mauborgne
- *Smart Business Concepts* – unser eigener Ansatz (*IDEEN Generator*)

Viele Solopreneure schaffen eigene *Marken* mit einem strategischen Profil für eine Nische. Unter einem strategischen Profil versteht man eine bewusste Ausrichtung eines Angebotes anhand eindeutiger Qualitätsmerkmale. Es geht darum, Ihr Angebot an einer Stelle mit einem starken Vorteil oder einer starken Unterscheidung zu Mitbewerbern auszustatten.

Zumindest sollte Ihr Angebot eine klare Position einnehmen und von Kunden eingeordnet werden. Wir nennen das nach Tom Peters *WOW!-Faktor*. Ein strategisches Profil kann auch aus einem bestimmten Stil oder Geschmack bestehen. Dieses Vorgehen erinnert an vielen Stellen an die *Engpasskonzentrierte Strategie*.[4] Die Aussage der EKS® ist: Wer auf einem Gebiet Marktführer ist, hat eine wesentlich höhere Chance im Business erfolgreich zu sein, als wenn Sie zum Durchschnitt gehören oder an zweiter oder dritter Stelle liegen.

Beispiele für klare strategische Profile

○ Die T-Shirts von Henning Groß in seiner HASENFARM tragen nur Bunny-Motive und stehen für *„Hasen an die Weltmacht"*. Er ist damit der erfolgreichste Hasen-T-Shirt Vermarkter in Europa und wird inzwischen auch als Storyteller für andere tierliebhaberaffine Produkte angefragt.

○ Der Darjeeling der *Teekampagne* von Prof. Faltin ist in Punkt Qualität und Preis-Leistungsverhältnis kaum schlagbar. Auch hat sein Tee zusätzliche soziale Qualitätsmerkmale, da die Teekampagne aktiv daran mitwirkt, die Arbeitsbedingungen in den Darjeeling-Anbaugebieten zu verbessern.

○ Rechtsanwalt Thomas Doeser positionierte sich als EKS®-Kundiger als führender Spezialist für Pferderecht. Er ist Veranstalter des *Deutschen Pferderechtstages* und hat ein Taxierungsverfahren entwickelt, wie viel ein Pferd wert ist, auf fachdeutsch: *„equitax® ist die erste sachverständige und standardisierte Beschaffenheitsbeschreibung von Pferden zur Beschreibung der hippologischen Beschaffenheit zum Zeitpunkt des Verkaufs.“*

Mehr Infos zu diesem Beispiel siehe rechte Seite.

○ Im Vergleich dazu der zweite Jurist in diesem Buch, Artjom Pestov: Als Rechtsanwalt positionierte er sich zuerst mit *Mangelanzeige.de* als Mietminderungs-Spezialist mit einem Konfigurator für Mietminderungsschreiben (sein wichtigstes Suchwort bei *Google*). Da der Bedarf, Rechtsschriftstücke selbst zu schreiben, hoch ist, erweiterte er die Positionierung in: *Volkskanzlei – Juristische Dokumente selbst erstellen.* Das neue Angebot ist zu finden unter volkskanzlei.de (siehe auch S. 176).

Personal Branding empfiehlt sich vor allem in den Bereichen der *Expertenmodelle* (Expert) und *Erlebnismodelle* (Creator). Hier spielt der Urheber des Produktes häufig eine wichtige Rolle. Möchte ein Experte sein Wissen vermarkten, macht es häufig Sinn, die eigene Person als Marke aufzubauen. Das Konzept des Personal Brandings wird Tom Peters, dem Altmeister der Positionierung, zugeschrieben. Andererseits ist dieses Konzept unter Künstlern, Musikern, Autoren und Schauspielern uralt:

• Wie kann ich mich von anderen abheben?
• Indem ich als Person bekannt werde und als Person überzeuge.
• Wer als Person eine starke Botschaft sendet, wird in sich zur Marke.

Eine klare Stärke entwickeln

Erreichen Sie durch eine Spezialisierung möglichst die Marktführerschaft. Zumindest eine gute starke Eindeutigkeit (wofür stehen Sie). Hier widersprechen wir Svenja Hofert (*Das slow grow Prinzip*), die zu Beginn eine breite Aufstellung empfiehlt.[5] Das ist sinnvoll, wenn Sie als normaler Selbstständiger arbeiten, nicht wenn Sie als Solopreneur prozessorientiert vorankommen wollen. Wir sehen in einer guten Nischenpositionierung die stärkste Aufstellung für einen im Internet anbietenden Solopreneur.

Gebraucht-Pferdehandel

equitax® ist auf Produktebene ein **Service-Modell**, es geht um den Service, an einer Stelle Rechtssicherheit zu erhalten. Im Bereich des Marketings ist es ein **Experten-Modell** mit der Speerspitzen-Positionierung „Pferderecht".

Dass beim Pferdehandel geschummelt wird, ist schon fast sprichwörtlich. 2002 wurde das deutsche Recht beim Pferdeverkauf an das europäische Recht angepasst. Folge: Verkäufer haben ein höheres Haftungsrisiko. Der Käufer kann noch Monate nach Kauf Mängel geltend machen. Um hier die Rechtssicherheit für Käufer und Verkäufer zu erhöhen, entwickelte Thomas Doeser ein standardisiertes Zertifizierungssystem.

Sein Produkt equitax® ist eine Software, mit der Sachverständige standardisierte Bewertungen von Verkaufspferden erstellen können. Das besondere an seinem *Standard-Verkaufsgutachten*: Es ist gerichtsverwendbar. Zwischen 40 bis 60 Parameter werden pro Pferd exakt beschrieben, so dass nach dem Kauf darüber kein Streit mehr entstehen kann. Das Gutachten **überholt in der Qualität die sonst übliche tierärztliche Untersuchung**, da auch Parameter beschrieben werden, die ein Tierarzt nicht erfasst. Clever dabei: Es konnte fast die gesamte Rechtsprechung aus dem Bereich des Gebrauchtwagenhandels übertragen werden. In der Fachsprache des Business Modellings arbeitete er damit mit einer *Branchenübertragung*: Wissen aus Feld A wurde auf das Anwendungsgebiet B übertragen.

Thomas Doeser setzt auf eine *personenunabhängige* Marke. equitax® ist eine eingetragene Dienstleistungsmarke. Ist equitax® etablierter Marktführer in Deutschland, ist die Marke der Hauptwert bei einem späteren Verkauf.

Wer glaubt, dass Pferdehandel eine zu enge Nische sei, dem sei mitgeteilt, dass die Anzahl der Pferde in Deutschland heute höher ist, als sie es zum Zeitpunkt der Arbeit mit Pferden in der Landwirtschaft je war. Sport- und Freizeitpferd ist ein Erfolgsmodell in einem reichen Land. In seinem Netzwerk hat er über 150 Anwälte, die auf Pferderecht spezialisiert sind.

www.equitax.de

An der Frage der Positionierung hängt auch die Frage, welche Rolle die eigene Person beim Markenaufbau spielt. Gehört die eigene Person in die Marke? Ja oder Nein? Wer sich mit Nischenstrategien beschäftigt, wird früher oder später auf zwei Lager stoßen, die das Gegenteil sagen.

Position A besagt:

Mache Deine Person NIEMALS zu Deiner Marke. Baue eine neutrale Marke auf. Nur so erreicht man Unabhängigkeit und kann die Marke später an andere verkaufen.

Position B besagt:

Du als Person bist Deine stärkste Marke. Baue eine Personenmarke auf.

Wie so häufig im Leben haben beide Lager recht, je nachdem, wer Sie sind und was Sie vorhaben. Es gibt also Solopreneure mit von der Person abgelösten Marken (= Product Brand) und Solopreneure, die ihre eigene Person aufbauen (= Personal Brand).

Lager A – Neutrale Marke

Wer ein Angebot oder ein Produkt als Longseller erfolgreich im Markt halten will, baut am besten eine starke Produktmarke auf. Zu diesem Ansatz gehört eine starke Markenführung. Dies empfehlen wir bei Produktmodellen (Maker), Sortimentsmodellen (Trader) und Servicemodellen (Server).

Die geführte Marke ist neutral, selbst wenn dahinter eine einzelne Person steht. Um dies zu erreichen, kommt im Namen des Produktes oder des Anbieters auf keinen Fall der persönliche Name vor.

Lager B – Personal-Branding

Im Personal Branding ist die Person identisch mit der Marke. Entweder trägt die Person den eigenen Namen oder einen Künstlernamen. Das Hauptargument für eine Personenmarke ist die *Schutzfähigkeit*. Wer verhindern möchte, von anderen kopiert zu werden, versucht sein Business zu schützen. Im technischen Bereich sind dafür Patente wichtig. Im gestalterischen Bereich Geschmacksmuster. Es ist aber häufig nicht möglich, ein Produkt ausreichend zu schützen. Dann ist die eigene Persönlichkeit der größtmögliche Schutz vor einer Kopie. Denn die eigene Person kann ein anderer nicht kopieren.

Bei einer *Personenmarke* wird die Persönlichkeitsentwicklung zum treibenden Faktor der eigenen Marke. So lange ich als Person glaubhaft bleibe und anderen ein Vorbild sein kann, wird eine *Personal Brand* Fans haben und Angebote verkaufen können.

Trainerbeispiele

Viele amerikanische Erfolgstrainer gehen den Weg der Personenmarke. Zum Beispiel Anthony Robbins oder David Allen, in Deutschland Jörg Löhr. Personenmarken polarisieren stärker als Produktmarken. Nicht alle Experten gehen den Weg auf die Bühne. Werner Tiki Küstenmacher steht uns sehr Nahe. *Simplify your Life* ist ein starkes Programm und hat einige Wurzeln zu *Smart Business Concepts* beigetragen. Man kann ihn zwar als Redner buchen, im Kern ist Werner Küstenmacher aber ein Autor.

Neutrale Marken für Experten und Kreative

Bevor Sie sich sofort als Experte, Autor oder Musiker auf die eigene Person stürzen, denken Sie noch einen Moment darüber nach. Auch ein Experte, Musiker oder Autor kann eine personenunabhängige Marke aufbauen.

Ablösung von der Person von Ihrem Programm

Kreative und Experten können starke Erlebnis- oder Expertenprogramme aufbauen. Der Titel des Programms wird zur Marke. Ein Beispiel, wie zwei Hamburger Coaches eine Programm-Marke entwickelten, ist *wingwave*®. Cora Besser-Siegmund und Harry Siegmund waren zuvor unter ihrem eigenen Namen aktiv und schufen mit *wingwave*® ein komplettes Programm. Das Programm ist inzwischen bekannter als die beiden als Person.

Ablösung von der Person als Kreativer

Wissen Sie, wer hinter den *Muppets* stand oder die *Augsburger Puppenkiste* erfand? Die Fans der Muppets wissen vielleicht noch, dass Jim Henson der Schöpfer der *Muppets* ist. Dass die Familie Oehmichen die *Augsburger Puppenkiste* schuf, wird dagegen wenigen bekannt sein. Beide Puppenserien sind von der Person abgelöste Marken. Wenn Sie es strategisch angehen, können Sie so gut wie jedes Erlebnisformat in eine Marke überführen, die ohne den Namen des Autors funktioniert. Auch Wellness-Angebote oder andere Geschmacks-Formate können als eigene Marken lebendig werden, ohne dass Sie als der Schöpfer Ihren Namen damit verkoppeln.

● Bootstrapping

Solopreneure gehen anders mit Geld um. Wer Fremdkapital an Bord hat, verliert seine Unabhängigkeit. Viele Solopreneure sind Bootstrapper und arbeiten ganz aus dem eigenen Cashflow. Das Wort *Bootstrapping* stammt aus der amerikanischen Gründerszene und kommt von der englischen Redewendung: *„pull oneself over a fence by one's bootstraps"* (= sich selbst an seiner Stiefelschlaufe über den Zaun ziehen. Im Sinne von „selbststartend" bzw. "sich selbst hochziehen"). Dieser Begriff meint, dass eine Idee sich aus eigener Kraft finanziert. Die Geschäftsidee wird ohne finanzielle Fremdmittel gestartet. Um dies zu können, gibt es verschiedene Vorgehensweisen:

○ Sie verfügen über einen vorhandenen Cashflow oder Rücklagen

Wenn Sie eine neue Geschäftsidee haben, ziehen Sie Geld aus laufendem Geschäft ab und investieren es an anderer Stelle. Das setzt aber voraus, dass Sie bereits laufende Umsätze (Cashflow) an anderer Stelle oder bereits Rücklagen gebildet haben. Das ist der Weg mit dem wir arbeiten.

○ Sie haben Verträge, bei denen Sie erst später als der Kunde bezahlen

Dies ist der Weg, den Timothy Ferriss mit *BrainQuicken* ging. Er arbeitete mit einem genau ausgezirkelten Cash-Flow Konstrukt (wir nennen dies eine virtuelle Maschine) und vereinbarte Zahlungsziele bei seinen Zulieferern, die so spät lagen, dass er das Geld der Kunden vorher bereits auf seinem Konto hatte. Dadurch musste er nicht vorfinanzieren.

○ Sie verkaufen eine erste Tranche vorab

Professor Faltin ließ sich bei der *Teekampagne* den ersten Container mit Schwarztee aus dem Himalaya von den Bestellern VORAB bezahlen und bestellte dann erst die Ware.[6] Die Vorbestellung ist nach wie vor eine Praxis, die Ihnen einen positiven Cashflow garantiert.

Eine weitere Variante sind Crowdfunding-Plattformen wie *Kickstarter,* *Seedmatch, VisionBakery* oder *Indiegogo,* auf denen Sie eine erste Tranche Ihrer Produkte verkaufen, bevor die Produkte fertiggestellt sind. Bezahlt wird im Voraus. Damit kommt das Kapital für die erste Serie zusammen. Und manchmal auch etwas mehr. Aber bitte genau hinsehen: Bei anderen Plattformen wie *Companisto* geht es um Crowdinvesting. Dort geben Sie Firmenanteile ab. Das ist nicht im Sinne eines Solopreneurs.

○ **Sie schaukeln das Unternehmen langsam Stück für Stück nach oben**

Thorsten Kucklick, Mitreferent auf dem *Solopreneur Day* und in Deutschland einer der profiliertesten Blogger zum Thema Boostrapping, geht den Weg des klassischen Bootstrappings. Bei seinem Selbstversuch *UltraPress* startete er mit einem Anfangskapital von 1.000 Euro, stellte damit seinen Service in einer ersten Version auf, bloggte ständig über den Fortgang und setzte erste minimale Werbung ein. Die ersten Aufträge, die hereinkamen, wurden im Sinne eines Lean Start-ups gründlich analysiert, die Aufstellung verändert und die Einnahmen sofort reinvestiert.

Faustformel

Ein Bootstrapper erhält seine Handlungsfreiheit durch eine hohe Liquidität. Er steuert seinen Cash Flow so, dass er kein Fremdkapital braucht.

Smarte Fragen

- Ist Ihre Idee in der richtigen Dimension?
- Wie können Sie eine erste Serie vorfinanzieren lassen?
- Wie können Sie eine hohe Liquidität behalten?
- Wer wäre bereit, Ihr Produkt vorab zu bestellen?

Von einem, der ein Museum komplett vorfinanzierte, ohne einmal einen Schritt in eine Bank gesetzt zu haben

Fallbeispiel Hans Fex und sein mini museum[8]

Uns gefällt die Geschichte von Hans Fex und seinem mini museum. Die Idee zum *mini museum* hatte er bereits mit 7 Jahren! Er sammelte über 30 Jahre lang echte Funde aus der Archäologie und der modernen Zeitgeschichte, um seine Idee zu verwirklichen: Vom Zahn eines T-Rex Dinosauriers bis hin zu einem Stück Alufolie, die original mit Apollo 11 auf dem Mond war.

Das Westentaschen-Museum

Sein Ziel: Die Fundstücke in kleine Stückchen zerlegt sorgsam sortiert in Kunstharzblöcke einzuschmelzen, den *mini museums*. Ein Westentaschen-Museum, um es auf den Schreibtisch zu stellen. Gefüllt mit authentischer Weltgeschichte. Er baute, 44 Jahre alt, einen ersten Prototypen, fotografierte den Prototyp, listete alle Fundstücke und drehte einen Film.

Dann stellte er sein Projekt im März 2014 auf *Kickstarter* ein. Mit der Bitte, durch Vorverkäufe sein Herzensprojekt zu finanzieren und bereitete sich auf eine Produktion in seinem Haus in Sterling, in der Nähe von Washington, vor.

> *„After a lifetime of collecting, I own all the specimens. I also have the skills to craft the mini museum as casting is one of my specialties. But to bring the mini museum to the world, I need your support.*
>
> *Your support will go towards getting other needed production materials as well as manufacturing and safety equipment. If you give me the chance to go into full manufacturing, I'll be sending you updates with videos of the production to keep you well-informed and super-excited about your very own, very carefully made and individually numbered mini museum."*

Weitere Informationen finden Sie auf *minimuseum.com*

Der Erfolg auf Kickstarter

Ursprünglich setzte er als Ziel 38.000$. Die *Kickstarter* Crew fand seine Idee so originell, dass sie seine Aktion als „Staff Pick" auf der Startseite promoteten. Die Bestellungen hörten gar nicht mehr auf. Die Aktion war so erfolgreich, dass die *Washington Post* 8 Tage nach dem Start seines Aufrufes einen Artikel schrieb.[8] Zu diesem Zeitpunkt hatte er bereits Bestellungen für 750.000$ über *Kickstarter* gewonnen. Als Hans Fex seine Aktion schloss, hatten über 5.000 Personen bei ihm mini museums und andere Angebote von ihm im Wert von 1.2 Mio$ bestellt und bezahlt. Die Auslieferung erfolgte dann in den Folgemonaten.

Kickstarter Aktionen von Hans Fex – wachsend mit der Nachfrage

- 50 limitierte Sammler-Ausgaben aller drei Mini Museums á 499$
- 150 limitierte Sammler-Ausgaben aller drei Mini Museums á 479$
- 100 x das Große Mini Museum á 499$
- 200 x das Große Mini Museum á 439$
- 800 x das Große Mini Museum á 249$
- 2 Tage Museums-Tour für 1 Person für 3.500$
- 1 Tag Durchstöbern der Sammlung von Hans Fex für 2 Personen á 800$
- Weitere Tranchen folgten

Ein Schlüssel für seinen Erfolg auf *Kickstarter* war die liebevolle und professionelle Präsentation seiner Idee, die authentische Idee mit einer großartigen Story und einer gehörigen Portion Mutterwitz. So bot er für 3.500$ eine Zwei-Tage Tour durch Museen in Washington DC inklusive Essen mit ihm und seiner Familie:

„A one of a kind personalized tour for 2 consecutive days in Washington DC visiting the Smithsonian and other area attractions / museums of your choosing. Dinner with Hans and his family. While at Hans' house, you will construct your own personalized version of the mini museum on the spot. You are welcome to bring a friend. You must supply your own transport to Washington, DC and hotel with this reward."

Denken Sie an die Zukunft, die Vergangenheit ist vorbei und erledigt. Denken Sie immer voraus und auf die Zukunft gerichtet, vergessen Sie die Vergangenheit, verbeißen Sie sich nicht in die heutigen Ereignisse.

Cyril Northcote Parkinson

Solo
preneur

Kapitel
11

Solopreneur Mindset

Es gibt viele Beispiele von erfolgreichen Solopreneuren. Es ist alleine aber nicht alles einfacher. Bevor Sie sich alleine auf den Weg machen, sollten Sie sich auf einige Solosonderheiten einstellen. Das vorletzte Kapitel führt Sie noch einmal durch einige Stromschnellen und fragt nach der eigenen Energie und dem eigenen Maß.

- Wie halten Sie Ihre Energie hoch?
- Wie umkurven Sie Fallstricke und Gefühlstiefs?

Entschieden bei sich bleiben

Unternehmerischer Erfolg stellt sich ein, wenn man seine Rolle gefunden hat und seine Angebote über einen längeren Zeitraum durchhält. Die Anfangsidee ist zwar ein Schlüssel, sie dient aber nur dazu, die Tür aufzuschließen, um dann auf den Markt zu gehen. Ab dann braucht es den langen Atem, bis das Angebot greift.

Die Momente, in denen es gut läuft, sind nicht die Stunden der Herausforderung. Es sind die Momente, in denen es (noch) nicht so gut läuft. Dann brauchen Sie ein hohes *Energie-Level*, um Ihren Weg weiterzugehen. Wieder ein Paradox: *Um es leichter angehen zu können, braucht es eine hohe eigene innere Energie.* In einer Firma können Sie sich hin und wieder wegducken. Solo geht das nicht. Ihr Energie-Level bestimmt maßgeblich darüber, ob Sie bestimmte Kurven nehmen. Ein wichtiger Punkt ist Ihr *Mindsets*. Sie selbst steuern über Ihre Gedanken und Ihr Verhalten den Ausgang der Dinge. Achten Sie daher auf Ihre Gedanken.

- Lassen Sie sich von anderen Menschen nicht Ihre Energie nehmen.
- Suchen Sie ein Umfeld, in dem Ihre Gedanken wachsen können.
- Achten Sie auf Ausgleich und Energiezufluss.
- Halten Sie Ihr Energie-Level hoch.

Das Miesmacherland

Seine eigene Energie hoch zu halten, ist in Deutschland nicht einfach. Deutschland ist ein Land, in dem Menschen Angst vor Geschäftsideen haben. Und zwar irrationale Angst. Das stammt nicht von uns, sondern aus einer der größten weltweiten Entrepreneurship-Studien, in denen der Unternehmergeist im Vergleich gemessen wird, dem *Global Entrepreneurship Monitor*. Dort heißt es im Länderbericht Deutschland:

"Die Angst mit einem eigenen Unternehmen zu scheitern hält in Deutschland besonders viele Menschen davon ab, eine Selbstständigkeit in Betracht zu ziehen. (...) Eine rationale Erklärung dafür, dass diese seit Jahren bekannte Furcht vorm Scheitern gerade in Deutschland so verbreitet ist, gibt es nicht." [1]

Das ist interessant: Wir sind eine der stärksten Wirtschaftsnationen der Welt. Aber gleichzeitig ist Deutschland Spitzenreiter bei irrationalen Business-Ängsten. Die Sorge, mit einer eigenen Idee sein Hab und Gut zu verlieren, ist eine Facette dieses Angst-Landes, *„Schuster bleib bei Deinen Leisten!"* ein dazu passender Glaubenssatz. Haben Sie eine Idee, in der Sie ein neues Geschäftsfeld betreten, greifen Sie unerlaubterweise nach den Sternen und Sie werden untergehen. Diese Haltung ist Gift in einer Zeit, in der gute Ideen gerade davon leben, mit den Leisten anderer zu arbeiten, und es leichter denn je ist, seine eigene Idee erfolgreich umzusetzen.

Deutschland ist kein Land der Begeisterten. Wenn Sie Ihr Smart Business Concept nach vorne bringen, aktivieren Sie oft die Ängste und negativen Energien anderer. O-Ton einer Solopreneurin: *„In meinem Umfeld gibt es nicht eine Person, die mir Mut zu meinem Weg macht"*. Meiden Sie Menschen und Institutionen, die Sie am Boden halten. Verlassen Sie Zonen mit geringer Wertschätzung. Bauen Sie um sich herum einen Kreis von Menschen mit hoher Energie auf. Der beste Weg, mit seiner eigenen Angst und der Angst anderer umzugehen, ist seine eigene Energie hochzuhalten und bei emotionalen Ausbrüchen auf Abstand zu gehen und zu hinterfragen, was für ein Mindset Sie selbst oder den anderen reitet.

Dazu ein Beispiel

Wir stellen auf einem *Smart Business Ideen Labor* das Fallbeispiel von Volker Winkler vor, mit *memorius.de* einer der erfolgreichen deutschen Solopreneure. Volker Winkler schaffte es, CEWE als Kooperationspartner zu gewinnen. CEWE ist ein führender Hersteller von Digitalfotobüchern. Einer der Teilnehmer sagt laut in die Gruppe: *„Der hat Glück gehabt, in allen anderen Fälle hätte das nicht funktioniert."* Auf unsere Nachfrage, was er damit meine, meldet der Teilnehmer Bedenken an, dass auf ihn ein Kooperationspartner wie CEWE reagieren würde. Was sagt dieser Teilnehmer mit seinem Einwurf?

- Unternehmerischer Erfolg ist Glückssache.
- Das ist nicht wiederholbar.
- Das traue ich mir nicht zu, damit würde ich nicht durchkommen.
- Auf mich reagiert ein großer Partner nicht.

Wenn Sie ein gesundes Mindset aufbauen wollen, hinterfragen Sie solche Aussage. Wenn Sie eine ähnlich einfache und gute Idee wie Volker Winkler haben, wird es Ihnen gelingen, Kooperationspartner zu finden. Überhaupt: Wenn Sie positiv gestimmt nach vorne gehen, werden Sie Menschen für sich gewinnen. Das ist eine Frage der inneren Haltung. Mit Glück hat das nichts zu tun. Lassen Sie sich hier von den Sorgenträgern nicht stoppen.

Die Standard-Denker

Surfen Sie auch über *Standard-Denkansätze* hinweg. Anderen fehlt oft die Phantasie, einen Schritt über ihren Denkrahmen hinaus zu gehen. Hier lohnt es sich nicht, zu diskutieren. Sparen Sie sich die Energie für Ihre unternehmerische Tätigkeit.

So merken die meisten staatlich angestellten Vertreter der Wirtschaftspolitik nicht, dass sie in ihrem eigenen Denkgebäude verhaftet sind (*Arbeitgeber, Arbeitnehmer, Arbeitslose, Arbeitssteuern*). Es gibt den Solopreneur auf ihrem Radar einfach noch nicht. Der Leiter einer Wirtschaftsförderungsgesellschaft sagte uns: *„Ach, wissen Sie, das hört sich ja gut an, in Wirklichkeit wird jedes Geschäft mit Erfolg größer und dann können Sie das nicht mehr alleine machen."* Dieser Wirtschaftspolitiker wünscht sich wachsende Firmen. Er findet es gut, wenn die Zahl der Angestellten wächst. Von daher ist seine Bemerkung nicht abwertend gemeint. Lassen Sie solche Aussagen einfach links liegen.

Die Banker

Banker leben häufig ebenfalls in einem geschlossenen Weltbild. Sie sagen: *„Jeder Businesstreibende braucht früher oder später einen Kredit. Jeder Geschäftsmann, den ich kenne, hat das so gemacht."* Sie merken ihren Zirkelschluss gar nicht. Solopreneure gehen nicht zu Banken, also kennt ein Banker Cash-Flow Geschäftsleute nicht. Schon alleine dieses Unverständnis sollte ein Grund sein, Krediten aus dem Weg zu gehen. Sie partnern sonst mit einer Institution, die Ihr Vorgehen nicht versteht.

Aber die Gefahr, einen Kredit zu bekommen, ist gar nicht so groß. Denn in den Augen einer Bank sind Sie als Solo-Selbstständiger nicht kreditwürdig. Falls Sie als Solopreneur doch versuchen, von einer Bank einen Kredit zu bekommen, wird das nichts. Es sei denn, Sie haben ein Haus oder anderes Vermögen als Sicherheit.

Hinter der Abwehr der Banken vor selbstständigen Alleinverdienern steht die Sorge: Wie bekomme ich als Bank meinen Kredit zurück, wenn dieser Soloverdiener morgen mit dem Auto vor den Baum fährt? Sofort werden dann Konstruktionen angeboten, die den Kredit absichern. Lassen Sie sich nicht zu Bürgschaften zwingen oder – noch schöner – einen Kredit mit einer Lebensversicherung zu sichern. Das sind Uralt-Konstruktionen, die Ihnen nichts bringen und nur den Banker ruhig schlafen lassen. Die Folgerung: Vermeiden Sie normale Banken, suchen Sie sich gezielt Menschen mit Finanzkenntnis, die Ihnen nicht nur irgendeinen Standard verkaufen wollen. Oder noch besser: Werden Sie selbst finanziell fit (alles was wir hier sagen, gilt für berufliche Kredite im Solopreneurship, es spricht i.d.R. nichts gegen Bankkredite bei einer Hausfinanzierung oder ähnlich).

Faustformel

Lassen Sie sich von Sorgenträgern und Standard-Denkern nicht vom Solo-Kurs abbringen. Beharren Sie auf Ihrem Standpunkt. Partnern Sie nicht mit Institutionen oder Beratern, die einen kleinen Horizont haben. Solopreneurship ist im Kern recht einfach: Sie erhalten sich Ihre Unabhängigkeit und machen ein tolles Business.

Sich selbst gut steuern

Doch die Menschen um uns herum sind gar nicht die größte Herausforderung. Sobald Sie das Soloschema verinnerlicht haben, manövrieren
Sie sich durch die Meinungen anderer hindurch. Wir selbst – solo – sind das
größte Thema. *Unser eigenes Gedankenkino reißt unseren Energiehaushalt
nach unten.* Wir fragten auf dem *Solopreneur Day* die Teilnehmer, was die
größten Herausforderungen eines Solopreneurs sind. Genannt wurde:

Alleine arbeiten	• Vereinsamung – Lonely Fighter • Einsamkeit aushalten • Angst vor dem Scheitern • Auch mal Pause machen und abschalten • Abzugeben (Arbeit und Verantwortung)
Sackgassen	• Finanzielles Risiko • Auf dem falschen Weg zu sein • Missing Links auflösen • Kein Korrektiv
Ressourcen finden	• Partner zu gewinnen, die passen • Die richtigen Leute für bestimmte Projekte finden • Finanzielle und zeitliche Ressourcen • Kalt Akquise
Richtig steuern	• Fokussierung auf das Wesentliche • Über sich selbst und seine Idee klar zu werden • Mindset immer wieder überdenken und auf Kurs bleiben • Sich nicht zu verzetteln / Überflüssiges loslassen • Geschäftsmodell entwickeln, das „von selbst" läuft und der Solopreneur außerhalb des Tagesgeschäfts justiert und weiterentwickelt

Diese Nennungen zeigt ein Spektrum der Herausforderungen. Der Solo-
preneur steuert sich selbst. Dabei kann er nicht selbstverständlich auf
Arbeitskollegen zurückgreifen. Kleinigkeiten können sich zur emotionalen
Blockade aufbauen. Niemand kann alles.

Wer solo vor einer Mauer steht, steht in der Gefahr, dort alleine stehen zu bleiben. Hier auf sich selbst zu achten, sich zu beobachten und rechtzeitig andere in die Situation zu lassen, ist wichtig. Was Ihnen schwer fällt, fällt anderen leicht. Geben Sie daher an zuverlässige Hände ab und bauen Sie sich Netzwerke auf. Ihre Gefühle und Netzwerke sind wichtig. Lassen Sie sich nicht selbst im Regen stehen. Mit sich selbst gut umzugehen, ist Grundlage des eigenen Erfolges.

Umgang mit Fehlern

Tipp 1: Nehmen Sie Fehler nicht persönlich. Lassen Sie nicht zu, dass durch einen eigenen Fehler Ihre Energie sinkt. Gehen Sie sofort raus aus der Negativ-Energie und trennen Sie sich von der Situation, bis Sie wieder klar denken können.

Tipp 2: Bauen Sie Schutzmauern auf und denken Sie vor. Wer alleine handelt, macht auch alleine Fehler. Kein anderer kann Dinge gerade biegen. Das kann gefährlich werden, wenn Sie nicht vorsorgen. Lösen Sie sich von dem Bild, dass ein Entrepreneur ein verwegener Husar ist. Reiten Sie nicht einfach in das Gelände. Werden Sie Ihre eigene Aufklärungseinheit.

- Was passiert, wenn Sie einen Fehler machen. Wer trägt das Risiko?
- Was passiert, wenn Sie krank werden und ausfallen?

Vermeiden Sie den *Anfängerfehler Nr. 1*: Ohne Reserven zu planen. Rechnen Sie auf Ihrem Weg immer Lehrgeld ein. Mit Reserven zu arbeiten, steigert die eigene Ruhe und sichert das Überleben.

Ein Solopreneur ist gleichzeitig gut beraten, *Fallback-Strategien* und einen *Stop Loss* einzubauen. Sie definieren also in operativen Räumen Ihren größtmöglichen Verlust und ziehen entsprechend Sicherungslinien ein. Das können Ausstiegsklauseln oder Warnmechanismen sein. Dazu gehört eine regelmäßige Liquiditätskontrolle. Wir haben eine Controlling-Tabelle, in der wir alle finanziellen Bewegungen – ähnlich wie in einer Scorecard großer Firmen – abbilden. Sie können Fehler nicht vermeiden, aber Sie können sie rechtzeitig entdecken. Planen Sie Fehler ein, misstrauen Sie sich selbst und bauen Sie Systeme, die Sie warnen, wenn Ihr Umsatz sinkt, die

Steuerrücklagen nicht reichen oder ähnliches. Wenn der Fehler kommt, handeln Sie schnell. Sitzen Sie Fehler nicht aus. Stoppen Sie Verluste. Trennen Sie sich von falschen Kooperations-Partnern und anderen Fehlentscheidungen. Bewahren Sie Unabhängigkeit, in dem Sie nirgends „kleben bleiben".

Den Toten Punkt überwinden

- Woher kommt die Schwere in der Arbeit?
- Was erzeugt bei uns Mangel an Gesundheit, Zeit, Lockerheit, Geld?
- Wann geht einem auf dem eigenen Weg die Leichtigkeit verloren?

Es ist schnell gesagt, dass andere schuld sind. Die Umwelt zwingt uns so zu arbeiten, wie wir es tun. Sie zwingt uns, jeden Abend Fernsehen zu schauen, den Burger dem Gemüse vorzuziehen, Geld in das neueste Automodell zu stecken. Die Umwelt lenkt uns ab und schwächt unsere Entscheidung.

Die Wahrheit ist vermutlich eine andere.

Wir selbst stehen uns im Weg und leben über oder unter unserem Potenzial. Die Folge: Wir haben ständig zu wenig Zeit oder Geld, unsere Projekte voranzutreiben. Wir können nicht säen, um zu ernten, und haben wir gesät, sind wir zu ungeduldig, auf die Ernte zu warten. Wir halten nicht die Spur, wenn wir uns einmal entschieden haben. Wir nehmen Abkürzungen, nur um dann an der falschen Stelle aus dem Wald zu kommen. Wir borgen von anderen, schieben auf und lassen liegen. Wir bringen die Waage nicht zum Ausgleich. Deswegen laufen wir unserem Leben hinterher.

Die Kraft des Schwungrades

Jim Collins, ein amerikanischer Management-Berater, gebrauchte in seinem Buch *Von den Besten lernen* das Bild des Schwungrades.[2] Unternehmen sind wie Schwungräder, rotierende Gewichte, die Energie aufnehmen und dann mit einer hohen Stabilität weiterlaufen. Ein Schwungrad muss am Anfang in Bewegung gebracht werden. Die erste Umdrehung ist kräftezehrend. Dreht es sich ein erstes Mal, ist das zweite Mal schon etwas leichter und ab dann nimmt das Rad Geschwindigkeit auf, bis es ruhig in einer hohen Rotation läuft und so viel Schwung hat, dass es auch über Phasen der Nichtenergie ohne Probleme hindurchzieht und ständig Kraft abgibt. Das ist der Rhythmus des Erfolges und der Leichtigkeit.

Halten Sie sich vor Augen:

- Sie müssen nur einmal den Turnaround in Ihrem Leben schaffen.
- Sie müssen nur einmal Ihren Jetztzustand überholen.
- Sie müssen nur einmal die Waage ins Lot bringen.
- Nur ein skalierbares Produkt gut im Markt platzieren.
- Nur einmal das Schwungrad in Schwung bringen.
- Ab dann läuft es leichter.

Treffen Sie also die Entscheidung, in sich selbst zu investieren und den ersten Baustein zu legen. Drehen Sie die Spielregeln um, werden Sie ein Anbieter, verlassen Sie die Position des Abnehmers. Mit dem Erfolg des ersten Angebots haben Sie die Luft für die Folgeprodukte. Ein Autor beginnt mit dem ersten Buch, sobald das erste verkauft wird, schreibt er das zweite, dann das dritte. So lange, bis eines der Bücher sich überdurchschnittlich gut verkauft. Ein Experte setzt den ersten Baustein seines Programms, sobald dieser verkauft wird, entwickelt er den zweiten Baustein, dann den dritten. Er tut dies, bis sein Programm überdurchschnittlich gut gebucht wird. Ein Maker platziert sein erstes Produkt, es ist zu Beginn ein Nischenprodukt. Dann spricht sich die Qualität herum, das zweite Produkt verkauft sich bereits stärker, das dritte zieht dann in einen Massenmarkt und so weiter.

Über die Kunst, sich selbst zu fühlen

Solopreneurship ist ein Weg, sich wieder selbst in seiner Arbeit gut zu fühlen. Viele Menschen erlauben sich nicht, das zu tun, was sie weiter bringen würde. Sie glauben, alte Positionen halten zu müssen.

- Warum gehen wir nicht den ersten Schritt?
- Warum hören wir nicht auf Gefühle?
- Warum bleiben wir in alten Verhaltensmustern?
- Wie erzeugen wir selbst die Knappheit in unserem Leben?

Sendhil Mullainathan, Professor für Ökonomie an der *Harvard University*, und Eldar Shafir, Professor für Psychologie an der *Princeton University*, schrieben in ihrer *Psychologie der Knappheit*, warum wir immer wieder in Zustände der Knappheit zurückfallen.[3] Wir borgen ständig leichtfertig Ressourcen, die wir gar nicht haben, arbeiten zu viel, legen nichts zurück und planen nicht. Wir starren wie das Kaninchen auf die Schlange, reagieren auf wachsende Anforderungen, anstatt einen Schritt zur Seite zu gehen und das System zu verändern.

Wer schon einmal mit Menschen im oder nach einem Burnout gesprochen hat, kann diese Muster erkennen. Anstatt zurückzutreten und die Sache zu ordnen, werden sinnlos weiter einzelne Steine gestemmt. Immer wieder von Neuem. Das ist nicht smart.

Zwei gute Bekannte von uns sind durch einen schweren Burnout aus dem Beruf geworfen worden. Beide waren vorher erfolgreiche Geschäftsführer, echte Macher, und wurden durch schwere körperliche Symptome gezwungen, alles zu stoppen. Beide sagen unabhängig voneinander: *Am Ende, kurz bevor nichts mehr geht, fühlst Du nichts mehr. Du arbeitest nur noch durch.*

Und damit sind wir wieder am Anfang unseres Buches. Katrin Linzbach sagte von sich als wesentliche Erkenntnis aus ihrer Auszeit: *„Meine Gefühle sind o.k. Sie sind dazu da, gespürt zu werden und dienen als Wegweiser."*

Entscheiden Sie sich nicht für irgendein Business, sondern für das, bei dem Sie sich fühlen können. Ihr Solopreneur Mindset hat daher zwei wichtige Flanken: Gefühle und Gedanken bedingen sich gegenseitig. Ihre Gedanken lösen Gefühle aus und umgekehrt.

- Wie gehen Sie mit Ihren Ressourcen um?
- Wie lassen Sie Arbeit in Ihr Leben?
- Was denken Sie über Ihre Arbeit?
- Wie fühlen Sie sich?

Ihr Mindset verändert das Spiel. Sie sind selbstwirksam! Sie können es schaffen und sind damit dafür verantwortlich, ob Ihre Idee etwas wird. Sie können Ihr Leben ordnen, neue Ansätze entwickeln UND dabei das Gefühl zu sich selbst nicht verlieren. Sie haben nur ein Leben, machen Sie etwas daraus. Warten Sie nicht, bis andere in Ihrem Leben die Steuerräder besetzen und Sie ab dann nur noch im Rücksitz des eigenen Lebens sitzen.

Über das eigene Maß

Wer sein Schwungrad drehen will, muss für die Drehzahl das eigene Maß finden. Hier die eigene Dimension zu finden, ist zentral für Ihr Glück. In der Regel können wir mehr, als wir uns zutrauen. Aber nicht unendlich viel mehr. Jeder hat ein anderes Maß. Lassen Sie sich daher nicht von anderen aufblasen. Denken Sie aber ruhig größer, als Sie es bisher tun.

- Woran orientieren wir uns also?
- An Richard Branson – weil er Milliardär ist.
- Oder an **unserem Potenzial** – gleich wie groß es ist.

Die Generation unserer Großeltern betrieb Landwirtschaft vor dem zweiten Weltkrieg. Eine Zeit, in der es vieles nicht gab, das uns heute selbstverständlich ist.

Häufig musste improvisiert werden. Ein Spruch aus dieser Zeit:

„Man nehme von dem Vorhandenen."

Diese alte Bauernweisheit besagt: Träume nicht von Dingen, die nicht da sind, sondern mache aus dem Vorhandenen so viel wie möglich. Eine Tugend, mit der vieles in Schwung gebracht wurde. Heute, wenige Generationen später, schaffen es viele nicht, sich auf ihr Maß festzulegen:

- Sie setzen Ziele zu hoch oder zu niedrig an.
- Sie überdrehen oder unterdrehen.

Ihr Erfolg als Solopreneur hängt davon ab, Ihr richtiges Maß und die richtige Geschwindigkeit zu finden. Einmal den eigenen Turnaround zu schaffen und dann in seiner optimalen Betriebstemperatur weiterzulaufen.

Hilfreich sind in unseren Augen die Ergebnisse der modernen Entrepreneurship-Forschung um die Professoren Oliver Gassmann und Dietmar Grichnik aus dem Bereich *Business Innovation von St. Gallen*:[4] Erfolgreiche Entrepreneure wissen um ihre Möglichkeiten, stecken sich Experimentierfelder mit **begrenztem Risiko** und gehen dann ergebnisoffen in die nächste Strecke. Sie nutzen das Vorhandene und kennen ihr Limit.

Das gilt für die großen (Richard Branson wurde in den Untersuchungen mit gescannt) wie auch für smarte Entrepreneure. Unter dem Stichwort *Effectuation* finden Sie mehr zu diesen Ergebnissen. Die **Mittelorientierung** (die jeweils verfügbaren Mittel) und der gekonnte Ressourcen-Einsatz (der individuell leistbare Einsatz pro Situation) sind dabei wichtig.

Einfacher gesprochen:

- Haben Sie mehr, können Sie mehr.
- Haben Sie weniger, machen Sie weniger.

Aber in jeder Situation loten Sie Ihr stimmiges Maß.

Über die eigene Bandbreite

Dieses eigene Maß zu finden, ist wesentlich. Zum Solopreneur Mindset gehört es, sich mit dem Phänomen der kognitiven Bandbreite auszukennen. Bandbreite bezeichnet den Wahrnehmungsraum. Was können Sie parallel wahrnehmen und verarbeiten? Wer sein Maß nicht hat, büßt schlagartig Bandbreite ein. Ihre kognitive Bandbreite und damit die Fähigkeit, richtig zu entscheiden (oder zu fühlen?), sinkt mit Überforderung in einem kritischen Umfang ab.

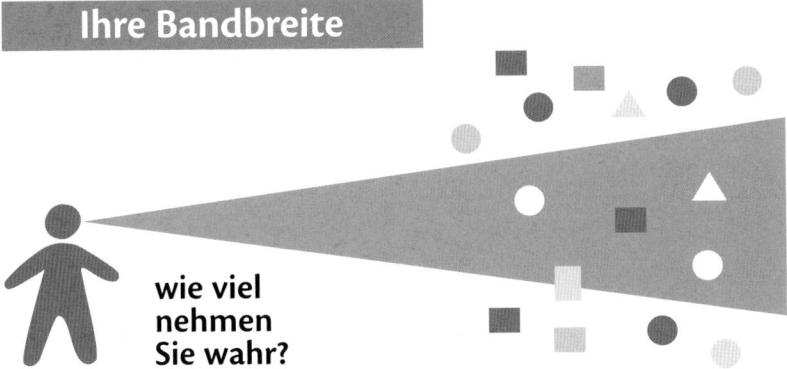

Ihre Bandbreite

wie viel nehmen Sie wahr?

4,5 von 16 möglichen Lösungen

Wir können dies aus unserem Leben nur bestätigen. Unsere größten geschäftlichen Fehler haben wir begangen, als wir uns nicht die Zeit für Entscheidungen nahmen. Wir ließen es in einigen Phasen unseres Business zu, dass die Tage zu voll und zu schnell waren.

Die Folge: Wir sahen an wichtigen Wendepunkten gar keine Alternativen. Die Entscheidung sah wie eine reine Ja- oder Nein-Weiche aus. Machen wir es? Ja oder Nein? Und im Zweifel machen Sie es dann. Uns ist das in drei Fällen teuer zu stehen gekommen.

Sie können nicht jeden Fehler vermeiden, aber wir sind uns recht sicher, dass wir diese drei Fehler nicht gemacht hätten, wären wir da schon in unserem Solopreneur Mindset gewesen.

Es gibt immer mehr als zwei Handlungsoptionen.

Sendhil Mullainathan und Eldar Shafir stellten in ihren Untersuchungen über Knappheit fest, dass Menschen an eigener Bandbreite verlieren, wenn sie sich in eine **Knappheits-Situation** bringen. Stellen Sie Ihr Business falsch auf und es geht Ihnen die Zeit, die Skills oder das Geld aus, geraten Sie sofort in Knappheit. Ihre Fähigkeit, die Umgebung und Ihre Möglichkeiten vollständig wahrzunehmen, sinkt stark. Ähnlich dem Tunnelblick eines Autofahrers unter Alkohol, gehen Sie in eine verengte Sichtweise, verringern Ihre Handlungsoptionen, halten an falschen Entscheidungen zu lange fest und verlieren noch mehr Kraft. Das ist kein Muster für Erfolg.

Bewahren Sie sich also Ihre Bandbreite und halten Sie Ihre Systeme so sauber, dass Sie genug Zeit für Entscheidungen haben. Je mehr Sie sich mit unnötigen Dingen zumüllen oder sich überfordern, um so eher riskieren Sie Ihre Bandbreite. Leichtigkeit in seinem Leben, hat etwas mit der richtigen Drehzahl zu tun. Finden Sie Ihr Maß und halten Sie dieses.

Über- oder unterfordert?

Dr. Gerhard Huhn sprach auf dem *Entrepreneurship Summit 2013* über den idealen **Flow-Kanal**. Im normalen Beruf haben die wenigsten die Chance, jeden Tag das zu tun, was sie am besten können. Als Solopreneur haben Sie die Chance, für sich Ihren optimalen Flow-Kanal zu bauen. Das ist ein Handlungsraum, in dem Sie nicht unter- und auch nicht überfordert sind.

- Stecken Sie sich dazu klare, anspruchsvolle, aber erreichbare Ziele.
- Erhöhen Sie Komplexität nur im Maß, wie Sie Neues integrieren können.
- Zu schnelle Drehzahl: Sie schießen oben aus Ihrem Flow-Kanal hinaus.
- Fordern Sie sich gar nicht, fallen Sie unten heraus.

Erfolgstrainer powern meistens nur in eine Richtung. Sie wollen passive Menschen in die Handlung bekommen. Meister des Flows kennen beide Ränder des Flow-Kanals. Wer Leichtigkeit möchte, sollte schwere Dinge fallen lassen und positiv stimulierende in sein Leben holen. Vermeiden Sie Informationen und Bilder, die Bandbreite in Ihrem Gehirn belegen, und suchen Sie Menschen, Umgebungen und Dinge, die Sie auf Ihre richtige Drehzahl bringen. Begeisterung stimuliert Ihr Gehirn, Abstand und Pausen bewahren Sie vor Fehlern. Wenn Sie so handeln, sehen Sie mehr.

Flughafenparkplätze machen frei

Wir sprachen mit einem jungen Mann, der im Internet Parkplätze von Flughäfen vermakelt, die noch kein eigenes Buchungssystem online haben. Sein Produkt: Das Online-Buchen eines Stellplatzes, wenn Sie mehrere Tage per Flugreise unterwegs sind. Eine Aufgabe die technisch von einem Solo-Programmierer zu schaffen ist, schnell in den schwarzen Zahlen war und einmal installiert immer weiter läuft.

Der klassische Selbstständige wäre an diesem Business vorbeigegangen und hätte dem Flughafen angeboten, eine Website zu programmieren. Der Flughafen hätte dann die Seite übernommen und betrieben. Für den Programmierer ein Job. Einmal bezahlt.

Der Solopreneur sagt: *„Hallo Flughafen, was wäre, wenn ich für Euch diese Parkplätze unter das Volk bringe, Euch kostenlos einen guten Service ins Netz stelle und ab dann pro gebuchten Parkplatz mitverdiene?"* Dieser junge Mann investierte in die Website und die Prozesse, betreibt den Service und wird Unternehmer. Das ist eine Umdrehung der Auftragsrichtung. Ab jetzt bezahlt der Flughafen bei dem Solopreneur täglich Leistungen.

Denken Sie aus Ihrer Rolle (hier Service-Unternehmer). Selbstständige denken meist wie Zulieferer und trauen sich nicht, selbst in den Markt zu gehen. Sie stecken zu sehr in ihrer eigenen Zuliefer-Haltung.

- Was können Sie bieten, ohne dass andere ständig Zugriff auf Sie haben?
- Was bindet Sie an alte Arbeitsabläufe?
- An welcher Stelle können Sie aus der direkten Arbeit heraustreten?
- Was können Sie von Ihrer Arbeit in Prozesse und Produkte überführen?
- Wie können Sie es schaffen, dass Sie nicht anderen hinterherlaufen?
- Wie können Sie Ihre Auftragsrichtung umkehren?

Diese Umkehrung der Auftragsrichtung ist in so gut wie allen Branchen möglich: Als Produzent, als Händler, als Experte, als Dienstleister und auch als Kreativer. Dazu müssen Sie die Hände von der Werkbank nehmen und sich noch einmal neu erfinden. Das ist das Faszinierende an der Arbeit mit angehenden Solopreneuren: Es geht darum, eine neue Version von sich selbst und seinem Business zu schaffen. Möglich ist dies mit einzügigen Geschäftskonzepten (Buch schreiben, Buch auf den Markt bringen) oder aber auch mit mehrzügigen Geschäftskonzepten (komplexere Modelle über mehrere Ecken).

Wir wünschen Ihnen den klaren Blick für die vielen Möglichkeiten um Sie herum und für das eigene Solo-Maß und einen wachen starken Solopreneur Mindset.

Dinge anders herum sehen

Wenn Sie es schaffen, den eigenen Kopf frei zu halten und sich als SolopreneurIn verstehen, beginnen Sie Ihre Welt mit Soloaugen zu sehen: An welchen Stellen können Sie smart Business aufbauen? Ein offener, wacher Solopreneurgeist lohnt sich: Sie sehen mehr, Sie sehen anders als andere, Sie sehen Dinge als Geschäftsmodell, die andere nur als Job sehen.

We must (...) begin to see the possibility of evolving a new life-style, with new methods of production and new patterns of consumption: a life-style designed for permanence.

Ernst Friedrich Schumacher, Small is beautiful

Solo
preneur

Kapitel
12

Die Lust ein Steuermann zu sein

Es ist ein gutes Gefühl, selbst hinter dem Steuer zu stehen und beherzter als bisher seinen eigenen Kurs einzuschlagen. Aus diesem Grund geht es am Ende des Buches noch einmal um das *Steuerrad* in Ihrem Business und Ihrem Leben. Und den Schritt zur konkreten Handlung.

Vision Unternehmerische Freiheit

Wie wäre es,

- wenn Sie Ihr eigenes Unternehmen kreativ freisetzt?
- wenn Sie Zeit hätten, an Ihren Produkten zu arbeiten?
- wenn Sie nicht ständig auf Termine von Kunden reagieren müssten?

Wenn Ihre eigene Marke lokal oder weltweit bekannt wäre und Sie diese ohne Abhängigkeit von anderen weiterentwickeln? Wenn Sie unkompliziert die Möglichkeiten unserer modernen Welt nutzen und als Entrepreneur Ihr Ding machen und dabei glücklich sind? Wenn Sie das Geld verdienen, das Sie brauchen, ohne sich jeden Tag neu beweisen zu müssen?

Wenn Ihnen dies gelingt, leben Sie Ihr Leben unternehmerisch im eigenen Rhythmus. Ihre Arbeit wäre ein organisch passender Bestandteil, quasi der Fluss, auf dem Sie Ihr Lebensboot in Ruhe und mit Genuss steuern. Sie hätten alle Fäden in der Hand und können Ihr Business jederzeit in eine neue Richtung drehen – wie der Pilot eines Paragliders mit nur wenig Gewichtsverlagerung und Zug an den Steuerleinen elegant die nächste Kurve nimmt.

Zu schön, um wahr zu sein?

Dies ist eine erreichbare Vision. *Wenn* Sie nicht bei der Idee stehenbleiben, sondern konkret handeln. Solopreneure, die diese Leichtigkeit schaffen, gibt es. Sie haben Stück für Stück ihre Arbeitsweisen verändert. Um dabei Kurs zu halten, hilft ein starker Solopreneur Mindset und einige Grundentscheidungen. Sie treten hinter das Steuerrad Ihres Leben, setzen einen Kurs und navigieren ab dann auf Ihr Ziel zu.

Die Lust am eigenen Kurs

Wir hoffen, dass Sie durch unser Buch Lust bekommen haben, selbst zu steuern. Das Steuerrad ist die Position auf einem Schiff, an der es zur Kursänderung kommt. Eine typische Soloposition. Es gibt Gründe, warum nicht mehrere Personen gleichzeitig am Ruder stehen.

Am Steuerrad werden Wenden herbeigeführt, falls Sie auf falschem Kurs sind. Oder Sie halten dort den Kurs, wenn Sie schon gut dabei sind. Wenn Sie am Steuerrad drehen, richtet sich Ihr Schiff neu aus, vielleicht driftet es noch einmal zu weit in eine Richtung, Sie steuern gegen und dann nimmt das Boot Kurs. Das ist Selbstwirksamkeit. Es ist ein gutes Gefühl, steuern zu können.

Wir begannen dieses Buch mit dem Beispiel von Katrin Linzbach, deren Gefühle nicht zu ihrem Beruf passten und die sich fragte, ob sie ihre Zukunft komplett in die eigene Hand nimmt. Sie übernahm die Verantwortung und das eigene Steuerrad und ist seitdem leichter unterwegs.

Gleich, an welcher Stelle Sie beruflich stehen:

- Sie können mehr steuern, als Sie es jetzt tun.
- Hören Sie auf, sich zu verzetteln.
- Prüfen Sie noch einmal Ihre Ziele.
- Setzen Sie dann den neuen Kurs und fangen Sie an zu steuern!

Greifen Sie zu und beginnen Sie, Ihr Business bewusst in eine Richtung zu lenken. Es lohnt sich. Die Lust des Steuermanns besteht darin, dass er sich entscheiden kann, wohin er will. An Ihrem Business hängt Ihr Lebensmodell. Wer glaubt, Beruf und privates Leben sauber trennen zu können, irrt gewaltig. Wir sind Fans eines *biografischen Ansatzes*: Lernen Sie sich besser kennen und steuern Sie dann bewusst, in welche Richtung Sie wollen. Sie können Ihre Ziele und Ihre Gedanken bestimmen.

Gedankenarbeit ist ein wichtiger Teil Ihrer Unternehmer-Persönlichkeit. Nur eine entschiedene, starke Persönlichkeit kann einen Kurs halten. Kurs zu halten hat nichts mit Starrsinn zu tun. Kein guter Kapitän fährt stupide geradeaus, wenn sich ein Hindernis in den Weg stellt. Flexibilität ist die Fähigkeit, den Kurs den Gegebenheiten anzupassen. Nach der Kurskorrektur lässt man sich aber nicht treiben. Sie navigieren neu und setzen dann den korrigierten Kurs. Das ist das Wesen einer Steuerfrau oder eines Steuermannes. Steuermänner haben Ziel, Plan und Ausdauer.

Vom Wert des eigenen Unternehmens

Wir möchten in Ihnen die Lust wecken, privates Glück und Ihre beruflichen Ziele zusammen zu sehen. Die Lust, das eigene Schiff in eine Bucht zu steuern, in der Sie wirklich vor Anker gehen wollen. Es ist es wert, selbst zu steuern. Für sich selbst, aber auch für unsere Umwelt.

Solopreneurship hat – so wie wir es sehen – positive gesellschaftliche Wirkung. Wenn Sie Ihre Rolle finden, werden Sie stark. Starke Menschen sind gut für ein Land und für unsere Welt. Wir glauben, dass freie Menschen die Welt zum Positiven verändern, nicht die gebundenen. Große Systeme, sei es der Staat, die Verkehrsbehörden, der öffentlich rechtliche Rundfunk, Energieversorger, Gewerkschaften, Banken oder Konzerne neigen dazu, den Einzelnen nicht freizusetzen. Werden sie nicht hin und wieder zurechtgeschnitten, neigen sie dazu, ihre Macht auszunutzen. Solopreneure sind wie kleine Setzlinge, die Asphaltdecken durchdringen und im nächsten Schritt zu starken Bäumen heranwachsen.

Setzen Sie Akzente und verändern Sie das Leben von anderen. Wenn Sie eigene, smarte Geschäftsideen erfolgreich umsetzen, handeln Sie politisch: Sie bringen Reichtum in die Mitte der Gesellschaft. Dort wo er unserer Meinung nach hingehört. Sie entkoppeln Finanzflüsse von zwangsverordneten Abschöpfungen. Eine starke Solo-Struktur fördert das Eigentum der Einzelnen und lässt eine Gesellschaft atmen. Für viele Produkte sind nach wie vor Konzerne nötig, auch ein Staat ist notwendig, aber wir wehren uns gegen alle Dinge, die dem Einzelnen seine unternehmerische Eigenständigkeit und Verantwortung nehmen. Wir möchten Einzelne stark machen, Ihr Potenzial zu entfalten. Aus einem starken Einzelnen folgt auch eine starke Gesellschaft und damit starke Gemeinschaft.

Das Solopreneur Navigations-System

Um zu navigieren, brauchen Sie ein System. Die Längen- und Breitengrade für ein Solopreneurship sind in unserer Gesellschaft nicht bekannt. Von daher müssen Sie selbst Ihre Karte zeichnen. Dabei hilft Ihre Vision. Eine Vision strahlt eine starke Kraft aus. Sie ist wie ein Leitstern am Himmel. Verwechseln Sie die Vision nicht mit Ihrer Handlung. Ohne Handlung wird sich bei Ihnen nichts ändern. Ohne Handlung entstehen keine Produkte und Wirkungen. Der Steuermann richtet sich aber am Leitstern aus. Die eigene Vision hilft beim Navigieren ungemein.

Diese Fragen helfen, Ihre eigene Solopreneur-Philosophie zu entwerfen:

Warum tun Sie es?
- Ihr Ziel und Ihre Motivation
- Welche Geschichte schreiben Sie?

Wie tun Sie es?
- In welchem Geschäftstyp bewegen Sie sich?
- Welche Solopreneur-Rolle nehmen Sie ein?

Was tun Sie?
- das konkrete Geschäftskonzept
- das konkrete Angebot / Produkt
- die konkrete tägliche Tätigkeit

Starten Sie beim *Warum*. Die Reihenfolge dieser Fragen ist genau anders herum, als dies normalerweise in unserer Gesellschaft gelehrt und gelebt wird. Simon Sinek wies darauf hin, dass die Reihenfolge der Fragestellung einen wesentlichen Unterschied macht, ob Sie ein seelenloses Unternehmen oder ein Business mit Inspiration führen.[1]

Schreiben Sie es auf

Wir machen Ihnen Mut, die eigene Lebensvision und Philosophie aufzuschreiben. Wer schreibt, der bleibt – und kommt zielgerichteter an. Tatsächlich ist es so, dass Menschen, die ihre Ziele aufschreiben, diese Ziele eher und besser erreichen. Dokumentieren Sie auch kurz den

Fortschritt und Änderungen. Ein solches **Logbuch** macht viel Sinn. So verlangt *Speed-up! Europe* von den Entrepreneuren, die sich bewerben, ein Tagebuch zu schreiben.[2] Sonst gibt es kein Coaching und auch keine Gelder. Ihre Vision ist quasi das erste Blatt Ihres Solopreneur-Tagebuchs. Auf den Folgeblättern stehen die einzelnen Handlungen, aber auch einzelne Gedanken. Überlegungen, warum Sie in welche Richtung steuern. Überprüfen Sie diese regelmäßig, da Ihre Gedanken Sie steuern.

Und damit sind wir wieder bei der Macht Ihrer Gedanken. Ihr Gehirn ist **_nicht_** dafür gebaut worden, einen unternehmerischen Faden auf lange Zeit zu halten. Der Steuermann weiß darum und markiert seinen Weg. Beobachten Sie sich selbst, kommen Sie sich auf die Schliche und lernen Sie vom Verlauf Ihres Solopreneurships.

So können Sie Ihre Vision entwickeln

- Schreiben Sie zunächst Ihre persönliche Vision auf.
- Denken Sie von Ihrer Person: Was wollen Sie mit Ihrem Leben? Warum?
- Nutzen Sie dazu die Fragefolge: warum, wie, was?
- Trennen Sie nicht privat und Business, sehen Sie beides zusammen.

Steht Ihre „private, innere" Vision, leiten Sie daraus die Vision ab, die auch öffentlich außen auf Ihrem Unternehmen steht.

Schreiben Sie die **öffentliche Story** Ihres Unternehmens.

- Wofür steht Ihr Produkt / Angebot / Ihre Firma?
- Warum handelt Ihr Business so, wie es handelt?
- Dann erst folgt das Wie und Was (was leistet Ihr Produkt wie?)

Die *öffentliche Story* wird je nachdem, ob Ihr Business eine *Personenmarke* oder eine *Produktmarke* ist, anders aufgebaut sein. Sie ist auch nicht ganz identisch mit Ihrer innersten, privaten Story. Aber die Werte und Ziele sollten sich identisch abbilden. Ihr Lebensmodell ist Ihr Geschäftsmodell. Das ist das Geheimnis der starken Biografien. Gut ist es, wenn Sie Ihre eigenen Worte finden und sehr konkret werden. Gary Vaynerchuk bringt es so auf den Punkt: *„Storytelling is by far the most underrated skill in business."*[3]

Je schwammiger Ihr Leitstern ist, um so verwaschener wird auch Ihr Kurs. Das hat Auswirkungen. Unternehmen mit einer klaren Vision haben die Nase vorne. Das gilt doppelt so stark für Solopreneure. Sie können Ihre Vision auf den Millimeter genau bestimmen. Kein anderer redet Ihnen hinein. Von daher gibt es keine Ausrede.

- Wofür stehen Sie?
- Wohin steuern Sie Ihr Business / Ihr Leben?

Dass andere konkret werden und aus einer Vision konkret handeln, ist ihr Schlüssel zum Erfolg. Hier ist als Beispiel ein Teil der Vision von KAVAJ, den beiden Entrepreneuren, die wir in der Mitte des Buches vorgestellt haben:

„What We Believe In: Our Key Issue

We decided early on that KAVAJ would be a member of 1% For The Planet. This is an organization of about 1,400 companies that donates 1% of its total sales to environmental organizations around the world. The environment is such an important issue to us. Technology is certainly the future, but there is no technology – no future – without a safe, protected environment. It's important for us that you know that when you shop with us, you are supporting the environment. Buying KAVAJ means buying in to the future, and protecting it for future generations. We are grateful and proud to be a member of this organization, and thank you for supporting the environment when you shop with us." [4]

Es werden bei Ihnen andere Visionen und Handlungen sein. Gehen Sie aber nicht an Bord Ihres Solopreneurships, ohne Ihren Leitstern zu kennen.

Von der Vision zur Wirklichkeit

Wann wird aus der Vision Wirklichkeit? Ab wann stehen Sie im Solopreneurland? Der Übergang wird in den meisten Fällen fließend erfolgen. Die ersten Schritte werden nicht sofort bei Ihnen alles ändern. Aber wir können einen Augenblick benennen, an dem die Theorie greifbar wird: Wenn zum ersten Mal in Ihrem Leben eine Komponente einen Verdienst ausschüttet, mit dem Sie so gar nicht gerechnet haben.

Stellen Sie sich die folgende Situation vor

Sie haben Ihr eigenes Produkt erstellt und dieses über eine Komponente in den Markt gebracht, waren dann aber nicht sonderlich aktiv. Am Ende des Monats kommt eine E-Mail mit der Abrechnung. Sie öffnen die Mail und es steht dort eine höhere Zahl, als Sie eigentlich erwartet haben.

- Bestellungen sind aufgelaufen.
- Es wurde ausgeliefert.
- Alles ohne Ihr Zutun.

Das ist der Moment, in dem das Schwungrad sich beginnt zu drehen. Sie haben Geld verdient, ohne direkt anwesend gewesen zu sein. Es ist sogar besser gelaufen, als Sie es sich vorgestellt haben. Wer vorher Stunde für Stunde hart in Projekten gearbeitet hat, schüttelt den Kopf und fragt sich: *Warum habe ich dies nicht früher angefangen?* Stellen Sie mehrere dieser Schwungräder auf: Je stärker diese werden, um so freier können Sie an neuen Produkten arbeiten. Sie stehen jetzt „neben" ihrem Business.

Was wir Ihnen wünschen

Sie sind am Ende dieses Buches angekommen. Ich (Ehrenfried) sitze gerade in unserem Home-Office an meinem Lieblingsplatz. Es ist ein ungewöhnlich milder Märztag, die Sonne fällt direkt auf meinen Arbeitstisch.

Mein Blick ruht auf vier großen Eichen, die noch ohne Laub sind. Die Vögel spüren den Frühling und sind schon fleißig dabei das zu tun, was das Leben lebenswert macht: Sie richten sich ein, sie futtern, fliegen, umwerben sich und aus irgendeinem Grunde haben sie dabei immer gute Laune. Bis heute hat mir keiner erklären können, warum Vögel singen.

Hinter mir sitzt im Nebenraum unserer Kreativetage Brigitte und arbeitet am nächsten Intensivseminar mit Solopreneuren und anderen Smartianern. Auf dem Tisch steht ein Tablett mit frisch aufgegossenem Tee. Gleich gehe ich hinüber, um mit ihr zusammen eine Tasse zu genießen. Wenn Sie mich fragen, ob es mir Spaß macht, diese letzten Zeilen in diesem Buch zu schreiben: Ja, das tut es. Und ich sehe gerne aus dem Fenster im eigenen Home-Office. Genau in diesem Augenblick bin ich rund mit meinem Leben.

Es ist ein Moment, in dem mein innerer Kompass mir sagt, dass alles stimmt. Natürlich nicht alles, aber alles, was wir zur Zeit in der Hand haben. Diesen Moment, in dem Ihre Wirklichkeit mit Ihren Möglichkeiten übereinstimmt, wünschen wir Ihnen. Dieses Buch zeichnet dazu die Rolle und die Philosophie einer Solopreneurin oder eines Solopreneurs. Wir glauben, dass ein Gefühl für diese Rolle die wichtigste Kompass-Nadel für Ihren Geschäftsaufbau und damit Ihren Weg in eine selbstbestimmte Zukunft ist. Und daran glauben wir:

Dass es für Sie eine unabhängige, starke Zukunft gibt.

Wir wünschen Ihnen, dass Sie Ihren Platz finden. Gleich, ob solo oder in einer anderen smarten Kombination. Gleich, ob in einem Coworking Space, irgendwo auf der Welt oder in Ihrem eigenen Haus. Sie werden Ihren Platz erkennen, wenn Sie ihn gefunden haben. Wir wünschen Ihnen Menschen an die Seite, die Ihren Weg verstehen.

- Es ist möglich, alleine sein Entrepreneurship aufzubauen.
- Es ist möglich, mit eigenen Angeboten seinen Weg zu gehen.
- Sie können Ihr Maß finden und selbst bestimmen.
- Sie setzen die Spielregeln für Ihr Business.

Denken Sie groß und halten Sie den Ball flach. Drehen Sie das Spiel um. Haben Sie den Mut, den einfachsten Weg von A nach B zu gehen. Ein Solopreneur schafft es, sich gegen den Sog der Mehrheit abzusetzen und seinen Weg alleine zu gehen. Er dreht seinen Gleitschirm frei in den Wind und gibt die Steuerung des Fluges nicht aus der Hand. Wir behaupten:

Sie sind so alleine schneller am Ziel.

Wenn es Solopreneurship nicht geben würde, wir müssten es erfinden.

Verändern Sie Ihr Leben und das von anderen.

Ihre

Brigitte Conta Gromberg
EHRENFRIED CONTA GROMBERG

DANKE

Vielen Dank an alle, die durch ihre

Gespräche und Mitarbeit zu diesem

Buch beigetragen haben.

Dank insbesondere an

Kai Klement und *Jörg Kundrath* für das nette
Treffen im Klippkroog in Hamburg.

Thomas Doeser, den wohl ältesten genannten Entrepreneur,
der zeigt, dass man strategisch denken kann, auch wenn man
nicht mehr digital native ist.

Maria Schwalm für das Fotoshooting im Gegenwind und Gegenlicht.

Toby Ruckert, der uns aus Neuseeland erklärte, warum Entrepreneure
meditieren sollten.

Eugen Simon für alle Einblicke hinter die Kulissen
eines Public Speakers.

Jörn Hendrik Ast, für die Einblicke in die Superhelden-Typologie,
bevor sie noch veröffentlicht wurde.

Felicia Hargarten und *Marcus Meurer,* die uns "Nomadengeschwister"
nannten, obwohl wir meist nur in der Heide spazieren gehen.
Wir geloben einen weiteren Horizont.

Alle Solopreneure, die uns Rede und Antwort standen:
*Peter Akontz, Tim Chimoy, Thorsten Kucklick, Katrin Linzbach, Artjom
Pestov, Maik Pfingsten, Rosmary Stegmann, Dagmar Ruth Vogel.*

Alle anonymen Stimmen, die wissen, warum sie noch
nicht genannt werden wollen. Kündigt, sobald Ihr könnt.

Alle 15 Testleser, die hart aber fair das Buch gelesen haben.

Alle Hinweise und Hilfen aus der XING Gruppe Solopreneur.

Dank auch an die, die wir nicht persönlich sprechen konnten, deren Weg
wir aber seit längerem verfolgen. Sternschnuppen verglühen nicht, sie
gravieren Geschichte.

Über die Autoren

Brigitte und Ehrenfried Conta Gromberg sind ein Solopreneur Ehepaar, mit über 20 Jahren unternehmerischer Erfahrung und Gründung von 4 eigenen GmbHs (darunter waren 2 Hamburger Start-ups).

Sie sind als Business Angel tätig und die Initiatoren des *Solopreneur Day*, leben im Süden von Hamburg und begleiten Entrepreneure, Start-ups und soziale Organisationen bei der Entwicklung ihrer Geschäftsmodelle.

Smarte Geschäftskonzepte haben es ihnen besonders angetan. Sie sind bekennende Home-Office Fans und vertreten die Auffassung, dass ein Unternehmen nicht komplex sein muss.

www.smartbusinessconcepts.de

Liste aller Fallbeispiele im Buch

Quellverweise

* = Name geändert.

Alle nicht mit einer Quelle gekennzeichneten Aussagen über Solopreneure stammen aus eigenen Gesprächen oder Korrespondenz mit den entsprechenden Personen.

Zitate Vorsatzblätter Kapitelanfang

Kap 1, 5, 6, 9, 10: Zitate stammen aus dem Kapitel, dort wie aufgeführt.

Kap 2, 3, 8: Zitate stammen aus Korrespondenz mit den Personen.

Kap 4   Maik Pfingsten, http://lifestyleentrepreneur.de/le036-solopreneur-alleine-schneller-ziel/

Kap 7   Eigene Formulierung nach Steve Jobs, Rede auf Abschlussfeier Stanford University, 12.06.2005

Kap 11   Cyril Northcote Parkinson, Management für Aufsteiger, Norman Rentrop, Bonn 1988, S. 206

Kap 12   Ernst Friedrich Schumacher, Small is beautiful, Economics as if people mattered. London 1973. Nachdruck HarperCollins Publisher, New York 2010, S. 21

Kapitel 1 – Plädoyer für eine leichte Unternehmensform

Keine Quellverweise.

Kapitel 2 – Was ist ein Solopreneur?

(1) Deutschlands Einzelkämpfer, wie sich Millionen Selbstständige ganz allein durchschlagen. Titelstory von impulse 03/14, S. 17ff.

(2) Merkmale eines guten unternehmerischen Konzeptes: Günter Faltin, Kopf schlägt Kapital, Carl Hanser Verlag, München 2008, S. 42

(3) High Potential Entrepreneurial Design: Günter Faltin, ebd., S. 45

(4) Die 44/60 Regel von Philipp Gloeckler war zu finden auf http://whyownit.com/ unter dem Punkt „Das WHY own it Team" mit Stand 28.05.2014. Philipp Gloeckler ist für uns ein Zwitter. Auf der einen Seite gründete er Avocado und hat damit Online Start-up-Wurzeln, auf der anderen Seite hat er sich von Avocado gelöst und geht mit WHY own it einen viel schlankeren Weg und ist im Netzwerk aufgestellt. Smartisiert sich also immer weiter.

(5) Holm Friebe, Sascha Lobo, Wir nennen es Arbeit – Die digitale Bohème oder Intelligentes Leben jenseits der Festanstellung, Heyne Verlag, aktualisierte Taschenbuchausgabe, München 2008, S. 98

(6) Niels Fallenbeck schrieb in seinem Artikel „Work Hard Play Hard" am 14.04.2014 für die FAZ: „Es gibt zahlreiche Blogs, die das digitale Nomadentum propagieren. Meist sind es junge Menschen in Digitalberufen, die Fotos aus Hängematten oder Tortenbilder veröffentlichen und darunter beschreiben, wie es möglich ist, seinen Arbeitsalltag derart zu gestalten. Beinahe alle sind selbstständig und unterstützen ihre Auftraggeber bei der Ausarbeitung von Kommunikationsstrategien." http://blogs.faz.net/deus/2014/04/14/work-hard-play-hard-2022/

(7) Gemeint ist der Tarifstreit im Januar 2014. Der berufslebenslange Schutz, den die Bahn anbot wurde in der Tarifeinigung u.a. auf einen 100-Prozent-Entgeltschutz für durch Traumatisierung berufsunfähig gewordene Lokführer angehoben. In Zukunft können Lokführer, die z.B. einen Selbstmord auf Schienen miterleben mussten, zwischen verschiedenen Optionen wählen: berufslebenslanger Beschäftigungssicherung oder Abfindung. Quelle: Reuters 21.03.2014. Die Regelung soll hier nicht im Einzelnen kommentiert werden. Wir haben Verständnis für den Wunsch, Kollegen zu sichern, die Unfälle oder Traumata erleiden. Wichtig ist: Solopreneure können nicht mit der gleichen Selbstverständlichkeit Absicherung fordern. Sie denken auch nicht so.

Kapitel 3 – Solopreneur Rollensicherheit

(1) Ein Beispiel dafür ist der BuddY e.V. aus Düsseldorf. http://www.buddy-ev.de/buddy-programm/
BuddY hat das Ziel, Kinder- und Jugendliche stark zu machen und eine positive Umgangs-, Lehr- und
Lernkultur in Schulen zu entwickeln. Heruntergebrochen wird dies in vier Qualitätsleitziele: Peergroup-
Education, Lebensweltorientierung, Partizipation und Selbstwirksamkeit. Neben BuddY wären auch
viele andere reformpädagogische Ansätze zu nennen: Was haben Jeff Bezos (amazon), Jimmy Wales
(Wikipedia) und Larry Page und Sergey Brin (Google) gemeinsam? Sie gingen alle auf eine Montessori-
Schule, einem pädagogischen Konzept, in dem die Selbstwirksamkeit im Vordergrund steht.

(2) Christoph Giesa, Lena Schiller Clausen, New Business Order – Wie Start-ups Wirtschaft und Gesellschaft verändern. Carl Hanser Verlag, München 2014

(3) Light the Fire! war ein von Stefan Merath und seiner Unternehmercoach GmbH organisierter Kongress
vom 21. bis 23. März 2014 im Congress Center Hamburg.

(4) Sascha Lobo über sich selbst im Eröffnungsvortrag auf dem 19. Fundraising Kongress, 18.04.2012, Berlin.

(5) Timothy Ferriss, Die 4-Stunden Woche, Econ Verlag Berlin, 2. Auflage 2008, S. 13

(6) Gary Vaynerchuk beschrieb den Start seiner Laufbahn so:
„Armed with a Flipcam and a NY Jets bucket, I started Wine Library TV in 2006 to share
my knowledge and passion for wine with a community that desperately needed a fresh voice."
http://garyvaynerchuk.com/about/ mit Stand 18.04.2014.

(7) Sunny Office ist ein Service von Katja Andes. Sie ermöglicht es, mit anderen an herrlichen Plätzen
dieser Welt zusammen zu arbeiten: Work & live with like-minded co-workers in beautiful places!
http://www.sunny-office.com/

Kapitel 4 – Die fünf Solopreneur-Typen

(1) Alexander Osterwalder, Yves Pigneur, Business Model Generation, Ein Handbuch für Visionäre,
Spielveränderer und Herausforderer, Campus Verlag Frankfurt am Main 2011.

(2) Oliver Gassmann, Karolin Frankenberger, Michaela Csik, Geschäftsmodelle entwickeln – 55 innovative
Konzepte mit dem St. Galler Business Model Navigator, Carl Hanser Verlag, München 2013.

(3) Chris Anderson, Makers, Das Internet der Dinge – die nächste industrielle Revolution,
Carl Hanser Verlag, München 2013, S. 37

(4) Felicia Hargarten in einer E-Mail an uns am 25.06.2014. Sie schlüsselte uns die Einnahmequellen
auf und nannte die Umsatzzahlen. In diesem Zusammenhang schrieb sie diesen Satz.

(5) Maik Pfingsten auf der Startseite seines Podcasts am 30.06.2014.
http://zukunftsarchitekten-podcast.de/der-einstieg-beim-zukunftsarchitekten-podcast/

(6) Jason L. Baptiste, The Ultralight Startup,
Launching a Business Without Clout or Capital, Penguin Verlag, New York 2012.

(7) Thorsten Kucklick, UltraPress geht live, 17.06.2013. In seinem Blog Autaak.
http://www.autaak.de/ultrapress-geht-live/

(8) Zur Biografie von Agatha Christie siehe: http://www.agathachristie.com/

(9) Unterzeile unter dem Logo von Sascha Lobo auf seiner Website
http://saschalobo.com/ mit Stand vom 23.01.2014.

Kapitel 5 – Smart Working, Skalierung und das eigene Vermögen

(1) John Curran am 12.11.2008 in seinem Blog „Smartworking", den er nicht weiterführte. Der Originaltext
unter dem Titel „What is Smartworking?" lautete: „Smartworking for me is about taking control of your
work – taking responsibility – it's about being more effective not for the sake of your organisation but
for yourself. There is a theme appearing out of all this knowledge economy stuff that for the first time in
years workers own the 'means of production' – we no longer have to rely on big employers to earn a living

we can freelance, set-up our own business or just go and work for someone else – someone who treats us better, lets us have more say in what work we do (or don't do) and maybe even pays more too! Smartworking is aimed primarily at individuals rather organisations since it is they who own the means of production." Übersetzung: Ehrenfried Conta Gromberg. http://www.smartworking.com/ smart_ideas/blogpost/08-11-12/What_is_Smartworking Die Seite ist nicht mehr erreichbar.

(2) Markus Albers, Meconomy, Wie wir in Zukunft leben und arbeiten werden – und warum wir uns jetzt neu erfinden müssen, Selbstverlag Berlin 2009, S. 7ff.

(3) Zu David Allen: „Your Mind is for having ideas, not holding them." Leadzitat auf der Startseite von gettingthingsdone am 05.05.2014. Sein Programm beinhaltet „Five Steps that apply order to chaos": Capture – Clarify – Organize – Reflect – Engage. http://gettingthingsdone.com/

(4) Originalzitat Gina Trapani: „Your todo lists, and at higher levels, your project list and life list say more about you than the movie you saw last weekend. I live by my todo list. The hardest work of my day is updating that list, making the most important decisions of my life – what stuff is worthy of my time and effort." Gina Trapani auf ihrem Blog Smarterware am 09.04.2012, What You Want To Do Is Who You Are. http://smarterware.org/9808/what-you-want-to-do-is-who-you-are Übersetzt von Ehrenfried Conta Gromberg.

(5) Definition Skalierbarkeit. Campus Management, Band 2, Campus Verlag, Frankfurt 2003, S. 1975. Originalausgabe „Business" by Bloomsbury Publishing.

(6) Gary Vaynerchuk, Why now is the time to crush it! Cash in your passion, New York 2009, S. 12, am Anfang des Abschnitts „it´s up to you".

(7) Felicia Hargarten in einer Mail an uns am 27.06.2014.

Kapitel 6 – Arbeiten im kreativen Raum

(1) Niels Fallenbeck, Work Hard Play Hard, FAZ online 14.04.2014.

(2) Stichwort „Smart Working in Korea". Markus Albers: Arbeit ohne Stau, brandeins 03/2012, S. 29 ff.

(3) Holm Friebe, Sascha Lobo, Wir nennen es Arbeit – Die digitale Bohème oder Intelligentes Leben jenseits der Festanstellung, Heyne Verlag, aktualisierte Taschenbuchausgabe, München 2008, S. 157.

(4) Weitere Informationen und schöne Fotos über das Home-Office von Scott Dorman sind veröffentlicht in dem Artikel „Man muss wissen, wann man aufhören muss", PAGE Ausgabe 12, 2013 S. 72 ff.

Kapitel 7 – Team oder solo

(1) Das Originalzitat lautet: "Design is not just what it looks like and feels like. Design is how it works." Jobs, 1993 in dem Artikel The Guts of a New Machine in der New York Times.

(2) Selbstvorstellung von Rocket Internet: http://www.rocket-internet.de/about-us, Stand 26.04.2014.

(3) Olaf-Gerd Gemein im persönlichen Gespräch mit den Autoren 2014 (Olaf-Gerd Gemein ist der Initiator von SpeedUP! Europe. Die Kurzfassungen sind Beiträge von Teilnehmern des Round Table am 20.04.2014 zur Vorbereitung von SpeedUp! Europe in Hamburg, an dem wir teilnahmen. Missionstatement von SpeedUp! Europe ist „Entrepreneurs are made rather than born".

(4) Zum Home-Office Verbot nach einer News des IT-Nachrichtendienstes Golem: http://www.golem. de/news/marissa-mayer-yahoo-verbietet-homeoffice-wegen-sinkender-arbeitsmoral-1302-97875. html, 27.02.2013

(5) Timothy Ferriss, Die 4-Stunden Woche, Econ Verlag Berlin, 2. Auflage 2008, S. 249: Das Kunststück zu verschwinden: Wie man aus seinem Büro entkommt.

(6) Das Yahoo Memo zum Home-Office Verbot wurde veröffentlicht am 22.02.2013 im Blog AllThings D. Artikel von Kara Swisher: http://allthingsd.com/20130222/physically-together-heres-the-internal-yahoo-no-work-from-home-memo-which-extends-beyond-remote-workers/ Zitat aus dem Yahoo Memo zum Home-Office Verbot: „To become the absolute best place to work,

communication and collaboration will be important, so we need to be working side-by-side. That is why it is critical that we are all present in our offices. Some of the best decisions and insights come from hallway and cafeteria discussions, meeting new people, and impromptu team meetings. Speed and quality are often sacrificed when we work from home. We need to be one Yahoo!, and that starts with physically being together."

(7) Protonet ist ein Hamburger Start-up, der Cloud-Server herstellt. Protonet wurde im Dez 2013 von Deutsche-Startups.de zum Start-up des Jahres gekürt und tat sich mehrmals mit Crowdfunding-Rekorden hervor. Thomas Reimers ist einer der drei führenden Köpfe und sprach mit uns Dezember 2013 über das Thema Home-Office. Zu diesem Zeitpunkt arbeitete Protonet mit knapp 30 Mitarbeitern auf einer Etage im Makerhub in Hamburg Altona. Zum Zeitpunkt der Buchveröffentlichung war das Team bereits größer.

(8) Kai Klement und Jörg Kundrath mit uns im Gespräch im Juni 2014.

(9) Olaf-Axel Burow, setzte sich immer wieder für Großgruppen-Moderationen oder gemeinsame Zukunftswerkstätten ein, um eingefahrene Gleise zu verlassen. Er arbeitete zu Beginn in der Schulpädagogik. Das von Robert Jungk, Rüdiger Lutz und Norbert R. Müllert entwickelte Format Zukunftswerkstatt ist, wenn man so will, ein früher Vorläufer des Design Thinkings. Olaf-Axel Burow griff dieses Format auf, entwickelte es weiter und schrieb in seinem Buch „Die Individualisierungsfalle, Kreativität gibt es nur im Plural" unter anderem: „Frühe Meisterschaft kann eine wichtige Bedingung für kreative Durchbrüche sein. Sie ist aber keine notwendige Bedingung. Zu schöpferischen Höchstleistungen kann fast jeder von uns vordringen, wenn er das Glück hatte, sein Kreatives Feld zu finden oder zu schaffen. (…) Ein Schlüssel zur Entfaltung liegt im Finden geeigneter Synergiepartner. Nicht jeder muss alles können, wie im Geniemythos phantasiert, vielmehr sind die notwendigen Fähigkeiten und Kenntnisse im Teamfeld vorhanden. Jeder bringt seinen spezifischen Beitrag, sein „Bestes" ein und erhöht damit die Wahrscheinlichkeit, dass ein Spitzenprodukt entsteht." Olaf-Axel Burow, Die Individualisierungsfalle, Kreativität gibt es nur im Plural. Klett-Cotta, Stuttgart 1999, S.42. Das Buch ist vergriffen, ist aber in der Bibilothek der Uni Kassel kostenlos als Download zu bekommen: http://kobra.bibliothek.uni-kassel.de/bitstream/urn:nbn:de:hebis:34-2007072619048/1/BurowIndividualisierungsfalle.pdf

(10) Zitat mit Stand 10.01.2014 von der Website: http://www.hpi.uni-potsdam.de/d_school/designthinking.html

(11) Schwarmintelligenz. Ameisen, Bienen und Stare weisen uns neue Wege, komplexe Probleme zu lösen. Leitartikel in National Geographic, August 2007, S. 54.

(12) Breaking Rules ist eine Kreativtechnik von Jan-Kristof Arndt von TrendINNOVATION und wird in der einen oder anderen Form auch von anderen praktiziert.

(13) Das Zitat von Toby Ruckert stammt aus einem Interview, das er mit uns 2013 führte und das am 22.12.2013 in unserem Blog veröffentlicht wurde. http://www.smartbusinessconcepts.de/work-life-balance/geschaeftsidee-balance-arbeit-auszeit-meditation/

(14) Die 7 Mythen in der Originalformulierung finden Sie bei: Oliver Gassmann, Karolin Frankenberger, Michaela Csik, Geschäftsmodelle entwickeln – 55 innovative Konzepte mit dem St. Galler Business Model Navigator, Carl Hanser Verlag, München 2013, Seite 12ff.

Kapitel 8 – Alleine schneller am Ziel

(1) Ein Coachée uns gegenüber der namentlich nicht genannt werden möchte.

(2) Das Buch behauptet fast ununterbrochen Platz Nr. 2 in der amazon Bestseller-Liste „Existenzgründung und Selbstständigkeit" nach „Kopf schlägt Kapital" (= Nr. 1) seid Okt 2013. Stand Nov 2014.

(3) Einen Film über die Arbeitsweise von Brandon Perhacs finden Sie unter http://vimeo.com/49111138 Website: www.perhacs-studio.com und www.facebook.com/brandon.perhacs

Kapitel 9 – Solo Fallbeispiele

(1) Das Zitat stammt aus: Deutschlands Einzelkämpfer, wie sich Millionen Selbstständige ganz allein durchschlagen. Titelstory von impulse 03/14, S. 25.

(2) Zitat von Rosmary Stegmann aus direktem E-Mail-Austausch mit ihr vom 28.06.2014.

(3) Zitat „Die Firma Hamburger Liebe besteht noch immer aus mir, my self and I." Susanne Firmenich http://hamburgerliebe.blogspot.de/ Artikel vom 12.04.2014

(4) http://hamburgerliebe.blogspot.de/p/about.html mit Stand vom 27.01.2014

(5) Das 1. Zitat von Dagmar Ruth Vogel stammt von ihrer Website http://www.hundebusiness.de/ mit Stand vom 25.06.2014. Das 2. Zitat im Gespräch mit ihr.

Kapitel 10 – Tipps und Solopreneur-Methoden

(1) Pat Flynn in seinem Blog http://www.smartpassiveincome.com/about/ Stand 15.04.2014. Seine erste Website, mit der er Geld verdiente war Green Exam Academy: http://www.greenexamacademy.com/

(2) Timothy Ferriss, Die 4-Stunden Woche, Econ Verlag Berlin, 2. Auflage 2008, S. 66.

(3) Raphael Kugel im Gespräch mit uns auf dem Entrepreneurship Summit 2013.

(4) Zur EKS®: Die Engpasszentrierte Strategie wurde 1970 von Prof. Wolfgang Mewes entwickelt. Die Lizenz und Markenrechte liegen inzwischen bei der Malik Management Zentrum St. Gallen AG. Ein Teil der deutschen Berater, die nach der EKS® arbeiten, sammeln sich in der Beratergruppe Strategie. www.beratergruppe-strategie.de

(5) Svenja Hofert, Das slow grow Prinzip, Lieber langsam wachsen als schnell untergehen, Gabal Verlag, Offenbach 2012, S. 100. Wir schätzen den Ansatz des organischen Wachstums von Svenja Hofert sehr, ihr Ratschlag zielt aber auf klassische Selbstständige. Solopreneure sollten in die Nische gehen.

(6) Günter Faltin, Kopf schlägt Kapital, Carl Hanser Verlag, München 2008, S. 10

(7) Das mini museum wurde auf Kickstarter im März 2014 eingestellt. https://www.kickstarter.com/projects/2054592112/mini-museum. Die Auslieferung der auf Kickstarter gekauften mini museums erfolgte ab Sep 2014. Die Zitate stammen von der Kickstarter Seite mit Stand 21.04.2014

(8) Washigton Post, Artikel von Tom Jackman vom 27.02.2014: Hans Fex raises $750,000 in eight days to build his 'Mini Museum' dream. http://www.washingtonpost.com/blogs/local/wp/2014/02/27/in-sterling-hans-fex-raises-740000-in-eight-days-to-build-his-mini-museum-dream/

Kapitel 11 – Solopreneur Mindset und das eigene Maß

(1) Das Zitat stammt aus dem GME Länderbericht Deutschland 2011, Seite 18. Der GME Länderbericht Deutschland 2011 ist bei der Leibnitz Universität Hannover downloadbar. Der GME Länderbericht Deutschland beruht auf den Daten des Global Entrepreneurship Monitors (GEM), einem weltweit laufenden Forschungsprojekt.
Download des Länderberichtes Deutschland: http://www.wigeo.uni-hannover.de/gem2011.html
Hintergrund zum Global Entrepreneurship Monitor: http://www.gemconsortium.org/
Der Original-Report in Englisch (hat 6 MB): http://www.gemconsortium.org/docs/2409/gem-2011-global-report

(2) Jim Collins, Der Weg zu den Besten, Die sieben Management-Prinzipien für dauerhaften Unternehmenserfolg, dtv München 2006, S. 211.

(3) Sendhil Mullainathan, Eldar Shafir, Knappheit, Was es mit uns macht, wenn wir zu wenig haben, Campus, Frankfurt 2013.

(4) Dietmar Grichnik, Oliver Gassmann, Das unternehmerische Unternehmen, Revitalisierung und Gestalten der Zukunft mit Effectuation – Navigieren und Kurshalten in stürmischen Zeiten, Springer Gabler, Wiesbaden 2013.

Kapitel 12 – Von der Lust, ein Steuermann zu sein

(1) Das Diary ist Voraussetzung, um bei Start-Up! Europe teilnehmen zu können. Es ist Teil des Reglements der ersten Pilotwelle 2014 / 2015. Es muss nicht täglich geschrieben werden, aber am Wochenende (Freitag) eingereicht werden. Der Umfang ist beliebig, eingegeben wir digital, die Einreichung ist Pflicht. Ohne das Diary haben die Coaches keine Grundlage, zu arbeiten und der Entrepreneur kein Gefühl, was er in welcher Reihenfolge warum getan hat.

(2) Simon Sinek, Start with Why: How Great Leaders Inspire Everyone to Take Action, Redline-Verlag, München 2014

(3) Gary Vaynerchuk, Crush it!, Cash in on your Passion, HarpersCollins Publishers, New York 2006, S. 24.

(4) Die Vision ist von der englischen Website von Kavaj mit Stand vom 22.06.2014.
http://kavaj.com/about-kavaj/

solo gemacht in der Nähe von Hamburg

CO$_2$ NEUTRAL

Gedruckt wurde in Deutschland.

Die bei der Produktion dieses Buches freigesetzten CO$_2$-Emissionen wurden ausgeglichen durch Klimaschutz-Zertifikate von First Climate. First Climate investiert in erneuerbare Energien (Wind, Wasserkraft, Biomasse), Energieeffizienz und Forstprojekte. Die Projekte werden auf Nachhaltigkeit vom TÜV Süd und vom WWF geprüft. Informationen, wie die Emissionen dieses Buches ermittelt und konkret kompensiert wurden, erhalten Sie unter: www.klima-druck.de

Papiere im Buch

Alle in diesem Buch verwendeten Papiere sind FSC®-zertifiziert.
Sie stammen aus Wäldern, die gemäß den Prinzipien des FSC®
verantwortungsvoll bewirtschaftet werden. www.fsc-deutschland.de

Bildverweis

S. 4+5: Foto Conta Grombergs im Hafen von Maria Schwalm, Berlin. S. 12: Laptop: littlstocker - Fotolia.
S. 63: Foto von Tobias Rückert. Die Rechte liegen bei Tobials Rückert, Neuseeland.

Alle anderen Icons und Illustrationen von Ehrenfried Conta Gromberg.
Das Copyright aller Illustrationen und Informationsgrafiken liegt bei Smart Business Concepts.

Smart Business Concepts – 9 Schritte zum Geschäftsmodell

Das Buch *Solopreneur* soll Sie für den Weg eines Solopreneurs gewinnen. Es ist ein Plädoyer. Die Roadmap, wie Sie ein Geschäftsmodell entwickeln, finden Sie in unserem Folgebuch *Smart Business Concepts*.

Smart Business Concepts ist ein visuell aufgebautes Arbeitsbuch mit vielen Diagrammen und weiteren 20 Fallbeispielen aus der Praxis.

DAS GRUNDLAGENBUCH ZUM GESCHÄFTSKONZEPT

Ausgangsraum   **Mental Model**

1 - Bei sich selbst starten

2 - Arbeiten im kreativen Raum   ● ● ●

3 - Die Steuerräder Ihrer Zukunft

Ideenraum   **Business Model**

4 - Geschäftsmodelle modellieren

5 - Ein WOW!-Angebot schaffen   ● ● ●

6 - Die Kraft des Internets nutzen

Umsetzungsraum   **Marketing Model**

7 - Positionierung und Marketing

8 - Cashflow, FInanzen und Vermögen   ● ● ●

9 - Richtig planen

„Genialität in ein Buch gepackt!
Eines der effektivsten Bücher, die ich je in der Hand halten durfte."

Mario Schröder, amazon Rezension

251

Der Smart Business IDEEN Generator

Kribbelt es in Ihrem Kopf und fragen Sie sich, was für Vorteile ein *Smart Business Concept* für Ihr Leben haben kann? Aber es kommt nicht sofort eine passende Idee oder Sie sind sich nicht sicher, ob Ihre Gedanken in die richtige Richtung führen. Wie gehen Sie damit um?

1 – Sie verschieben Ihre Idee auf morgen

Viele Menschen haben Ideenansätze, gehen diesen aber nicht nach. Sie lassen die Impulse halbfertig liegen. Das wäre schade.

2 – Sie holen Ihre Ideen systematisch aus Ihrem Kopf heraus

Damit Ihre Idee freigesetzt wird und nicht schemenhaft bleibt, nutzen Sie eine strukturierte Anleitung. Der *Ideen Generator* hilft Ihnen, Ihre Solopreneur-Idee ans Tageslicht zu holen.

DER SMART BUSINESS IDEEN GENERATOR

Holen Sie das Beste aus sich heraus! – Spart Zeit und klärt Gedanken

Modul 1   **Reise in das eigene Potenzial**

Hilft Ihnen, Ihre Stärken und Potenziale neu zu sehen.

Modul 2   **IDEEN GENERATOR**

Verknüpft systematisch Ihre Möglichkeiten mit den 5 *Solopreneur-Typen* aus diesem Buch. Stellen Sie sich die richtigen Fragen und finden Sie neue, unerwartete Kombinationen, die Ihre Arbeitslast senken und Ihre Unabhängigkeit steigern.

Modul 3   **Komponenten Baukasten**

Eine Schritt für Schritt Analyse zeigt, wie andere vorgegangen sind.

Wissen Sie, wie viel in Ihnen steckt?

www.smartbusinessconcepts.de/ideen-generator

„Das ist etwas vom Besten. Sehr überzeugend."

Prof. Dr. Markus Hodel
Hochschule Luzern – Wirtschaft / Betriebswirtschaft
www.hslu.ch

Drei Monate zusammen
mit anderen Solopreneuren
an seinem Business arbeiten

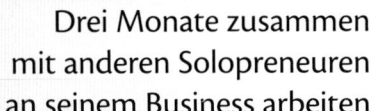

smart
BUSINESS
INTENSIV
GRUPPE

FRÜHJAHR / HERBST

Vielen Dank für den geballten Input. Ich bin ein ganzes Stück weiter und mein Smart Business Concept steht.

Die Seminaratmosphäre ist großartig – Ihr seid super! Selten habe ich so konkrete Tipps und Handlungsempfehlungen erhalten.

Der Austausch in der Gruppe ist ein weiterer Benefit.

Cher Paternoster
SMOLT – Whitewater Streetwear

www.smartbusinessconcepts.de/intensivgruppe

⠿ sмаrт **BUSINeSS** CONCePTS

in Kontakt bleiben und weiterarbeiten

Smart Business Newsletter

Über unseren Newsletter bleiben Sie auf dem Laufenden. Tipps, alle Termine, neue Materialien.

smartbusinessconcepts.de/newsletter

Smart Business Intensivgruppe

Drei Monate zusammen mit anderen an der eigenen Strategie feilen und neue, smarte Ideen entwickeln.

smartbusinessconcepts.de/intensivgruppe

Solopreneur Day

Deutschlands erster Fachtag für Solopreneure. Verschiedene Sessions mit Impulsreferaten.

solopreneurday.de

XING-Gruppe Solopreneur

Auf XING moderieren wir die Gruppe *Solopreneur*. Bewerben Sie sich kurz und wir schalten Sie in die Gruppe. Dort stellen wir aktuelle Solo Cases vor.

xing.com/net/solopreneur

Checklisten zum Buch: www.smartbusinessconcepts.de/solo